사람은 없다

불안하지 않은

이 도시에

이 도시에

불안하지 않은

사람은 없다

한기연 지음

팜파스

/

오늘 또 불안이 보낸
초대장을 받으셨나요?

오늘 상담을 한 내담자 중 두 분은 불안 때문에 제게 오게 되었습니다. 한 분은 남자친구와 연락이 1시간만 되지 않아도 곧 무슨 일이 일어날 것처럼 온갖 불길한 생각이 든다는 20대 여성입니다. 다른 한 분은 직장이든 친구모임이든, 종교모임이든 어디를 가도 '이들이 나에 대해 뭐라고 할까? 이런저런 말을 하겠지?'란 생각에 사로잡힌답니다. 그래서 신경이 곤두서고, 언행에 주의하느라 사람을 만나기가 두렵다는 60대 남성이었습니다.

불안의 본래 성격은 정보 전달자입니다. 우리 앞에 도사린 위험이나 신체의 안전, 안락을 위협하는 걸 경고하고, 혹은 자존감이나 정체성이 흔들리고 있다고 알려줍니다. 불안의 신호를 전달받은 우리는 불쾌한 감정에서 벗어나기 위해 상황과 맞서거나 그것이 역부족이라

싶을 때는 도망을 갑니다. 정신적인 위험에서 도망가는 방식은 개인에 따라 다양합니다. 때로는 못 본 척하거나, 숨죽이며 복종하며 비위를 맞추기도 합니다. 또는 술이나 약물에 취해 위험 자체를 부정하거나, 그보다 더 걱정스러운 오만 가지 신체의 병으로 문제를 전환시킵니다.

인류는 더 이상 맹수에 대한 공포나 천재지변 때문에 불안하지 않습니다. 지금 우리의 불안은 안전이나 인류를 보존하는 데에서 오는 것 같지는 않습니다. 그런데, 상담실에는 언제나 불안을 호소하는 분들이 넘쳐납니다. 이 시대 우리 불안의 한 축은 실존적인 불안에서 찾을 수 있습니다. 모든 살아 있는 존재는 반드시 늙고 병들고 죽게 됩니다. 친밀하던 사람과도 결국에는 헤어지게 됩니다. 무언가 선택할 때는 필연적으로 불명확한 미래를 감당해야 합니다. 그 모든 결과의 책임을 고독하게 홀로 안아야 합니다. 이것은 내가 이 땅에 인간으로 살면서 감당해야 하는 불안입니다.

또 다른 한 축은 사람들과의 관계에서 옵니다. 우리는 크고 작은 조직 안에서 타인과 관계 맺으며 살고 있습니다. 그러면서 나의 욕구와 주변 사람의 기대 사이에서 저울질을 하고, 타인의 눈에 보이는 모습과 진정한 삶의 의미 사이에서 줄다리기를 합니다. 독립과 자유를 갈망하면서도, 의지하며 보호받고자 합니다. 간혹 정체성을 뒤흔드는 실패 앞에서 모멸감을 느끼기도 합니다. 미디어와 인터넷의 놀라운 발전으로 남들이 이룬 것과 가진 것에도 눈을 뗄 수 없게 되었습니다. 내가 되고 싶었으나 그리 하지 못한 것, 가지고 싶었으나 못 가진 것들을 끊임없이 비교합니다. 그 간극에 불안이 채워집니다.

불안 때문에 고통스러워하는 분들의 나이나 성, 학력, 직위는 다 달라서 아무 공통점이 없습니다. 다만, 한 가지 공통점을 찾자면 모두 자기 삶의 역사를 제대로 정리하고, 이해하지 못한다는 점입니다. 상담실에서 현재 자신이 겪는 문제를 오랫동안 이야기하지만, 정작 진짜 문제는 그와 다를 때가 많습니다. 불안은 내재한 여러 문제들의 가장 끝단에 위치하고 있기 때문입니다.

우리는 자신이 왜 그런 행동을 하는지도 모른 채 행동할 때가 많습니다. 불안도 그러합니다. 무엇 때문에 불안한지 모르면서 불안해서 어쩔 줄 몰라 합니다. 그리고 어서 이 불안을 잠재울 묘약을 원합니다. 사실 우리 몸과 정신의 불안 반응은 일종의 신호입니다. 무언가 제대로 돌아가고 있지 않다고 알려주는 것입니다. 그래서 우리는 어떤 '증상'을 치료하는 방법만이 아니라 '근원'을 치료하는 접근법에도 관심을 기울입니다. 고혈압 환자에게 혈압약을 처방하면서, 운동과 식이요법을 강조하지 않는 의사는 없을 테니까요.

불안의 해결도 마찬가지입니다. 당장 불안증상 때문에 일상생활이 곤란하다면 정신과 약물이나 이완법 등으로 급한 불을 꺼야겠지만, 불안의 깊숙한 곳에 존재하는 것에도 관심을 가져야 비로소 문제를 제대로 해결하게 됩니다. 상담치료를 통해 얻는 이득도 여기에 있습니다. 이제까지 알지 못했던 혹은 이해하지 못했던 자신의 경험과 기억을 '의식화'합니다. 자신에게 불리한 줄 알면서도 바꾸지 않은 행동패턴을 그만 합리화 합니다. 또는 고집스럽게 원인이라 여긴 것을 다른 관점으로 바라보게 됩니다. 아울러 우리 모두가 가장 힘들어하는, 자신을 제대로 알고 변화하고자 하는 마음을 갖게 됩니다.

불안에 관한 책을 쓰면서 제가 독자들과 함께 머물고 싶었던 부분은 '어떻게 불안에서 벗어날 것인가?'보다는 '어떻게 해야 스스로에 대한 가치를 회복하고 자신과 잘 지내는 삶이 될 것인가?'입니다. 불안을 없애는 것이 아니라, 더 평화롭고 충만한 삶에 초점을 맞춘 것입니다. 불안으로 고통스러워하는 분들은 고통의 양만큼 변화에 저항합니다. 작은 움직임조차 두려워합니다. 무언가 잘못되었다는 감은 있지만, 그것이 무엇인지 제대로 보거나, 지금까지와는 다르게 접근하는 것에는 주저합니다.

그들은 '지금까지도 충분히 힘들었다'에 멈춰서 있는 듯합니다. 자신의 고통은 불행의 의미이고, 그러니 무얼 해도 달라지지 않는다고 단정합니다. 불안해서 고통스럽지만, 자신의 속과 겉을 뒤흔드는 다른 생각, 다른 행동을 하는 것에는 마뜩치 않습니다. 만약 이조차 잘되지 않으면 더 심한 나락으로 떨어질까 또 불안하기 때문이지요. 그러나 무엇을 해도 달라지지 않는다고 결론지은 채 머뭇거린다면 어떤 방법도 자신을 도울 수 없습니다.

그럴 때마다 우리의 뇌는 가능성을 믿고 변화를 추구할지, 아니면 불가능하다며 포기할지를 헷갈려 하면서 우왕좌왕할 것입니다. 그러므로 우리는 불안을 해결하는 데, 아니 건강한 삶으로 옮겨가는 데에 신념을 갖고 시간을 들여야 합니다. 이 방향이 옳다고 누누이 결의하고, 멈추지 않고 행동을 해나가는 것입니다.

불안과 멀어지는 방법은 마음이 건강해지는 것입니다. 마음이 건강해진다는 것은 나와 나 자신이 친해지는 것입니다. 우리는 친한 사람과는 자주 만나고, 관심을 갖고 궁금히 여기며, 안부를 묻고 어떤 이야기도 잘 들어줍니다. 지금 내가 불안으로 고통스럽다면 그동안 나는 나와 서먹했거나, 잘 몰랐거나, 또는 미워하거나 혐오하며 살아왔을 수 있습니다.

지금, 여기에서부터 시작하면 됩니다. 나와의 관계를 청산하고 이제부터 나의 어떤 생각이나 감정도 부정하지 않고 받아들이면서, 아프고 힘들다면 그것 그대로 이름 지어 절절하게 불러주면서, 바라보고, 알아주고, 토닥거립니다. 나와 친해질수록 이제껏 못한 이야기를 할 것이고, 그 이야기 속에 힘들고 불편해서 못 보았던 나, 나의 역사, 내 가족의 진실도 보일 것입니다. 그렇게 불안의 이면까지 외면하지 않고 수용합니다. '음. 내가 그랬구나.' 평생을 짊어진 비난이나 질책이 실은 다 내게서 비롯된 목소리는 아니었음을 알게 됩니다.

충만한 마음의 삶은 그리 대단한 것들로 되어 있지 않습니다. 한마디로 표현한다면 그저 '흐뭇한 미소' 같은 것입니다. 열정과 보람으로 가슴이 벅차오르며, 창공을 날아오를 환희나 희열이 찾아와준다면 좋겠지만, 우리 삶에 그런 기회가 몇 번이나 있을까요? 결국 삶의 질을 결정하는 것은 큰 만족이 몰려오는 순간이 아니라, 작은 만족이 중간중간 연결되는 '하루'입니다. 그것은 보람이거나 안도이거나 뿌듯함이거나 흐뭇함 정도의 감정일 것입니다.

우리의 주제는 늘 '하루'라는 일상입니다. 어떻게 일어나서 어떤 아침을 맞는지, 어떤 식사와 활동으로 내 몸과 소통하는지, 어떤 긍정적인 마음으로 내 정신을 채우는지, 그래서 어떤 수면으로 하루를 마감하는지, 일상의 것들로 하루가 이루어지고 곧 나의 삶이 됩니다.

자지도 못하고 깨어 있는 것도 아니면서, 서 있지도 앉아 있지도 못하겠는, 숨 쉬고 있는 것도 잊은 채 무언가에 쫓겨 하루를 보내는 많은 분들을 알고 있습니다. 현재 저와 함께 치료 작업을 하고 있는 분들과, 과거에 함께했던 분들, 그리고 이 책을 읽는 모든 분들에게 작은 기적이 일어나기를 기원합니다. 자신과 새로운 관계를 맺는 일, 과거 경험을 제대로 해석하는 일, 있는 그대로 바라보는 일이 우리 모두가 해낼 수 있는 작지만 큰 기적입니다.

한기연

Chapter 01

어쩌다 이렇게 불안해진 걸까?

살면서 불안을 겪지 않은 사람은 없습니다.

우리는 그것이 무엇인지 경험으로 압니다만, 한두 마디로

정의하기는 쉽지 않습니다. 통상 불안하다는 것과 무언가를

신중하게 생각하는 것을 구분하기도 헷갈립니다.

대부분의 경우, 앞으로 닥칠 상황에 대해 비관적으로

생각할 때, 혹은 이미 지난 일을 자책하거나 원망할 때,

그 생각과 마음에서 못 벗어날 때 우리는 '불안하다'고 합니다.

우리에게는 아주 익숙한 질문들이 있습니다.

"내가 잘해내지 못하면 어쩌지?" "이 일이 잘못되면

어떻게 하지?" 같은 질문입니다. 이 질문들을 자꾸 하면

자연스레 불안감은 커집니다. 어떤 대상에게 마음을 빼앗기고,

정신적으로 고통스러워집니다. 그 대상은 한 개인의 삶을

이루는 모든 것이 될 수 있습니다. 성공, 애정, 직위, 돈,
외모, 평판 같은 것들.
이것들을 갖지 못해서, 혹은 잃을까 봐, 우리는 무엇을
해야 할지 몰라 합니다.
내가 가진 것이 부족해 보입니까? 더 많은 것을 원합니까?
점점 나아질 것을 기대합니까?
내 머릿속이 항상 이런 생각들로 전쟁터가 된 것 같다면,
아마도 당신은 불안해져 있을 겁니다. 생각과 달리 현실은
끊임없이 나를 배반하고, 불만족스러우며, 압박감은
더 세지기 때문입니다. 그리고 생각 끝에 내린 결론은 '이런
식으로 살아서는 안 된다는 것', 지금보다 '몇 배 더 치열하게
살아야겠다'는 다짐입니다.

공황발작에 고통 받는
30대 여성 이야기

가슴이 조여 오면서 답답하더니 머리가 어찔해지는 느낌이었
던 것 같다. 마침 운전을 하고 있을 때여서 가까스로 갓길에 차
를 세운 뒤에 헛구역질을 했다. 메슥거리는 것도 같고 온몸이
나른했다. 점심 먹은 것이 잘못되었다고 생각하고 말았는데 한
달쯤 뒤에 다시 숨이 가빠 질식할 것 같으면서 기절 직전의 상
태가 되었다. 처음 공황장애라는 진단을 받았을 때는 부정하면
서 분노했다. 지지리도 재수가 없다고 생각했다. 하지만 이제는
당연히 올 것이 왔다는 생각이 든다. 고등학교 졸업 후 독일로
유학을 가서 10년을 바이올린에 몰두하였다. 그런데, 시간이
지날수록 거대한 벽 앞에서 숨이 막히는 느낌! 난 재능이 뛰어
나지 않았다. 그렇게 붙들었던 바이올린을 포기하고 나니, 나는
내세울 것 하나 없는 20대 후반 여성이었다. 귀국한 후 공황발
작 즈음까지 5년간 미친 듯이 일했다. 바이올린과는 무관한 회
사에 들어와, 예체능 출신 꼬리표를 떼야 했고, 무엇보다 이것
이 내게는 마지막 기회였으므로 몸이 부서져라 일했다. 내 상
태나 기분은 아랑곳하지 않고, 당연히 전혀 쉬지 않았다. 스
스로 치열하게 살고 있다고 여기던 무렵, 불안이 나를 덮친 것
이다.

나는
언제쯤이면

만족하게
될까?

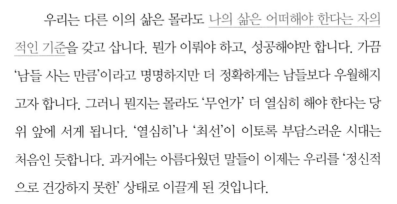

우리는 다른 이의 삶은 몰라도 <u>나의 삶은 어떠해야 한다는 자의</u> <u>적인 기준</u>을 갖고 삽니다. 뭔가 이뤄야 하고, 성공해야만 합니다. 가끔 '남들 사는 만큼'이라고 명명하지만 더 정확하게는 남들보다 우월해지 고자 합니다. 그러니 뭔지는 몰라도 '무언가' 더 열심히 해야 한다는 당 위 앞에 서게 됩니다. '열심히'나 '최선'이 이토록 부담스러운 시대는 처음인 듯합니다. 과거에는 아름다웠던 말들이 이제는 우리를 '정신적 으로 건강하지 못한' 상태로 이끌게 된 것입니다.

우리의 열심은 '많음'과 '빠름'과 연결되어 한 세트가 됩니다. 그 런데 '많음'의 가치도 '빠름'의 가치도 너무 높아졌습니다. '너무 많음' 과 '너무 빠름'은 우리를 정신없게 만듭니다. '너무 많음'과 관련된 대 표적인 문제는 엄청난 정보와 물질입니다. 넘쳐나는 소식과 정보는 정작 내게 필요한 에너지까지 잡아먹습니다. 괴물처럼 불어난 물질은 도처에서 우리에게 손짓합니다. 너무 많이 먹어서 병에 걸리기도 하고, 또는 너무 많은 다이어트 방법에 매달리느라 힘겨워합니다. 인간의 체격도 미모도 물질이 되어버린 듯합니다.

비교할 것은 늘고 기대나 욕망도, 가치, 질투, 투쟁, 절망까지도 너무 많아집니다. 더 많이 누려야 한다고 굳게 믿는데, 그것이 쉽지 않을 때 '더 열심히', '더 빠르게' 병에 걸립니다. 그래서 '너무 많음'과 '너무 빠름'은 긴밀히 연결되어 있습니다. 더 잘하고 더 많아야 하기 때문에 모든 것을 더 빠르게 해내야 합니다. 도대체 '이만하면 됐다'가 없습니다. 게다가 우리는 오랫동안 '빨리빨리'를 미덕으로 교육받았습니다. 빠르게 움직인다는 것은 바쁘다는 것이고, 이는 열심히 하고 있다는 표시입니다. 곧 근면 성실한 사람이라는 뜻이며 이는 도덕적인 자질로 배워온 것입니다. 그래서 우리는 '더 열심히'를 외치면서 지금 정도로는 어림없다고 조소합니다. 앞서 소개한 바이올리니스트의 공황장애도 '더 열심'의 협박에 무너진 경우입니다. 남보다 뒤쳐졌다고 여겨 그녀는 더 빨리 새로운 지식을 익혔고, 안간힘을 썼던 것입니다.

공황장애는 힘든 사건이 일어난 직후가 아니라, 심리적 갈등이나 고통이 1-2년 정도 쌓여 있던 차에 사소한 사건에 의해 촉발될 수 있습니다. 개인의 심리적 문제, 견디기 힘든 압력이나 갈등, 또는 가까운 사람의 질병이나 죽음 등으로 심각한 피로와 스트레스를 장기간 받을 때가 있습니다. 그러면 이 기간 동안 우리의 몸과 정신은 위협적인 자극 앞에서 살아남기 위해 이런저런 시도를 합니다. 나의 몸과 정신이 할 수 있는 온갖 방법을 동원해서 버틴다는 뜻입니다. 그래서 공황 증상은 사건 직후가 아닌, 그 일이 어느 정도 수습된 다음에 일어나는 경우가 많습니다. 뒤늦게 나타난 공황 앞에 결국 '…최선을 다해서 열심히 살았는데 이렇게 되었어요.' 하며 한탄하는 형국이 됩니다.

이렇듯 이 시대 우리의 불안은 과거 서양의 철학자들이 갈파하던 불안과는 좀 다른 것 같습니다. 그들은 개인이라는 고유 단위에서 비롯된 실존적 불안을 이야기했습니다. 하지만 우리 사회의 불안은 미래를 점칠 수 없는 데서, 달리 말하면 내가 미래에 더 많은 것을 누릴 수 있을지 모르는 데서 옵니다. 기를 쓰며 살지만, 그럴수록 만족하지 못하며, 이 방향이 아닌 것 같아서, 더 나아가 정말 원하는 것이 무엇인지 몰라서 불안합니다. 세상은 우리에게 더 많이 갖고 더 잘 살아야 한다고 이야기하는데, 어떻게 해야 그럴 수 있는지 모르겠고, 자신도 없어서 불안해합니다.

● '더 열심히'가 당신에게 해로운 이유

과거 전통사회에서는 한 인간이 태어나 죽을 때까지 모든 것이 정해져서 사회, 문화, 지역의 이동이 거의 없이 살았습니다. 자신만의 노력으로 남과 다른 뭔가를 증명할 필요가 없었습니다. 점차 전통사회는 사라지고 개인은 이동성이 강한 사회의 일원으로 스스로 자기 위치를 바꿀 수 있게 되었습니다. 사회적 경쟁에서 밀려나는 것이 더 이상 운명이 아닌 것이 되면서 개인은 더 많은 책임을 떠안게 됩니다. 세상은 출신과 무관하게 본인의 성실로 더 나은 자리에 도달한 사람들을 칭송합니다. 그렇게 사람들은 '더 열심'과 손을 잡지만, 어차피 출발선이 다른 게임이라는 것 또한 모르지 않습니다.

어떤 부모 밑에서 태어났는가에 따라 누군가는 유리한 위치에서 시작하고 그 격차는 평생 좁히지 못할 수준입니다. 아무리 '더 열심'을 외쳐도 결코 따라잡을 수 없어 절망감이 들지만, 그렇다고 과거처럼 '나와는 아예 상관없는 일'이라며 포기할 수도 없습니다. 그래서 더 좋은 조건, 더 나은 교육, 더 나은 결과에서 비켜선 사람들은 과거보다 더 많은 박탈감을 겪습니다. 어디까지를 출발선의 탓으로 돌려야 할지, 어디서부터는 내 책임으로 볼지 모호한 가운데, 우리는 일단 더 잘하기 위해 달리고 봅니다.

🔵 죽을 때까지 질문 없이 앞만 보고 달린다면

지금은 일반적으로 쓰이는 '정체성'이라는 용어가 처음으로 심리학계에 소개된 것은 20세기 중반 심리학자 에릭 에릭슨에 의해서였습니다. 에릭슨 자신이 덴마크인도, 독일인도 아닌, 어머니의 재혼으로 인해 사는 곳과 성(姓)까지 바꿔야 했던 사람이어서, '나는 누구인가?'라는 주제에 몰입했던 것 같습니다. 그는 우리가 고립된 인디언 부족처럼 안정적이고 단순하며 문자를 사용하지 않는 부족에서 성장했다면 (역사 속 대부분의 인류가 그러했듯이) '나는 도대체 누구인가?'에 대해 고민하지 않았을 것이라고 했습니다. 제한된 사회에서라면 나는 단지 부모의 자녀로 태어나 성장할 뿐입니다. 내가 소년이라면 아버지의 일을 하도록 자랄 것이고, 내가 소녀라면 어머니와 같은 여성이 될 것입니다. 사회에서의 역할은 분명하고 개인의 의견은 줄어들지만 심리적 안정성은 보장됩니다.

하지만 기술이 발달하고 이동이 많아지면서 인간은 독특한 심리적 과제를 안게 됩니다. 내 존재의 의미, 그리고 전체 속에서 내 역할이 중요한지를 걱정하게 된 것입니다. 에릭슨은 정체감 형성을 청소년의 과업으로 생각했지만 요즈음 우리를 보면 꼭 그렇지도 않은 것 같습니다. 우리는 일생동안 새로운 집단에서 낯선 이를 만나고, 간접적인 소통으로 전혀 모르는 사람들과도 접촉합니다. 누가 무엇을 입고 마시며, 누구를 좋아하고 싫어하는지 또는 무엇을 성취했는지를 잘 알게 되었습니다. 그렇게 쏟아지는 정보들은 방대하고 비일관적인 메시지를 던집니다. 그 앞에서 아이든 어른이든 갈피를 잡기 어렵습니다. 나의 진짜 모습은 무엇인지, 이 세상에 적응한다는 게 무엇인지 극히 혼란스러워진 것입니다.

익명성으로 가득한 이 사회 속에서 확고한 자아정체감은 반드시 필요한 덕목이 되었습니다. 자신이 누구인지에 대한 의식 없이 정체성을 외적 환경으로만 미루어 짐작하는 건 매우 위험해졌습니다. 예를 들어 모두가 성공이라 여기는 유명 대학에 들어갔는데 그때부터 '내 적성에 과연 맞는지'가 고민된다면 어떨까요? 어렵게 들어간 직장에서도 부적응하는 청춘이 의외로 많습니다. 혹은 나의 노력, 실패와는 무관하게 조직이 문을 닫는다면요? 중년의 어느 날 배우자에게서 이혼을 요구당한다면? 그런 내 삶을 어떻게 해석해야 할까요? 자신에 대한 명료한 의식과 이해, 안정적 가치를 만들지 못한 채 살아왔다면 이런 위기마다 엄청난 불안을 만나게 될 것입니다.

그건 가히 세상 밖으로 내몰리는 공포일 것입니다. 나는 어떤 사람이고 무엇을 원하며 어떻게 살아갈지를 고민하는 건 인문 서적의 한 페이지에 담긴 공허한 사변이 아닙니다. 또는 인생이 여유로운 자들만의 사치도 아닙니다. 오로지 외부에 보이는 역할로만 삶을 영위했을 뿐, 자기 자신으로 존재하지 못했다면 쉰, 예순이 되고도 삶의 방향을 고민하게 됩니다.

그런 나이에도 '나는 누구인가?' 하며 정체성을 묻게 됩니다. 어느 날, 역할을 잃게 된다면, 혹 역할을 못 해내는 때가 오면, 그것은 '빠르게, 열심히' 살지 않았다는 표시이고 불필요한 존재라는 의미로 받아들여집니다. 이렇게 마치 정해진 기간에 생산목표를 채우듯이, 삶의 과제라 믿는 것을 완수하기 위해 달리는 삶의 후유증이 불안으로 옵니다.

불안에 휩싸인 채 얼떨결에 부모가 되었고, 장년기로 접어든 이들은 자신의 불안을 아이들에게 전염시킵니다. 이때 부모들이 가장 강력하게 '더 열심히'를 외치는 대상이 바로 자식입니다. 당연히 '너희들을 위해서, 너희들이 잘되기를 바라기 때문'이라고 주장하고 스스로도 굳게 믿습니다. 하지만 스스로의 불안과, 자식에게 더 나은 출발선을 주지 못했다는 죄책감을 숨기려는 몸부림이라는 것도 어렴풋하게 알고 있습니다.

'열심'이 나쁘다고 말하는 게 아닙니다. '좋은 결과'를 혐오해야 한다는 이야기도 아닙니다. '좋은 결과'만을 위해 노력할 때 우리를 지탱해주던 것들은 그 목표에 도달하면 방향성을 상실해버립니다. 그때 나아가게 하던 욕구가 사라지면서 존재의 힘겨움이 몰려옵니다. 좋은 결과 앞에서 한동안은 행복해하며 '이것이 진리!'라고 외치겠지만, 거기에서 지속적인 의미를 찾지 못한다면 목표를 달성한 흥분은 곧 사라집니다. 목표란 인생이라는 전체 맥락에서 그저 한 단계일 뿐입니다. 그것을 알지 못한 채 과정에 가치를 두지 않았을 때 나라는 사람은 늘 숨이 차오르도록 달려야 하고, 실패라는 공포로 자신을 협박해야만 하는 존재가 되어버립니다.

'좋은 결과'는 그저 갈 길을 가다가 만나는 달콤한 열매와 같은 것입니다. 여기에 집착하면 정신적, 육체적으로 혹사시키며 자신의 한계를 넘게 됩니다. 언제나 저만치를 바라보며 '더 열심히'를 외치는 만큼 실패에 대한 불안과 두려움도 비례해서 커집니다. 실패보다 더 해로운 것이 실패를 두려워하는 마음입니다. 열심히 살다 만나는 좋은 결과는 우리의 기쁨입니다. 그러나 시작부터 '좋은 결과를 내지 못한다면 다 실패야!'를 걸고 달린다면 언젠가 우리 삶은 고장 나게 됩니다.

'더 많이'

소유하려는
마음

'더 열심히'를 외치면서 우리가 도달하려는 지점은 '더 많이' 가지는 것입니다. 지위이든, 권력이든, 돈이든, 물질이든 우리는 더 많이 소유하려 듭니다. 많이 소유할수록 나는 더 가치 있는 존재가 됩니다. 인간이 정신적 가치나 삶의 질을 논하기 전에 '생존'해야 하고, 생존하기 위해서 물질이 필요하다는 점에는 저도 동의합니다. 경제 사회적으로 안정적이 되기 위해 노력하는 것은 당연한 일이고, 스스로 노후를 챙기려는 모색도 필요합니다. 하지만 이 당연한 논리가 진정으로 편안하고 충만한 삶을 위해서는 별로 효과적인 처방이 아닌 것 같습니다.

우리는 늘 그 '어느 정도'에서 미궁에 빠지고 맙니다. '어느 정도'는 곧 '넉넉한, 충분한'으로 바뀌어, 충분히 가져야만 긍정적인 기분이 된다고 믿게 됩니다. 그런데 그 충분함은 늘 끝이 없습니다. 게다가 모순적이게도 외적으로 '더 많은' 것들을 소유할수록, 정작 내적으로는 충족과 자부심을 느낄 수 없어 공허해지게 됩니다. 왜일까요?

그도 그럴 것이, 우리는 '이런' 곳에서 살고, '저런' 자동차를 타야 마땅하다고 생각합니다. 개인의 품격도 사랑이나 인기도 내가 가진 것과 동격이라고 믿고 있습니다. 이렇게 더 많이 갖겠다고 욕망할수록 그 대상에 머물기보다는 빠르게 스쳐가게 됩니다. 입고 먹는 것들은 물론이거니와 눈으로 보고 직접 하는 것들도 그 스침이 너무나 빨라졌습니다. 빨리 사고 빨리 버리고 더 좋은 다음으로 넘어갑니다. 그러면서 '나는 이럴 가치가 충분히 있어'라고 생각하는 것이지요. 결코 무엇을 기다리거나, 충분히 머물지 않습니다. 관계나 가치, 의미와 같이 보이지 않는 것들에는 더합니다. 이러다 보니 머뭇대는 행동은 마치 아무것도 안 하는 것과 같은 의미가 되어버렸습니다. 그럴수록 점점 세상과 자신에 대해 이해할 수 없는 상태가 되는데도 말입니다.

삶이 불확실할수록 소유하려는 몸짓은 절박해집니다. 어린 시절 어렵고 불안정한 환경에서 자랐을 경우에 더욱 눈에 보이는 것을 놓으려 하지 않습니다. 물건이 없을 때에도 머릿속은 언제나 물건으로 가득 차 있습니다. 이렇게 더 많이 가져야 안정을 얻을 수 있다는 신념은 마음의 조절능력을 약화시킵니다. 소유로만 자아의 비위를 맞추려 들고 눈에 보이지 않는 것에 대해 깊게 생각하지 않기 때문입니다.

그래서 '더 많이' 가지려는 욕구, 거기에 매달려 삶을 '빠르게' 달려가는 태도가 우리를 약하게 만듭니다. 할 일이 넘쳐나고 물질이 성공의 다른 이름으로 우리를 자극합니다. 언뜻 보면 풍요의 세상으로 보일지 모르나, 실은 인간의 주의를 과도하게 자극하고 분산시키는 세상이 된 것이지요. 한마디로 제정신을 가지고 살기 어려워진 것입니다. 원할 때 원하는 주제에 정신을 모을 수 없는 상태가 곧 불안입니다. 집중할 수 없어지면서 무중력 상태처럼 정신도 몸도 둥둥 떠 있게 됩니다.

🔵 물건과 행복 사이의 거리에 대해

철학자이자 소설가인 알랭 드 보통은 "물건이 우리에게 행복을 가져다줄 수 없음에도 우리가 그토록 물건에 이끌리는 까닭은 무엇인가? 물질적인 물건들은 우리의 욕구를 충족시켜 주는 것처럼 보이나 우리는 물건이 충족시켜 주는 그 욕구를 잘못 이해하고 있다. 이 물건들은 우리가 심리적 차원에서 필요로 하는 것을 물질적 차원으로 나타낸다."고 말했습니다. 이 말은 사무실에 갇힌 자신을 해방시키고 싶다는 욕구로 비싼 자동차를 소유하거나, 우아하고 매력적인 여성으로 보이고 싶다는 욕구가 화장품을 사고 또 사게 만든다는 얘기입니다. 자식을 사랑하는 마음도 장난감 없이는 표현할 수 없고, 직업적으로 성공하지 않고는 부모의 인정을 받을 수 없다고 생각하는 것입니다.

하지만 실제는, 더 많은 것들을 소유하려고 안간힘을 쓸 때 마음은 더 흔들리고, 진정한 행복 경험은 요원해집니다. 삶에 안정감을 얻는 방법은 돈이든 지위, 명예든 무언가를 소유하는 것이 아닙니다. 소유에 대한 욕심은 결국 부족한 것으로 결판이 나기 때문에 지금, 현재 소유한 것을 기쁘게 느끼지 못한다면 해답은 없습니다.

긴장이나 걱정, 불안과 우울 같은 것들이 무언가를 소유하는 것으로 일시적으로 사라질 수는 있습니다. '먹거나 사거나 보거나' 하면서 순간 고통은 엷어지고 자아는 넓어진다고 느껴집니다. 다른 것을 접하고 소유할 때 내 삶의 어딘가가 제대로 돌아가지 않고 있다는 의식을 슬쩍 지웁니다. '더 많이'에 집중하면서 잃어버린 삶의 균형감을 순간 회복하는 것처럼 착각합니다. 지금 불안이 곧, 내게 문제가 있다는 신호인데도, 뭔가 소유함으로써 그것을 잠시 덮어두는 것입니다.

'더 많이' 갖는 것에 대한 집착을 줄이려면 자신의 행동에 경계심을 가져야 합니다. 무언가를 할 때, '내가 이걸 정말 원하는 것일까? 내가 진짜 이걸 사고자 하는가? 정말 먹고 싶은가?' 하고 물어봅니다. 하다못해 텔레비전을 켜거나 음악을 들을 때도 경계심을 품고 지켜봅니다. 잠시라도 스스로 정말 하고 싶은지 물어본 후에 행동하는 것입니다.

무엇을 소유하는 것보다는 무엇을 실제로 하는 것이 우리의 심리적 안녕에는 더 도움이 됩니다. 세상에는 기쁨이나 만족감처럼 눈에 보이지 않는 것들을 '더 많이' 생산해내는 활동들이 있습니다. 그 활동 자체가 우리의 목적입니다. 어디를 가기 위해 걷지 않고 오로지 걸으려고 걷습니다. 블로그용 사진을 찍기 위해 여행을 간 것인지 여행을 즐기기 위해 간 것인지 헷갈리는 사람들이 많습니다. 아이들과 함께 놀거나 책을 읽어주는 것은 의무가 아니라 그 자체로 즐겁습니다. 만일 새로운 장난감을 사주면서 마치 부모노릇을 충실했다는 안심을 얻는다면, 우리는 얼마 후 또 증명할 것을 찾아내야 합니다. 그러니 소유하지 않고 만끽할 수 있는 것들에 더 주의를 주어야 합니다.

이제
달리기를

멈출 수가
없다

여기까지 읽으면서, '더 많이' 갖기 위해 '더 열심히' 사는 삶이 불안과 무슨 관련이 있는지 의아해할 것입니다. '그렇게 살아야 한다고 배웠고, 근면 성실한 것인데 뭐가 문제일까' 싶지요.

혹시 일을 끝내고 집에 왔을 때, 손 하나 까딱할 수 없을 만큼 피곤한데, 옷도 벗지 않은 상태에서 텔레비전이나 컴퓨터를 켠 적이 있습니까? 멍하니 앉아 있는 거 외에는 아무것도 할 수 없는, 하기 싫은 상태입니다. '내가 왜 이러고 있는가?'에 대한 의식이나 판단도 없습니다. 왜 그런지, 뭐가 뭔지 설명할 수 없는 느낌, 머릿속이 진공상태인 느낌입니다. 그렇게 전자파에 뇌를 내주고 다음날이 되면 늘 의식적으로는 잘하고 싶고 성공하고 싶다고 되뇝니다. 하지만 실제 우리 삶은 또 정신 줄을 놓고 어디론가 달려가고 있을 뿐이지요. 왜 이렇게 되

32

었을까요?

　인간의 뇌는 늘 깨어서 움직입니다. '나는 지금 아무것도 안 하고 있다'고 해도 뇌는 자기 방식으로 활동하고 있습니다. 우리 몸속에는 몸의 환경을 일정하게 유지해주는 자율신경계가 있습니다. 교감신경계와 부교감신경계로 이루어져 있지요. 그중 교감신경계는 몸의 비상 체계 같은 것입니다. 우리가 편안한 상태인지 위기 상황인지를 가늠해서 뇌에 신호를 전합니다. 위기라고 느끼면 싸우거나 도망가는 식의 본능적인 대응이 들어 있지요. 위기에서 잘 도망가거나 싸우기 위해서 교감신경계는 흥분하고 심장, 말초 근육 등도 힘을 쓰려고 긴장합니다.

　그런데 위기가 아니라 일상적인 스트레스 상황에도 일일이 반응해 뇌에 신호를 보내 준비시킨다면 어떨까요? 일상적인 스트레스로는 작은 두려움과 불안도 있을 겁니다. 작은 불안 상황에도 교감신경계가 흥분해 몸을 준비시킨다면요. 또한 이미 불안을 일으킨 사건이 끝났는데도 여전히 흥분된 상태로 있다면요. 이것은 내가 의식을 못하는 와중에 일어나는 일입니다. 날마다 사소한 고통을 느끼는 건 뇌가 점화 상태라는 뜻입니다. 뇌의 입장에서는 위기로 여겨지는 상태가 잦으니까, 5분 대기조처럼 준비하는 것입니다.

　그런 시간들이 쌓이면 교감신경계는 점점 더 작은 스트레스에도 민감하게 반응하게 됩니다. 몸속의 다른 장기나 근육들도 늘 비상대기 상태로 있습니다. 그러니 몸은 쉽게 피곤하고, 오늘 내가 겪은 실제 상황과 무관하게, 불안은 점점 더 쉽게 일어납니다. 그렇게 스트레스와 만성 피로, 불안 사이에는 연관성이 있습니다. 외부 현실의 압박과 걱정에 대해 (보통보다) 빠르게, 과도하게 염려하면서, 이 상황을 잘 처리하고 싶은 욕망이 커질수록 실제로 몸의 기능은 부정적인 쪽으로 향합니다. 의욕이 아니라, 만일 내가 해내지 못하면 어떡하지란 불안이 늘어나는 것이지요. 미래에 대해 면밀히 예측할수록 부정적인 전망을 하고 불안은 더욱 늘어 우리 몸과 뇌는 한시도 쉬지 못합니다.

이와 같이 '더 열심히', '더 많이' 갖기 위해 치열하게 노력하는 동안 우리는 불안이 가득 적힌 초대장을 받게 되는 것입니다. 그토록 갈망하는 행복과는 멀어지고 자꾸 나 스스로를 몰아붙이게 됩니다. 이 사이클은 애초에 올라타지 않아야 합니다. 뇌가 내내 점화상태에 있게 되면 (즉 교감신경계가 민감해지면) 사소한 자극에도 쉽게 불안을 느낀다고 했습니다. 실은 괜찮은 상황인데도 문제 상황으로 느끼게 됩니다. 점차 뇌는 더 긴장하면서 위기의 신호를 보냅니다. 결국 쉬지도 멈추지도 못하면서 뭔가를 생각하려고 드는데, 그럴수록 내 삶은 더 나은 곳으로 못 가게 되는 비극이 되는 것이지요.

잘해야 한다는
강박에 빠져 있는 건
아닌가?

자주 불안에 빠지면서 과도하게 일에 몰두하는 사람들이 있다. 정작 본인들은 일과 생활 사이에서 충분히 균형을 유지한다고 생각한다. 하지만 이때 그들이 쓰는 계산법은 오로지 '일의 성과'다. 그들은 성과를 내는 것에 최우선 순위를 두면서 그에 맞추고 있다면 제대로 하고 있다고 여긴다. 그런데 그뿐이다. 삶의 가치를 재산, 지위, 배우자와 아이들의 외적 모습에 둔다. 이 중 하나라도 삐끗하면 심리적 안녕은 무너진다.

1) 당신 삶에서 성과(성공)에 몰두하는 태도를 엿볼 수 있는 사건들이 있습니까?
2) 일이 삶의 균형을 해치고 있음을 보여주는 현상에는 어떤 것이 있습니까?
3) 지난 일주일 동안 성과를 내기 위한 일 외에 자신에게 주어진 시간 동안 무엇을 하며 보냈습니까?
4) 인간의 어떤 점을 높게 평가합니까?
5) 어떤 일을 했을 때 스스로 자부심을 느낍니까? 자신에게 실망하는 때는 언제입니까?

발표불안으로 입사 반 년 만에 그만둔
30대 남성 이야기

행운과 불운이 겹친 한 해였다. 내 스펙에 그 정도 회사에 입사한 것이 기적에 가까운 행운이었다면, 신입사원 연수 때부터 좌중을 휘어잡았던 녀석과 같은 팀이 된 것이 내게는 회복 불가능한 불행이었다. 그때 내게 발표불안이 있다는 것을 처음 알게 되었다. 몇 안 되는 팀원 앞이건만 내 목소리는 모두 알아챌 만큼 떨리고, 갈라지고, 얼굴은 붉어지고…. 결국 팀장님이 마무리를 해서 겨우 자리에 앉을 수 있었다. 하필 내 뒤에 바로 그 녀석의 화려한 발표가 있었다.

대학 시절에는 어떻게 무사할 수 있었을까? 생각해보니, 군대를 일찍 다녀온 덕에, 재수에 복학생이라는 이유로 형 대접을 받으며 2학년 전공과목이 시작될 때부터 난 발표 열외였다. 하지만 그때도, 아니 그 전부터도 난 암암리에 내가 무엇을 찾는지 알고 있었다. 나는 어디에 가서도 누가 나보다 '센 놈인지, 난 놈'인지 확인한다. 순전히 내 판단이지만, 만약에 별로 신경 쓸 사람이 없다면 '할렐루야!'다. 난 그럴 때 비로소 마음이 놓인다. 또 그런대로 말도 하고 목소리도 떨지 않는다.

결국 발표불안 때문에 난 그 회사를 반 년도 채우지 못하고 퇴사했다. 비전이 없고, 안정성이 없다는 이유를 댔지만, 프로젝트를 하면서 발표 차례가 올 때마다 약을 먹고 가는 것을 더는 버틸 수 없었다.

치료자는 내게 '센 놈, 난 놈'과 연결되는 모든 것을 찾아보자고 했다. 떠오르는 연상, 기억, 확대된 의미 등. 거기서 내가 본 것은 '아버지를 넘어뜨린 자'였다. 아버지는 회사를 자주 옮기셨는데, 사표를 내고 오신 날은 술을 드시고 집안을 아수라장으로 만들었다. 평소에도 늘 퇴근 후에는 집에서 혼자 소주를 마시면서 '유들유들한 놈들, 저 할 말 다 하는 놈들'에 대해 저주를 퍼부었다. 그들이 본인의 공로를 뺏어갔다, 본인은 또 오해를 받았다는 내용이 주였다. 그러면서 아버지는 '사내는 오로지 말빨'이라는 말씀을 늘 덧붙였다.

자꾸
타인을 향하는 시선이

불안을
만든다

시합 전의 운동선수나 경연 참가자가 "연습 때처럼만 하려구요"
하며 인터뷰할 때가 있습니다. 소싯적의 저는 이들을 승패에 별로 관
심이 없거나 아주 겸손한 사람이라고 생각했습니다. 하지만 그런 판단
은 그릇된 듯합니다. 대부분의 사람들이 연습 때 기량을 실전에서 다
보이지 못합니다. 바로 긴장, 불안 때문입니다. 그래서 감독도 스승도
모두 '연습 때만큼만 하라'고 격려하는 것입니다. 운동이든, 연주든 왜
사람들은 남들 앞에서 무언가를 보여주려 할 때 불안에 떠는 걸까요?
뇌 안에서 무슨 조화를 부리기에 잘하고 싶고, 인정을 받아야 하는 순
간에 큰 압박감으로 우리를 옭아매는 걸까요?

어떤 사람들의 뇌는 사람들 앞에서 발표하는 것을 절벽에 달린
사다리를 타는 것과 동등한 위험으로 여깁니다. 불안은 본래 위험상황

에 접근하지 못하게 막아 우리를 살리려는 장치입니다. 그런데 만일 대중 앞에서 무능력을 드러내는 것을 자기 존재의 멸절이라고 여긴다면 어떨까요? 그 위험에 처하지 않도록 엄청난 불안이 동원될 것입니다.

그런데 참담하게도 이런 불안이 오히려 우리를 제대로 위험에 빠뜨리고 맙니다. 우리 뇌가 몸의 안전만이 아닌 정신적 자부심까지 지키려는 것은 이해가 갑니다. 한데, 정신적 안전은 그 내용에서 개인차가 매우 큽니다. 발표할 때 청중의 표정, 시선, 몸짓까지 모두 인정과 거부 표시로 읽는 이들도 있습니다. 이들이 심적으로 안전하게 발표하기란 불가능합니다. 자존심이 다치는 영역을 지나치게 넓게 잡은 이들도 있습니다. 이들은 세상의 모든 일이 불안을 줄 것입니다. 이런 개인차가 생기는 이유는 외부를 향하는 시선 때문입니다. 그 시선은 끊임없이 나와 남을 비교합니다. 사례 속 청년이 어느 날 이런 말을 했습니다.

"…이제 와서 생각해보니, '어떻게 아버지 주변에는 늘 그렇게 완벽한 말솜씨로 좌중을 휘어잡는 사람이 있었을까?' 싶네요. 어쩌면 아버지가 어디서든 누가 어떻게 무엇을 당신보다 잘하는지를 찾느라 온 신경을 썼던 게 아닐까요? 마치 제가 신입사원 환영식에서 '이 녀석이다.' 했듯이요. 그 녀석이 잘났다고 한들 그게 뭐라고…."

끊임없는 비교에 빠지다

잘하는 사람과 비교하면 오히려 더 발전하지 않을까요? 그 말도 타당하나, 그러려면 일단 자신의 현재 모습을 인정해야 합니다. 롤모델이든 벤치마킹이든 '발전적 비교'에는 자신을 향한 건전한 집중부터 선행됩니다. 내가 현재 80정도로 잘함을 알아주고 90만큼 잘하는 사람은 무엇을 하는지 살핀다면 뭐가 걱정이겠습니까? 이것은 내면과 외부를 향한 에너지의 안배에도 무리가 없는 자신을 위한 비교입니다.

문제는 언제나 '완벽한 모델'을 가정하는 경우의 비교입니다. 완벽한 모델은 없다고 말은 해도 이 사람의 머릿속에는 완벽한 이상형이 있습니다. 그 이상형과 자신을 끊임없이 비교합니다. 그래서 발표 중에 목소리가 떨리거나 굳은 자신은 실패한 사람이며, 세상 모두가 그렇게 본다고 믿습니다. 다들 겉으로 내색하지 않을 뿐이라고 보지요.

불안해하는 사람들에게 정말 그렇게 믿냐고 물으면, 그들도 그렇게까지 걱정할 필요가 없다는 걸 안다고 말은 합니다. 그러면서 속으로는 '다들 나와 마찬가지일 거'라는 상반된 입장을 취합니다. 이들의 주된 관심은 언제나 타인입니다. '남들이 이렇게 볼 거예요, 그렇게 생각할 게 뻔해요!' 여기서 '이렇게, 그렇게'라는 지칭은 대부분 '자신을 별 볼일 없거나 무시할 만하다'고 생각하리라는 가정입니다.

불안은 수치심을 기반으로 합니다. 자신을 튼튼하고 유능하다고 생각할 때 불안은 없어집니다. 있어 봤자 얼마간의 현실적 불안일 것입니다. 자신이 무력하고 취약하다고 느끼면 불안이 찾아오는데 이 불안에는 내가 남보다 부족해서 부끄럽다는 수치심이 있습니다.

여기에는 세상의 많은 미디어 매체들이 한몫 거듭니다. 각종 미디어 콘텐츠 속 인물들은 하나같이 완벽하게 나옵니다. 그에 비하면 나는 초라하거나 미숙해 보이지요. 미디어에서는 마치 어떤 것을 소비하면 완벽한 그들과 불완전한 나의 간극이 메워질 것처럼 떠벌립니다. 스피치, 패션, 몸매 등 우리를 완벽한 존재로 만들어주겠다는 온갖 서적과 프로그램을 보면서 저 모델과 다른 나는 한심한 존재라는 느낌이 확신이 되어버립니다. '다르다'가 '한심하다'가 되면서 수치심을 메꾸려 노력하게 되고 여기에 불안이 따라 옵니다.

현실의 내 모습과 이상적 모습의 간격이 커질수록 불안도 커집니다. 이렇게 되면 나와 타인을 향한 적절한 에너지 안배가 더욱 어려워집니다. 평상시에는 '다른 사람들은 날 어떻게 평가하는가?'처럼 모든 관심을 외부로만 쏟다가, 막상 말과 행동으로 자신을 드러내는 순간에는 심각할 정도로 자신에게만 집중합니다. 회의나 토론을 할 때도, 애를 데리고 유치원 통학버스를 기다리는 순간에도 오로지 '나의 무엇이 드러나면 어쩌나?'에 몰입합니다. 그래서 다른 사람이 실제로 무슨 말을 했는지, 다른 엄마가 나에게 미소를 지었는지도 제대로 알지 못합니다. 스스로 얼굴이 얼마나 붉어졌는지만 과도하게 의식할 뿐이지요.

하지만 세상의 사람들은 생각만큼 나를 주목하지 않습니다. 그러니 실제 자신보다 더 크게 보이려 조바심을 내지 않아도 됩니다. 끊임없이 남과 비교하면서(당연히 실제 자신을 바라보는 주의와 의식은 줄어듭니다), 더 잘나고 우수한 것처럼 자신을 보이려는 시도가 우리를 불안으로 초대합니다. 그러면서, 자신의 삶으로부터 자꾸 도망을 치게 됩니다. 정말로 필요하고 중요한 일을 제쳐버리고 말이지요. 도망이 무엇입니까? 겁나고 두려울 때 눈을 감고 냅다 뛰는 모습이 아닙니까?

보잘것없는
나,

자기비하의 늪에
빠져들다

남과 끊임없이 비교하는 것과 동시에 나타나는 것이 바로 밑도 끝도 없는 자기비하입니다. 상담에 오는 분 중에는 스스로를 너무 별 볼일 없고 문제투성이로 보는 분들이 많습니다. 그 시각이 얼마나 굳건한지 놀라울 정도입니다. 누구나 나쁜 버릇이나 결점이 있을 수 있습니다. 하지만 반드시 괜찮은 부분도 있게 마련입니다. 이 간단한 명제를 도무지 받아들이지 못하는 사람들이 의외로 많습니다.

자기비하에 빠진 사람들은 자신의 결함을 여러 특성 중의 하나로 보지 않습니다. '내게 그런 면이 있지' 정도로 그 문제와 적당한 거리를 두지 않습니다. 결점은 곧 나 자신입니다. 그러니 한 치의 너그러움도 없습니다. 결점이 있어도 사는 데 별 지장이 없고, 사회생활이나 대인관계가 끝장나지 않는다는 걸 결코 믿지 않습니다.

자기비하로 불안해하는 사람들이 주시하는 사람들은 따로 있습니다. 그 사람들은 늘 자신보다 낫습니다. 그리고 나은 점이 있기에, 그들은 괜찮은 사람이고 난 부족한 사람이라는 이분법적 사고를 합니다. 결국 그들에게서 발전적인 자극을 얻기보다는 마음만 상하고 맙니다. 서둘러서 자신보다 못나 보이는 사람을 찾지만, 이 위안은 잠시뿐입니다. 심지어 얼마 후에 자신도 곧 저렇게 될 것이라는 부정적인 예언으로 자신을 몰아붙입니다.

자신의 부족함에 초점을 맞추면 그 다음 단계가 바로 부족함이 드러날 기회를 피하는 것입니다. 부족한 면을 여러 특징 중 하나로 보지 않고, 정신 에너지를 통째로 잡아먹는 열등복합체로 봅니다. 누군들 콤플렉스를 남 앞에 드러내고 싶겠습니까? 그러나 이들은 단점을 감추려고 안간힘을 다 씁니다. 예를 들어, 상식이 부족하다고 여기는 여성은 아예 말을 하지 않으려 듭니다. 소개팅에 나가서도 자신의 무식함이 탄로날까 봐, 술을 먹고 원나잇을 할지언정 진지한 교제는 하지 않는 여성을 만난 적이 있습니다. 그녀는 그렇게 나이가 들어가는 자신에 대한 근원적 고통과 불안을 못 이겨냈습니다. 자신의 부족한 점을 가리는 데 소중한 시간과 에너지를 다 소진해버리는 것입니다.

이는 사람들에게 부족한 모습을 보이지 않는 일, 인정을 받는 일이 자신의 자유나 존엄성보다 우위에 있는 것입니다. 다른 사람의 판단과 시선을 위험으로 느끼지 않아야만 불안을 떨칠 수 있습니다. 타인을 우상으로 숭배하지 않는다면, 자신의 부족한 부분도 '그럴 수 있는 것'으로 받아들일 수 있습니다. 결점이 있어도 괜찮다는 믿음이 자신에 대한 시야를 넓혀줄 것입니다.

◑ 자기도 모르게 결점에만 초점을 맞추고 있다면

되도록 나의 좋은 모습을 보이고 싶은 성정마저 불온하다는 뜻이 아닙니다. 다만, 부족함이 그리 위험한 것이 아니라는 뜻입니다. 이것은 감수할 만한 속상함입니다. 지나치게 드러낼 필요도 없지만, 거꾸로 질겁하며 감출 필요도 없습니다. 다시 말하지만, 다른 사람들은 나에 대해 그리 관심이 없습니다. 그저 나의 온 시선이 타인을 향해 있을 뿐입니다.

삶의 문제들 중에는 그 답이 밖에 있는 경우는 거의 없습니다. 남을 향한 시선에서 우리가 얻을 소중한 가치는 없습니다. 남들이 언제 어떤 단서로 나를 평가할지, 혹은 비하할지를 우리는 알지 못합니다. 그렇기 때문에 외부로 치우친 시선은 신경증적 문제를 낳습니다. 그렇게 살아오다가 마음의 문제가 생겼는데도, 여전히 해결의 열쇠를 밖에서 찾으려고만 합니다. 모든 것이 다 내가 부족한 탓이라고 말하지 맙시다. 부족해서가 아니라 그 부족함을 바라보는 나의 시선 때문입니다. 완벽을 설정하고(자신은 그저 보통 수준을 기대한다고 하겠지만) 추구하기보다는 부족함을 받아들여야 합니다. 타고난 것이든 후천적인 것이든 부족함을 단지 부족함으로만 인정할 때 불안이 보낸 초대장을 당당히 거절할 수 있습니다.

타인의 시선을
얼마나 의식하고 있는가?

나는 지금 무엇을 보고 있는가? 필요한 때에 필요한 곳에 필요한 만큼의 주의
를 보내고 있는가? 아니면 늘 실체도 없는 '누군가'를 관찰하고 비교하고 평가
하고 있는가? 우리는 항상 외부로 향하는 관심 때문에 지친다. 나의 삶은 내 것
이 아니라 남들에게 보여주기 위한 것이 되어버렸다. 좋은 평가를 받기 위해 해
야 하는 행동들로 가득 차 있다.

'누군가'의 잣대에 나를 맞추면서 안도하거나 절망한다. '누군가'로부터 이토록
엄청난 압력을 받으면서 허덕이고 있건만, 정작 본인은 그래야 제대로 살고 있
다고 믿는다. 그런데 수시로 불안하고 자주 침체된다.

1) '다른 사람들, 세상 사람들, 대부분의 사람들, 누구나'가 주어가 되어 전개되
   는 당신의 생각은 무엇입니까? 하루 중 그런 생각을 얼마나 자주 합니까?
2) 다른 사람의 생각이나 평가, 선호, 감정에 나의 것을 맞추려고 한 적이 있습
   니까?
3) 타인의 시선이 의식될 때 '왜 내가 불편하지? 지금 나는 무슨 마음이지?'처
   럼 시선의 방향을 내면으로 가져와 봅시다.
4) 타인의 평가가 의식될 때 '이것이 진정 저들의 생각인가? 내 생각인가? 나는
   어떤 통로를 통해 저들의 생각을 알게 되었을까?' 하고 질문해봅시다.
5) 부정적인 자기 모습에 몰두하는 자신을 발견한다면, 의도적으로 자신의 긍정
   적인 면을 구체적으로 꺼내봅니다. 아울러 타인에게서도 긍정적인 면을 발견
   하려 해봅시다.

남들 보기에는 평온하지만
일상이 망가지고 있는 남자 이야기

출근해서 처음 하는 일이 컴퓨터를 켜는 것은 대부분 비슷할
것이다. 하지만 난 그 목적이 남과 다르다. 업무가 아니라 인터
넷을 하기 위해서다. 이런저런 커뮤니티를 들어가고 관련도 없
는 사연을 읽고 댓글도 읽는다. 인터넷 쇼핑도 한다. 물론 다른
사람의 눈에 띄지 않게 기술적으로. 물론 할 일을 밀어둔 채다.
구멍을 땜질하듯 가까스로 일과를 마치고 퇴근하면서 내가 몰
두하는 것도 역시 스마트폰이다. 동영상을 보거나 팟캐스트를
듣는다. 밥을 먹을 때도 술을 먹으면서도, 화장실에 있을 때도
계속, 침대에서도 그러다가 잠이 든다. 잠결에 후다닥 놀라 폰
을 끄곤 한다.
이렇게 반년 가까이 살면서 나도 내가 고장이 나고 있다는 걸
안다. 스마트폰으로 블로그를 속속들이 보았건만 돌아서면 아
무것도 머리에 없다. 아침이 오는 것이 두렵고, 시계를 바라보
면서 옷을 입지 못하고 얼어붙은 듯 앉아 있을 때도 있다. 뭔가
무시무시한 것이 밀려오는 것 같은데, 난 그 정체를 알지 못한
다. 어두운 동굴 속으로 빨려 들어간다.
아니, 어렴풋하게, 알고 싶지 않다는 것까지는 알고 있다. 회사
에서 난 해외 유학파다. 그것도 석사학위자다. 그게 사실이긴

하지만, 나는 내가 그 학위에 합당한 사람이 아님을 알고 있다. 고등학교 졸업 이후 국내 대학이 다 안 되어서 유학을 갔고, 어학원 어학코스에 커뮤니티 컬리지를 거쳐 대학 편입, 졸업, 대학원까지, 난 내 힘으로 공부하고 학점을 딴 적이 없었다. 누군가가 보여준 족보, 대신 써준 리포트, 달달 암기해서 본 시험… 이것도 노력이라면 노력이겠지만 난 내가 무엇을 공부했는지, 할 수 있는 게 뭔지 모르겠다. 단 한 순간도 내 이력과 성과에 떳떳한 적이 없었다.

그런데 이곳에서 난 해외파 석사학위자다. 사람들은 내가 뭔가를 보여줄 것이라고 기대할 것이다. 난 곧 무엇을 해내야 한다. 그동안은 적응기간이랍시고 면피용 일을 하면서 버티었지만 이곳에는 달달 외울 족보도, 대필해줄 사람도 없다. 생각이 여기에 미치면 난 폰을 집어 든다. 불안해지기 싫어서다. 한데, 언제까지 내 정신이 버텨줄까? 곧 몸도 정신도 멈출 것만 같다.

도둑맞은
의식,

나는 지금
고장 나고 있다

불안함의 반대편에 있는 것은 '평안함'입니다. 편안하다는 느낌은 몸으로나 머리로나 안정된 상태입니다. 신체의 오감으로 들어온 정보들이 뇌로 보내지고 적절한 반응이 나와 기관을 통해 말초로 전달되는 과정이 순조롭게 연결되는 상태입니다. 몸의 상태와 마음의 상태는 서로 이어져 어떤 사람이 하루 동안 무엇을 하는지를 보고 그 사람의 정신이 편안한지를 점칠 수 있습니다. 지금 이곳에서 그가 자신에게 유익한 것이 무엇인지 알고 행하고 있다면, 그 사람의 하루가 예측 가능하게 흐른다면 그는 정신적 고통과 무관한 상태일 것입니다.

고단하게 일을 한 후 기진맥진해질 때가 있습니다. 실제로 하루에 쓸 육체와 정신의 에너지를 다 쓰고 널브러집니다. 반면에, 하루 종일 스트레스에 헉헉대며, 짜증과 분노 사이를 오락가락하다가 집에 와 고꾸라지는 날도 있습니다. 둘 다 침대에 뻗는 것은 마찬가지나 이 두 상태가 얼마나 다른지 우리는 알고 있습니다. 자신의 행동에 대한 믿음을 가지고 일에 열중할 때 우리는 자기 믿음이 생기면서, 아무리 고단해도 정신이 평온해집니다. 내 의식이 어디에 있는지 알고, 원하는 데 정신 에너지를 쓰는 상태인 것이지요.

하지만 자신이 어디에 있는지 모르는 상태로 시간을 보낸다면 어떨까요? 게다가 제정신을 차린 후를 두려워한다면요? 사례의 유학파 석사 학위자도 그러했습니다. 이 친구는 유학을 가기 전에도 매우 불안정한 학창시절을 보냈습니다. 중학교 시절부터 늘 성적이 문제였다는데, 그는 목표와 결과의 간극을 못 견뎌했습니다. 더 나은 성적을 받아야 하는데 마치 어떤 장애에 갇힌 듯 그 자리에 머무는 자신을 혐오했다고 합니다.

도망치듯 떠난 유학에도 갑자기 모든 문제가 해결되는 기적은 일어나지 않았습니다. 늘 '해야 하는데…'에서 옴짝달싹하지 못하는 상태였던 것입니다. 중학교 때는 초등학교 때보다 석차가 떨어질 수 있고, 고등학교는 더 그럴 수 있습니다. 요는 현재 나의 위치에서 내 모습을 있는 그대로 보고, 거기서 다시 시작하는 것입니다.

사례의 석사 학위자는 회사 생활을 하면서 마침내 막다른 길에 다다른 느낌이 들었습니다. 갑작스러운 모습이 아니라는 뜻입니다. 외국에 있는 동안에도 가까스로 수업일수를 채우고, 마감시간에 임박하여 과제와 시험공부를 했습니다. 언제나 가장 늦게까지 미루는 사람이었고, 스트레스를 견디지 못해 술과 도박도 했습니다. 본인은 자기 문제를 간단하게 '미루기'라고 말했지만, 이 '미루기'라는 지연행동이 사실 그리 간단한 주제가 아닙니다.

'미루기'는 자신의 능력에 대한 불신, 부족감과 깊이 관련이 있습니다. 목표는 매우 높은데, 본인의 능력이 그에 미치지 못한다고 단정하고 있습니다. 만약 과제를 제때, 혹은 일찍 마무리한다면 그 초라한 (실제로 초라한가?와는 무관합니다) 결과와 맞닥뜨려야 하는데, 이 일을 어떡합니까? 그보다는 마감을 넘기고 허겁지겁 표지만 붙인 채 교수에게 읍소를 하는 편이 불안한 과정을 견디는 것보다 낫다고 생각하는 것입니다. 비난을 받더라도 이는 '본질적 능력' 때문이 아닌 '게으름이나 미루는 습관' 탓이 되기 때문입니다.

하지만, 정신의 깊은 내면에서는 본인이 꾸미는 책략을 모르지 않습니다. 그래서 늘 목이 타오르는 불안감을 느낍니다. 몸이 아프거나 잠을 이루지 못합니다. 당연히 내가 지금 어디에 있는지를 살핀다면, 다른 행동을 해야 한다는 걸 알고 있습니다. 실력이 없다면 그 상태를 인정하고 거기서부터 무언가 시작해야 합니다. 그러면 미래의 어느 날은 지금보다 향상되어 있을 것입니다. 하지만 이들은 현재의 남루한 자신을 그대로 보는 것이 너무도 어렵습니다. 그래서 보려고 하지 않습니다. 스마트폰, 인터넷은 그런 면에서 의식을 놓을 수 있는 좋은 도구입니다.

의식을 도둑맞고 허우적거리다가 정신을 차리겠다며 카페인을 섭취하고 담배를 피우고, 강렬한 음악을 듣거나 몸을 흔들어대기도 합니다. 이런 시간이 줄곧 긴장해 있는 시간보다는 수월하게 여겨지지만, 장기적으로는 피곤과 각성이라는 악순환을 겪게 됩니다.

몸과 마음이 평안한 상태는 욕조에서 거품 목욕을 하는 상태도, 줄기차게 먹은 술로 인해 긴장이 풀리는 상태도 아닙니다. 일상에서 부딪치는 문제들을 해결하고자 애쓰는 노력이 작은 결실을 맺는 순간입니다. 다소 불안이 남더라도 날마다 조금씩 나아지고 있음을 인식하는 상태입니다. 일상을 살피면서 설사 내 능력이 부족해 초조할지라도 해야 할 일을 하는 것이야말로 정말로 정신이 깨어 편안함으로 다가가는 과정입니다.

🔵 중요한 일은 미루고 엉뚱한 데 목숨 건다

인터넷, 도박이나 알코올에 중독되면서 의식을 도둑맞는 사람들과는 또 다른 방향으로 정신을 놓는 사람들이 있습니다. 이들은 소위 뭔가를 미친 듯이 하는 사람들입니다. 집안을 꼭 도서관처럼 꾸미고 사는 부인이 상담에 온 적이 있습니다. 자랑인지 걱정인지 애매한 태도로 본인의 집 거실을 찍어 보여주는데 그야말로 입이 쩍 벌어졌습니다. 싱크대만 나오지 않게 찍는다면 아주 세련된 공공 도서관이나 미국 서점의 한쪽처럼 보이더군요. 그렇게 해놓고 살려면 매일 얼마나 치열하게 집안을 정리해야 될까요? 그 과정이 즐거운 열중이라면 아마제게 오지 않았을 것입니다.

부인은 두 아이의 학업과 관련하여 압박과 불안을 크게 느끼고 있었습니다. 물론, 부인은 "아이들 공부를 위해 최선을 다해 뒷바라지하는 건 당연하잖아요?"라고 말합니다. 그래서 아주 어릴 때부터 공부에 모든 에너지와 돈을 쏟아 부었고 그 노력 중 하나가 '집안의 도서관화'였던 것입니다. 그녀에게 남편과 아이들의 마음, 그들이 집을 어떻게 느끼는지, 공부에 대한 느낌은 무엇인지, 엄마와의 또는 아내와의 관계를 어떻게 경험하는지에 대한 의식은 없었습니다.

중요한 일을 미친 듯이 하면서 본인이 지금 어디에 있는지에 대한 의식은 도둑맞은 것입니다. 이 부인은 아이들에게 점점 더 심하게 화를 내는 자신을 견디지 못해 상담에 왔습니다. 아울러 모든 짐을 자신에게만 지우는 남편에 대한 분노도 커져갔습니다. 자신은 항상 시간에 쫓기면서 이렇게 노력하는데, 아이들도, 남편도 자신을 무시한다고 생각했습니다. 이렇게 아이들의 공부에 과도하게 몰입하게 되면, 정말로 바쁘기는 엄청나게 바쁩니다. 정보 수집에 목을 매며 안내문자, 전화, 카톡으로 핸드폰은 불이 납니다. 늘 온라인으로 의견을 주고받고 이벤트를 만드느라 아무것도 하지 않는 상태란 잠깐의 수면이 다지요.

부인이 먼저 깨달아야 할 것은 자신의 상상 속 그림, 미래의 원하는 모습이 아닌 지금 자신과 가족의 모습입니다. 우선 자신은 무엇 때문에 아이들 학업에 지나치게(적절한 수준이 아니라는 것이 중요하겠죠) 몰입하는지 이해해야 합니다. 또는 내 아이는 현재 어떤 마음으로 이 시기를 살고 있는지, 내 아이에게 우선해서 필요한 것이 무엇인지 알아야 합니다. 아울러 남편과의 관계와 내가 아이에게 몰입하는 것과는 어떤 관련이 있는지도 살펴봐야 합니다.

하지만, 이런 근본적인 주제들은 펼쳐놓기만 해도 가슴이 답답합니다. 답답한 바로 그 지점이 머물러야 하는 곳이건만, 마치 못 볼 것을 본 것처럼 서둘러 시선을 돌립니다. 그리고 늘 해오던 것처럼 미친 듯이 다른 것에 몰입합니다. 이는 치열하게 사는 것이 아니라 삶에서 도망치고 현재를 살아가지 않는 것입니다. 그 행위가 쓸모 있는 것이라고 해도 도피인 건 마찬가지입니다. 나중에는 본인이 지향하는 바를 위해서가 아니라, 그저 자각하지 않기 위해 그 행위들을 반복하게 됩니다.

회사 생활에서 불안이 극에 달한 해외유학파 청년과 가족에게 분노를 퍼붓는 부인은 서로 본 적도 없고 아무 상관도 없지만, 이 두 사례를 하나로 묶어도 무방할 듯합니다. 청년의 어린 시절의 어머니가 그런 모습이었고, 그 부인의 아들의 십여 년 후 모습이 이 청년일 수 있기 때문입니다.

내가
무엇을

원하는지
모른다

인간이 동물과 다른 점 한 가지는 미래를 구상하고 계획을 세우는 능력이 있다는 겁니다. 미래를 생각하는 능력은 지금 문제의 해결책을 찾는 행동으로 이어지며 인간을 보다 장구하게 살아남을 수 있게 만들었을 것입니다. 하지만 만약에 해결책이 없는 문제도 해결하려 들거나 일어나지도 않을 일을 미리 막으려 한다면 어떨까요? 이럴 때는 앞일에 대해 미리 생각하는 행동 자체가 바로 불안으로 연결됩니다. 열심히 생각하는 과정 자체가 무의미하거니와, 생각을 오래할수록 불안과 스트레스가 생길 뿐이지요. 우리 뜻대로 할 수 없는 것들에 대한 걱정이야말로 바로 불안이 보낸 초대장입니다. 미래를 염려하면서 명쾌한 마음이 될 수 있는 사람은 없습니다.

'이 일이 어떻게 될까? 그 친구는 왜 그렇게 말했을까? 회사 사람

들이 나에 대해 알면 어쩌지? 아이들이 실패한 인생을 살게 되면?'

뜻대로 할 수 없는 것을 계속 생각하면, 마침내는 내 의지대로 할 수 있는 것이 무엇인지조차 놓치고 맙니다. 정신의학자 빅터 프랭클은 "인간이 직면하는 대부분의 문제는 삶에서 의미와 목적을 찾지 못하는 데 그 원인이 있다"고 했습니다. 여기서 의미란, '보편적인 하나의 지향'이 아니라 각자 처한 특수한 상황에 맞는 의미를 말합니다. 그래서 의미는 '찾는 것이 아니라 만드는 것'이라고 할 수 있습니다.

인간에게 주어진 진정한 과제는 본능과 기본적인 학습을 뛰어넘어, 우리가 사는 세상을 둘러싼 질문에 답하는 일일 것입니다. 이것은 실존적 존재인 인간에게만 주어진 삶의 짐이기도 합니다. 삶의 의미를 만들어내는 능력은 인간 행동의 안내자가 됩니다. '나만의 의미를 찾기 위해 나는 무엇을 원하고 할 것인가?'란 질문을 하면서 말입니다.

따라서 '삶의 의미'를 찾지 못해 헤매는 사람은 현재 고통 속에 있게 됩니다. 많은 것들이 의도와 계획대로 흘러갈 때 우리는 이런 질문을 잘하지 않습니다. 진짜 삶의 의미는 방황과 생각 끝에 온다기보다 실제로 의미 있게 움직이는 데서 옵니다. 그저 상념 속을 헤매며 답을 기다린다면 아무것도 건질 수 없습니다. 그렇기에 진짜 삶의 의미는 우리가 살면서 날마다 헛발질하는 지점에 있을 것입니다. 의식을 도둑맞은 채 무엇을 원해서 지금 여기에서 이러고 있는가를 모른 채 살고 있는 그 지점에서 말이지요. 거기서 멈추고 고개를 들어본다면 내 삶의 의미가 존재할 것입니다.

'내가 원하는 것, 가치 있게 여기는 것이 무엇인가?' '내 삶의 의미는 어디에 있는가?'와 같은 질문은 참 고리타분해 보입니다. 허나 중요한 주제들은 언제나 오래되었고 반복되어왔습니다. 이 주제와 꼭 붙어서 사는 삶은 철학적이거나 종교적인 삶이라고 할 수 있을 겁니다. 보통 사람들은 항상 이런 생각을 하면서 살지는 않으니까요. 하지만 이런 주제와 너무 동떨어져 사는 경우, 삶은 공허해집니다. 이런 공허함은 외적 성취나 획득, 일시적 흥분 등으로 해결되지 않습니다. 진득하게 다가오는 내면적 경험이 있어야만 회복될 수 있습니다.

우리가 바라는 것은 끝이 없습니다. 욕망이란 항상 얻지 못한 것에 있기 때문입니다. 뭔가를 더 얻으려고 발버둥 치면서도 막연히 공허하고 내가 누구인지 모르겠는 마음. 결국 자신을 좋아할 수 없고 타인은 모두 나보다 우월한 것 같은 느낌만 남습니다. 자신이 어떤 사람인지 모르니 자신을 위한 선택을 할 수 없고 자신을 존중할 수도 없습니다.

그저 어떤 위치에 못 오를까 봐, 혹은 내쳐질까 봐 전전긍긍하며 우리 모두는 자신의 진정한 욕구 파악에 무관심해집니다. 자신의 감정을 그대로 느끼지 못하고, 적절히 대응하지도 못합니다. 대신 감정을 억압한 채 집단에 동조하면서 방향을 잃은 눈빛으로 살아갑니다.

🌓 나답게 살기가 점점 어려운 세상

과거에 비하면 원하는 것을 뭐든 할 수 있는 세상 같습니다. 어떤 직업을 가질지, 결혼을 할지, 아이를 낳을지 말지…. 과거에는 사회 규범이라며 당연히 따랐던 부분이 자유의지가 되었습니다. 내가 최선을 신댁힐 수 있습니다. 하지만, 여기서 어떤 것이 진정한 최선이고 자유인지 생각해야 합니다. 말은 자유의지인데, 실은 과거보다 더 잔인하게 타인과 비교하고, 우월해야 한다는 당위에 묶여 살고 있습니다.

이를테면, 남보다 더 부유하고 더 성공해야 합니다. 한데, 그 성공이 무엇인지는 또 불명확합니다. 과거처럼 비교적 일치되는 가치로 살지 않기 때문입니다. 좋은 대학을 나와 대기업에 들어가면 되는 것인지, 어린 나이에 연예인이나 운동선수가 되는 것이 더 나은지, 성공은 제각각입니다. 선택권은 다양하지만 기준으로 삼을 가치체계가 없어서 그렇습니다. 당연히, 자신만의 동기나 욕망에 귀 기울이는 것에 대해서도 모릅니다. 너무 많은 생각과 비교로 인해 나 자신의 유일한 목소리를 들을 수 없기 때문입니다.

자유의지와 남들이 인정해주는 것을 동시에 놓으니 이토록 혼란스럽습니다. 내 마음에 드는 것은 뭐고, 아닌 건 무엇인가요? 어느 때가 편안하고 어느 때에 불편한가요? 내가 정말 받아들일 수 없는 것은 무엇인가요? 다른 사람의 동의를 구하는 것이 아니라 오로지 자신의 입장에서만 강점과 약점을 인정하는 마음이 중요합니다.

우리는 왜 그렇게 열심히 다른 사람을 쳐다볼까요? 자기가 원하는 것을 알고 행하는 사람은 타인의 의중에 큰 관심이 없습니다. 우리가 다른 사람을 쳐다보는 것은 건전한 사회적 관심과는 다릅니다. 실상, 타인을 조종하려는 마음이 담긴 눈초리입니다. 남들이 뭐라고 하는지, 내 선택과 행동을 좋게 보는지, 잘했다고 하는지에 민감한 것이지요. 이것은 외부의 영향을 깊게 받는 동시에, 나에게 안전한 방향으로 타인을 조종하려는 의도를 담은 행동입니다. 중요한 것은 있는 그대로 나를 보이고, 나의 권리를 정당하게 요구하는 것입니다. 그 과정에서 타인을 이용하거나 권리를 침해하지 않으면 됩니다. 이러한 자기확신이 있는 상태라야 내가 원하는 것을 선택할 수 있습니다.

하지만 불안한 사람들은 결국 자신에게 해로운 선택을 합니다. 타인의 지지를 얻기 위하여 또는 갈등을 피하기 위해 다른 사람에게 결정권을 내주고 맙니다. 원하는 것을 스스로 봉쇄해버리고 감정이나 욕구 따위는 없는 사람처럼 행동합니다. 그러면서 헛된 꿈을 꿉니다. 이처럼 다른 사람의 의도를 잘 살피면서 산다면 어느 날 모두에게 인정받는 날이 오리라는 헛된 희망 말입니다. 지금 여기의 나를 무시한 채 신기루를 향해 손을 뻗는다면 아무것도 잡을 수 없는데 말입니다.

사례의 유학파 청년은 오랜 탐색 끝에 자신이 중학교 무렵부터 패션이나 영화 쪽에 관심이 많았다는 것을 기억해냈습니다. 보수적인 집안 분위기였기에 자신의 바람조차 억압했던 것 같다고 했습니다. 있는 그대로의 자신이 받아들여지는 분위기였다면 아마도 스타일리스트나 미술감독 같은 일을 택했을 거라고 말하는 그의 웃음은 헛헛했습니다. 아주 세속적으로 계산해본다 해도, 만약에 청년이 그쪽으로 돈과 시간을 들여 학위를 취득했다면, 얼마나 남는 장사였을까요?

우리는 원하는 것을 계획해야 합니다. 그런데 계획 이전에 자신이 원하는 것을 생각하는 과정은 생략합니다. 사회적으로 좋게 보이는 모습을 목표로 여깁니다. 그 과정에서 만나는 불안 때문에 더 많은 계획을 세우고 쫓기듯 살게 된다는 것을 기억해야 합니다.

도둑맞은 의식을
되찾는 방법

불안하지 않은 건강한 삶을 위한 방안 중 으뜸은 '있는 그대로 보고, 있는 그대로 아는 것'이다. 우리는 인간이 행복해지는 데 많은 것이 필요하지 않다는 데에 관념적으로는 동의한다. 다만 자신의 경우만 예외로 취급하기 일쑤다. 우리는 이미 많은 것을 가지고 있다. 필요한 것은 지금부터 무엇인가를 해내는 것이 아니라, 있는 것을 제대로 보는 일이다. 외부로 향하는 시선을 안으로 돌려서 '나'에 대해 많이, 자주 생각하면서 도둑맞은 의식을 되찾아 보자.

1) 정신을 차리고 나를 본다. 나는 한 번에 한 가지만 하고 있는가? 한 번에 여러 가지를 해내야 유능하다고 여기는가?
2) 단 일주일만이라도 한 번에 한 가지를 수행했을 때, 내 일과 일상에 무슨 일이 생기는지 확인하자.
3) 생각이 날 때마다, 수시로 내가 숨을 쉬고 있는지 의식한다. 숨이 저절로 쉬어지는 것임을 믿지 말자.
4) 자각 없이 기계처럼 자동적으로 하고 있는 일을 의식의 차원으로 가져온다. 목욕, 음식 먹기, 이 닦기, 청소나 빨래하기와 같은 일들이다. 지금 하는 이 일을 난생 처음 하는 것처럼 주의하고 몰두해서 실시한다. 하고 난 뒤의 기분을 느껴본다.

Chapter 02

불안이 보내는 신호를 너무 믿는다

진화론자들에 의하면 인간의 뇌는 일단 위험부터 감지한다고
합니다. 새로운 장소에 가서도 긍정적인 면보다는 부정적인
것을 우선 확인하고, 낯선 사람들이 모인 곳에서도
호의적인 인상보다는 적대적인 인상을 더 빨리 간파하려고
합니다. 안락한 것보다는 우선 골치 아픈 문제에 뇌가
초점을 맞추는 건 인류가 살아남기에 그것이 유용했기
때문입니다. 유전적인 측면에서도 '걱정하지 않는 족속들은
자취를 감추었다'는 말입니다. 유구한 세월동안 인간은
살아남으려면 걱정하고 불안해하는 것이 낫다는 것을
습득했습니다.

이 불안과 연관된 마음 상태에서 가장 힘을 발휘하는
언어가 바로 '만약에'입니다. '만약에'가 등장하면 세상 어느
누구와 대결해도 지지 않을 수 있습니다. 어차피 우리 중
미래에 대해 분명하게 아는 사람은 아무도 없기 때문에,
'만약에'를 외치는 사람 곁에서 '절대로'라는 단어로 맞설
수 있는 사람은 없습니다. 그래서 우리는 '만약에'를 붙잡고
불안이 보내는 신호들을 믿습니다. 불안이 나를 조심하게
만들어서 살아남게 할 거라고 믿습니다. 마치 신앙과도 같은
믿음입니다. 하지만 그건 불안이 우리를 도울 수 있는 선에서
그치는 경우에만 해당되는 얘기입니다.

아이 뒷바라지에 목매다
불안장애에 빠진 여성 이야기

세상이 무너질 듯 한숨을 내쉬는 소현 씨는 초등학교 2학년 아들 걱정을 꺼내놓았다. 결혼하면서 시댁에서 마련해준 집에서 신혼생활을 했는데, 실은 거기서부터 잘못되었다는 것이다. 주변 어린이집에 관한 정보 수집을 하고 신혼집을 정했어야 되는데 본인이 몰라서 그러지 못했고, 막상 아이를 낳고서 알아보니 그 지역에는 가지 않았어야 했단다. 서둘러 이사를 했고, 이후에도 어린이집 때문에 한 번, 유치원 때문에 한 번 더 이사했다. 그때마다 온갖 사이트를 통해 경험담을 모으고, 모든 정보를 수집하고 모든 조건을 분석했다. '피가 마르고 살이 내리는' 과정을 거쳐 간신히 결정하지만 늘, 결과는 완벽하지 않았다. 막상 좋다는 곳에 아이를 보내고 나면 또 다른 문제가 드러났다.

초등학교를 결정할 시점에는 중학교, 고등학교 평판까지 염두에 두고 이사를 해서 그 지역 공립학교를 가게 되었다. 1학년은 그런대로 무사하게 넘어갔는데, 2학년 때 담임이 좋은 사람이 아니었다. 그것은 미처 예상하지 못한 요인이었다. 그대로 두었다가는 아이한테 큰일이 생길 것 같아 2학년 2학기에 사립학교로 전학을 시켰다. 그랬더니 학교와 너무 멀어져 또 이사를 가야 될 형편이었고, 급기야 남편은 소현 씨를 정신병자 취급을 한다. 거기까지도 아이에게 최선이라면 참고 견디겠는데, 이번에는 아이가 반 아이들과 적응하지 못한다. 교사 또한 생각만큼 따뜻하거나 적극적으로 개입하지 않는다. 소현 씨는 자신이 정말 운이 지지리도 없다고 말한다. 이제 무엇을 어떻게 생각하고 결정할지 한 치 앞을 모르겠다고 호소했다.

걱정하는 걸
'뭔가 하고 있다'고

착각하는
사람들

걱정, 근심, 불안 속에 살게 되면 정신만이 아니라 신체에도 심각한 악영향을 미칩니다. 불안은 위험에 처했을 때 싸우거나, 재빨리 도망갈 수 있는 신체를 만들려는 유기체의 준비 상태입니다. 그러니 근육은 지속적으로 긴장해 있고, 신경은 고도로 각성된 채 버티면서, 두통이 오거나 숙면을 못 취하게 됩니다. 오랜 긴장을 견디기 힘든 뇌는 집중을 요하는 과제에서 실패하고, 짜증과 무력감, 우울감 같은 증상이 늘어납니다. 평온한 마음이 아니니 인간관계에서 오는 즐거움도 겪지 못하고, 한마디로 사는 게 사는 게 아닌 상태가 되지요. 그런데도 불안을 놓지 못하는 이유는 무엇일까요?

더 잘 살기 위해, 불안이라는 종교에 빠지다

많은 사람들이 불안을 인생의 불확실성에 대한 대처라고 생각합니다. 걱정을 많이 하다 보면 마음이 괴로워지고 힘이 듭니다. 불필요한 영역까지 걱정이 뻗치면 마치 그 상황에 대해 내가 무언가 하고 있는 것 같은 착각에 빠집니다. '만약에 ~라면 어쩌지?'라는 생각을 이미 지나간 상황과 아직 일어나지 않은 상황에 비추어 봅니다. 모든 상황에 어떤 결과가 나올지 예상하는 것을 마치 쓸 만한 계획을 세우는 것이라고 여깁니다. 문제가 생겼을 때 해야 할 행동과 문제 자체를 혼동하는 것입니다.

사례의 소현 씨도 상담에 처음 왔을 때는, 본인의 행동이 '아이에 대한 마땅한 책임'이라고 여기고 있었습니다. 마치 그냥 집 근처 시설에 보내는 엄마들은 정보력이 없거나 무관심해서라는 논리였습니다. 어린이집 교사가 학벌이 너무 좋아도 곤란하지만 너무 낮아도 안 된다고 했습니다. 원장의 나이나 배경, 이력은 반드시 확인해봐야 하고, 유치원 교사는 또 기준이 다릅니다. 학업과 체육의 비율도 중요했지요. 소현 씨는 마치 미래의 위험을 모두 예측하고, 또 그것을 피하는 방식까지 알고 있는 듯했습니다.

소현 씨처럼 불안해하는 이들은 알아보고, 확인하고, 짐작하고, 해석하는 것을 마치 정답을 찾는 과정이라 생각하며 점점 해결에 가까워진다고 믿습니다. 그런데, 신기하게도 언제나 거기까지입니다. 미래의 일을 더 확실히 알게 되었고 그에 대해 조치를 취하면서도 계속 불안합니다. 행여나 위안이 와도 찰나이고, 또 다른 모습의 불안이 나타납니다. 왜 이렇게 탄탄히 준비하는데도 불안한 걸까요?

　불안은 앞으로 닥칠 문제를 어느 정도 '의식하면서 기다리는 상태'라고 할 수 있습니다. 실제로 위협적인 상황에서 불안은 유용한 면도 있습니다. 고민과 걱정을 통해 더 잘 대비하고 조심하게 되니까요. 한데, 장차 느닷없이 일어날지 모를 어려움까지도 대비하려 든다면 이 불안이 곤란해집니다. 두려워하는 바가 무엇인지 정확히 알지도 못하면서 일단 열심히 불안해하는 것이 대비책이라는 신념에 빠지게 되기 때문입니다. 마치 불안해해야 불안한 상황을 방지할 것이라는 종교와도 같은 믿음입니다.

　그래서 불안한 사람들은 대상이 없는 두려움에 시달리는 것입니다. '그들도 불안해하던 상황이 지나고 나면 사건의 전모를 알게 되지 않나요? 그래서 아무리 미리 불안해해도 미래 일은 막지 못한다는 걸 알게 되지 않을까요?'란 의문이 들 수 있지만, 안타깝게도 그러지 못합니다. 설사 불안해하며 온갖 시나리오를 다 예상했는데도 잘 대처하지 못했다면, 그들은 만일 불안해하지 않았을 경우에는 결과가 더 좋지 않았을 거라고 생각합니다.

　그러니 이들에게 불안은 종교와 같다고 한 것입니다. 불안에 대해서만큼은 맹목적입니다. 다른 부정적 정서들, 이를테면 질투나 분노 등은 경계하면서도 불안만큼은 '나를 보호하려면 네가 있어야 해, 나는 그저 사려 깊고 신중할 뿐이야.'와 같은 태도를 지닙니다. 세상은 위험으로 가득 차 있으며, 자신을 미약한 존재라 생각합니다. 또 내가 겪은 몇몇 사건들을 그 증거로 삼습니다. 그러니 '제대로 주의'해야 살아남을 수 있으므로 종교인들이 수시로 기도하듯 불안을 꺼내는 것이지요.

불안을 종교처럼 붙들고 사는 사람들은 또한 불안이 부적의 기능을 한다고 봅니다. 불안을 끌어 모아 걱정하는 상태에 있으면 그보다 더 나쁜 일은 생기지 않는다고 믿습니다. 달리 말하면 '성공할 거야, 다 잘될 거야'라고 생각하면 나쁜 일이 생길 가능성이 높아진다는 것입니다. 좋은 쪽으로 생각하다가 나쁜 상황이 생기면 그건 뒤통수를 맞는 꼴이고, 더 깊은 나락으로 떨어진다는 논리입니다.

한데, '잘 안 될 거야. 실패할 거야.'라고 미리 불안해한다면, 진짜 나쁜 일이 생기더라도 '그것 봐, 내가 뭐라고 했어?' 하면서 마치 예언이 검증된 것처럼 대하면 됩니다. 만약에 좋은 쪽으로 결론이 난다면? 그건 당연히 내가 미리미리 염려하며 대비한 결과인 것이지요. 불안이라는 종교에 심취하는 확고한 이유가 됩니다. 그러니 불안과 관련된 생각을 미리 많이 하는 것이 타당하다는 오류에 빠집니다.

생각이 너무 많아
힘들면서도

생각을
멈출 수가 없다

불안한 마음은 그 문제에 대해 끊임없이 대비책을 세우도록 몰아세웁니다. 그러면서 합당한 지점에서 멈추는 것이 아니라 끊임없이 돌고 도는 특성을 보입니다. 불안해하는 사람들이 고통스러워하는 지점도 여기입니다. 머릿속에 '마치 한 톤쯤 되는 생각을 떠안고 있는 것 같다'는 말을 합니다. 결국 불안은 모든 생활을 연결하며 모든 상황으로 확산되어갑니다.

때로는 그들도 불안이 불합리하다고 자각하면서 그 마음에서 벗어나려고 합니다. 그럴 때 가장 많이 쓰는 방법이 '걱정할 필요가 없다'는 확신을 얻는 것입니다. 불안할 필요가 없다는 정보를 얻으면 불안이 사라질 거라 믿습니다. 그래서 불안한 사람들은 많은 것들을 묻고 또 찾아봅니다. 그럴 필요가 없다는 안심을 얻고 싶어서 끊임없이 정보를 구하는 것입니다. 하지만 쓸 만한 정보를 구해도 안심은 잠시뿐입니다. 불안한 마음은 결국 정보의 허점을 찾아냅니다. 그러고는 또 다른 정보를 찾아 나섭니다.

한 가지 특이한 것은, 누군가에게 말하지 않으면 불안해서 자꾸만 말하고 정보를 구하는데 실제 자기 불안의 본질에 대해서는 아무 말도 하지 않는다는 점입니다. 한 엄마가 딸의 과외활동, 작은 성과나 실수, 또는 더 나은 교사와 학습 그룹을 찾는 데 온 신경을 곤두세우며 불안해했습니다. 모든 네트워크를 동원해서 정보를 캐묻는 과정을 반복하지만, 그 누구에게도 아이가 실패한다면 그건 엄마의 책임이 될 것 같아 불안하다고 말하지 않았습니다(이 여성은 남편보다 자신의 출신 학교가 떨어진다는 학벌 열등감이 컸습니다). 그러니 어떤 이야기도 잠시 위안을 주었다가 사라지고 또 불안해집니다.

계속 생각하고 곱씹을수록 불안이 없어지는 것이 아니라 증가합니다. 과거의 안 좋았던 일에서 시작하여 일어나지 않은 미래까지, 불안은 부풀려질 뿐 현재 모습을 반영하지 못합니다. 오로지 자신의 감정을 중심으로 상황과 문제를 바라보니, 부정적인 사고, 정서가 모든 것을 좌우합니다. 이들은 생각을 곱씹으면서 스스로 사려 깊다고 합니다. 구체적인 탐색이나 깊이 있는 성찰이 아닌데도 스스로는 숙고한다고 생각합니다.

● '남들은 다 그렇게 쉽게 사나' 싶다면

반추사고와 숙고는 다릅니다. 반추란 자기 생각 속에 갇혀 현실을 제대로 보거나 객관적으로 판단하기가 어려운 상태입니다. 반복되는 주제는 '내가 무엇을 잘못했나?' 또는 '누가 무엇을 잘못했나?'입니다. 실패나 무능력, 남들의 시선 등의 주제를 붙잡고, 많은 요인들이 섞인 상황에서도 어떤 하나의 이유에 몰두해 상황을 단순화시킵니다. '큰일 났다, 다 망쳤다, 어떡하지?' 하면서 두려움에 빠져서 현재에 초점을 맞추지 못합니다. 그러느라 정작 할 일은 미루고, 정확히는 문제 해결을 위한 아무것도 하지 않습니다.

반면에 심사숙고하는 모습은 문제를 해결하려는 태도입니다. 상황을 극단으로 몰고 가거나 문제를 부풀리지 않고, 있는 그대로 봅니다. 중요한 것은 객관적인 이해이고, 제대로 이해하고 나면 지금보다 문제를 더 잘 해결할 수 있다는 것을 믿습니다. 포괄적이며 개방적으로 한 단계씩 상황에 접근하다 보니 생각할 것이 많아 시간이 오래 걸릴 수 있습니다. 그러나 곧 정리하고 결론에 도달합니다.

반추에 빠져 생각을 곱씹는 사람들은 일단 문제가 '있다'고 믿는 데서 시작합니다. 하지만 실상 우리들 삶에선 문제란 있을 수도 있고 없을 수도 있습니다. 그래서 최소한의 것을 챙긴 다음에 실제 문제가 닥쳤을 때 처리할 수밖에 없습니다. 결혼할 때 예식장부터 드레스, 사진, 한복, 하객초대 등 모든 과정을 노심초사하던 신부가 있었습니다. 너무 세심하게 챙겨 건강과 일상생활을 그르칠 정도였습니다. 천신만고 끝에 결혼식 당일이 되었는데, 문제는 예기치 못한 데서 터졌습니다. 떡집에서 장소를 착각하여 제 시간에 떡을 배달하지 못한 것입니다. 신부가 마지막까지 고민했던 것은 떡의 종류, 크기, 포장박스 등이었지, 배달 사고가 나리라고는 꿈도 꾸지 않았습니다.

"어쩌면 남들은 그렇게 다 쉽게 사나요?"라고 그 신부가 오히려 제게 물었습니다. 남들은 아무런 걱정 근심 없이 쓱쓱 하는 것 같고, 별 문제도 생기지 않는 것 같은데 자신은 그러지 못하니 열패감과 좌절감이 컸던 것입니다. 상담치료를 받으면서 이 신부는 자신이 지나치게 걱정과 불안이 많은 이유를 알게 되었습니다. 특히 결혼에 있어 그녀가 실제로 불안했던 이유는, 가난하고 불우한 가족사가 행여나 결혼 과정에서 탄로 날까 봐 두려웠던 것이었습니다. 그것을 막기 위해서 과도하게 준비를 했던 것입니다.

마음과 관련된 진짜 이유를 해결하지 않고 밀어놓았을 때, 억압한 문제는 되돌아와 마음의 배경이 되어버립니다. 그리고 서로 다른 상황에 매번 등장해 영향력을 행사합니다. 그것이 바로 반추사고, 오버싱킹으로 나타납니다. 이때 깊은 호흡을 하고 '지금 무슨 일이 일어난 거지? 이 불편함은 어디서 온 것일까?'라며 자신에게 물어봅시다. 시선을 '문제 찾기'에 꽂지 않고 내 안으로 돌린다고 해도 답을 단박에 알아채기는 어려울 것입니다. 한동안은 편치 않은 마음이 오리무중을 헤맬 수도 있습니다. 그렇더라도 또 기회를 만들어 '내 마음속'을 향한 질문을 해야 합니다.

이미 습관이 된
불안,

어떻게
벗어날까?

불안으로 힘들어하면서 "우리 엄마도 저처럼 그래요 / 아빠가 매우 소심하세요, 혹시 불안은 유전인가요?"라고 묻는 분들이 있습니다. 학자들은 불안에 유전자가 일정 역할을 한다는 점은 인정하지만, 유전 질환처럼 선천적으로 물려받는 것은 아니라고 봅니다. 모든 인류의 유전자에는 어떤 상황에 불안 반응을 보이는 성향이 들어 있지만, (불안을 비롯한) 다양한 감정을 잘 느끼는 성향이라 해도 두려움이나 우울, 불안 같은 문제를 일으키는 경우도 있고, 아닌 경우도 있습니다. 설사 어머니나 아버지로부터 이런 유전자 특성을 물려받았더라도 유전자 구성이란 여러 개의 유전자 조합으로 이루어져 있습니다. 따라서 한 인간의 경험이나 환경에 따라 심리적 고통을 일으킬 수도 있고 아닐 수도 있다고 보는 것이 타당합니다.

다만 가족 환경을 통한 관찰 학습과 정서적 전염은 충분히 가능합니다. 부모가 경직된 몸짓으로 불안해한다면 아이들은 그 상황에서는 불안한 것이 당연하다고 배웁니다. 불행히도 부모의 불안 반응이 특정 상황에만 있는 게 아니라면 불안 유발은 점차 전반적으로 퍼집니다. 모든 생활이 다 불안과 연관되고, 별거 아닌 사태도 불안이 느껴지는 강력한 습관화가 일어납니다.

모든 것이 불안으로 통하게 되면 어떨까요? 뚜렷한 목적이나 결과를 기대하는 것도 아닌데, 과거와 미래를 반추하는 과정을 끊임없이 되풀이합니다. 그게 반복되면서 사고는 더욱 경직되고 시간이 지나도 달라지거나 발전하지 못합니다. 해결책을 찾겠다는 명확한 목표도 없습니다. 다만 지금 내가 불안한 이유는 위험이 도사리고 있어서이고, 내가 두려운 이유는 결과가 좋지 않을 것이기 때문입니다. 그리고 계속 왜 기분이 좋지 않은지, 뭐가 잘못된 것인지 그 이유를 찾으려고 합니다. 문제 상황에서 건강한 질문을 해본다면 '왜'가 아니라 '어떻게'일 것입니다. '내가 지금 어떻게 하고 있는가? 상황이 나아지려면 어떻게 다르게 할 것인가?'에 주목해야 하지요.

'왜?'라는 질문이 가치 있게 쓰일 때는 문제가 나름대로 처리되고 나서입니다. '이런 일이 왜 생긴 것이지? 어디서 다르게 했더라면 더 좋았을까?'를 생각할 때입니다. 그럴 경우, 반추사고에 빠지는 것이 아니라 더 건설적인 시각으로 문제를 바라보게 됩니다. 항상 뭔가에 대해 걱정하고 있다면 해결하기 위해서가 아니라 그저 불안이 습관이 된 것입니다.

● 이미 뇌는 부정적인 일만 찾는다

불안이 습관으로 되면 뇌가 항상 부정적인 것을 찾는 상태가 되어버립니다. 자기도 모르게 문제, 실패할 거리, 나빠질 가능성을 찾습니다. 그러다 보니 그럴 필요가 없는 뇌 부위까지 두려움과 걱정, 공포 등의 부정적인 감정에 물들고 맙니다. 정상적인 뇌는 중요한 판단도 하고, 유쾌하고 기쁜 정서경험도 하는데, 언제나 부정적인 단서를 찾는 데 몰두하다 보면 결국 뇌도 그런 방향으로 치우치게 됩니다. 불안이라는 종교는 우리 삶에 좋은 것들을 몰아내고 일상을 이런 상태로 살게 만듭니다.

앞서 말했듯이, 불안은 에너지를 많이 동원하는 정서여서 주변에서 보면 불안한 이들은 무언가 최선을 다하고 있는 것 같습니다. 매우 책임감이 강하고 성실하며, 실수하지 않고, 남에게 폐를 끼치지 않으려고 노력하는 것으로 보입니다. 하지만 이들은 상황을 보고 열심히 하는 것이 아니라 일단 무조건 불안 때문에 시작하는 태도여서 결국 함께 있는 사람들도 지치게 만듭니다.

습관적인 불안 상태에서는 어떤 일을 무사하게 마치고도 그것을 즐기게 내버려두지 않습니다. 그들이 만족스러운 결과 앞에서 누리는 최대한의 행복이란 '이번에는 간신히 무사하게 끝났네' 정도입니다. 이는 달리 말하면 불안에 중독된 상태인 것입니다. 근심 걱정을 끌어 모아 되뇌이면서 뇌는 그것을 정상적인 상태로 인지합니다. 중독이 무엇입니까? 평형상태가 되려면 점점 더 양을 늘려야 하는 것이 중독입니다. 더 많은 불안을 가져와야 제대로 하고 있다는 느낌이 들고, 생각은 계속 과거의 문제를 찾거나 미래의 나쁜 결과를 예측합니다. 그러면서 정작 지금 다루어야 할 일을 제대로 해내지 못합니다. 그럴 수 있는 에너지와 관심이 사라집니다. 스스로 고통스럽다는 것과, 날마다 걱정한다는 것이 나와 주변 사람들을 위해 결코 좋은 일이 아님에도 그러합니다.

반추 사고를
극복하는 방법

불안한 사람들은 '생각이 너무 많아서 죽을 것 같다', '생각하느라 아무것도 하지 못한다'면서 오버 싱킹의 고통을 호소한다. 생각이 많기는 한데 기쁘고 즐거운 생각은 아니다. 부정적이고 복잡하고 불운한 생각이 꼬리를 물며 계속된다. 어디서 시작되었건, 결국은 근심 걱정 불안으로 이어진다. 이렇게 불안을 일으키는 주범인 오버 싱킹에서 벗어나고자 한다면 이렇게 해보자.

1) **일단, 오버 싱킹이 자신에게 도움이 되지 않는다. 아니 해롭다는 것을 받아들인다.** 신앙을 던지는 이단자가 되는 것만큼이나 쉽지 않은 결정이다. '그래도 조금은 유익한 것이 있을 것이다, 필요한 것이다'고 오버 싱킹의 가치를 믿는 한 벗어날 길은 없다.

2) **대체 사고를 불러온다.** '그렇게 되지 않고 이렇게 (좋은 방향으로) 된다면?', '이제 내가 할 것은 다 했으니 기다리는 수밖에 없어', '그렇게 되더라도 그때 가서 다시 생각할 거야' 등과 같은 오버 싱킹에서 벗어날 만한 중립적이고 객관적인 생각을 모아 되뇌인다.

3) **대체 행동을 실시한다.** 마음 한쪽에서 여전히 포기 못한 사고가 모락모락 불안을 피우며 남았다 해도, 그런 상태를 한쪽으로 모아놓고 할 수 있는 일을 한다. 오버 싱킹이 말끔히 없어지고 나서 다른 생각과 행동을 하겠다고 마음 먹는다면 그런 날은 오지 않는다. 그러니 어린아이를 달래듯 한 손으로 모아놓은 생각을 부여잡고(그렇구나, 네가 아직 거기 있다는 것은 알겠어), 한 손으로는 지금 해야 할 행동을 한다.

4) **대체 행동이 현재 고민과 무관한 것이어도 상관없다.** 스스로에게 도움이 되면서, 몸과 손발을 움직이는 행동이면 다 좋다.

건강 염려증으로 파탄날 위기의
부부 이야기

남편이 지나치게 건강에 몰두하는 바람에 자신이 미치겠다며
상담에 온 부인이 있었다. 남편은 아침에 눈을 뜨면 창문을 열
고 환기하는 것에서부터 음식을 어떻게 조리하는지, 과일은 제
대로 씻었는지, 내의는 안전한(유기농 면으로 만들어진) 것을 입
었는지 등을 건건이 확인한다. 각종 건강 프로그램을 챙겨보고
새로운 건강 정보가 눈에 띄면 가족 SNS에 올리고 식구들에
게 소감과 각오를 적도록 강요한다. 남편은 다 가족 건강을 위
해 그러는 거라고 하지만, 아이들과 부인은 남편의 그런 태도
에 숨이 막힐 지경이다.

한번은 고기를 굽다가 태운 적이 있었는데, 일단 고기를 구워
먹으려고(삶지 않고) 한 점과, 태워서 집안에 연기라는 미세먼
지를 일으킨 점 때문에 부인은 남편에게 몇 시간이나 정신 나
간 사람 취급을 당했다. 남편에 따르면 세상은 세균과 오염물
질, 위험한 화학물질로 가득 차 있어서 자기처럼 조심하지 않
는 사람들은 머리가 모자라거나 미친 사람이라는 거다.

남편의 가족사는 극히 불우했다. 5세 때 아버지가 암으로 돌아
가셨고, 어머니는 남편이 7세 때 집을 떠나서 남편은 큰아버지
댁에서 할머니와 함께 성장했다. 아버지의 얼굴은 사진으로만

보았고, 어머니는 사진조차 없어서 거의 기억나지 않는단다. 고등학교 때는 큰 아버지마저 돌아가셔서 이후 남편의 입지는 더 나빠졌고, 갖은 고생을 하며 대학을 마쳤다.

남편이 어릴 때부터 가장 많이 들었던 이야기가 건강, 또는 수명에 관한 것이었다. 남자들이 단명한 집안이라는 이야기는 매우 설득력이 있었다. 남편은 또한 아버지가 돌아가시지 않았다면 어머니도 본인의 곁을 떠나지 않았으리라 생각해 아버지의 병을 증오했다. 남편에겐 아버지의 죽음도 어머니의 떠남도 동일한 상실이었으며, 본인 삶의 멸절과 같은 것이었다. 즉, 건강을 고집스럽게 지키는 것이 본인의 저주받은 운명과 싸우는 일이라고 결정한 것이다.

그날 이후,

마음속 아이는
자라지 않는다

우리는 어두컴컴한 골목을 무서워하고, 큰 개를 보면 피합니다. 그런가 하면 작은 바퀴벌레나 생쥐를 보고 느끼는 공포도 만만치 않습니다. 두려움을 일으키는 장면에 대한 경험을 기억하냐고 묻는다면, 구체적으로 말할 수는 없고 어디선가 들은 것 같은, 혹은 누군가 대신 겪어준 듯한 것들을 대답할 것입니다. 이것들로 인생 초기의 연상들이 만들어집니다. 즉 내가 직접 겪지 않아도 이런 무의식적인 두려움을 만들 수 있습니다. 일단 두려움에 대한 연상이 만들어지면 이후 주변 일들은 그 연상에 따라 모입니다. 우리가 점점 민감해지거나 필요 이상으로 소심해지는 건 이처럼 개인의 타고난 특질과 사회 환경적인 영향이 결합된 결과입니다.

어떤 경험들은 당연히 무섭고 두려울 수밖에 없는 원인과 연결되어 상처의 영역을 확대시킵니다. (처음에는 사나운 개가 무섭다가 개집이 무섭다가 나중에는 개집이 있는 파란 대문 집 골목이 무섭게 되는 식입니다.) 헌데 인간은 이렇게 당연히 무서운 대상이 아닌 것에도, 두려움과 연결시키는 능력이 있습니다. 온갖 상징과 은유를 통해 훨씬 광범위하고 다채롭게 두려움을 넓혀나갑니다.

◑ 어른인 당신, 그때의 불안이 병이 된 줄도 모르고

사례의 남편이 아이였을 때 실제로 겪은 것은(혹은 회고할 수 있는 것은) 큰아버지 댁에서 살면서 큰어머니와 사촌들에게 겪은 억울함과 비참함이었습니다. 어디에도 내 편이 없다는 슬픔, 서러움 같은 것이었습니다. 그런데 그 경험을 확장시켜, 자신은 사촌과 달리 부모가 없고 그 근원적인 이유는 아버지가 병들어 돌아가신 것이라는 생각까지 번졌습니다. 실은 큰어머니 성품이 인색하여서, 사촌 형제가 선량하지 않아서, 또는 어머니가 책임을 다하지 않고 떠나서라는 이유들도 찾을 수 있는데, 하필 그는 병과 죽음을 원인으로 삼은 것입니다.

어린아이일 때 우리는 모두 상처받기 쉬운 존재입니다. 세상에 무서운 것이 많고 그래서 늘 겁이 나고 두렵습니다. 삶과 경험 사이에 적당한 거리를 유지할 수 없지요. 거리란 자신에게 일어나는 일을 말로 설명하면서 바라볼 때 생기는 것입니다. 아이들은 그러지 못해서 자신들이 무엇을 경험하는지, 어떤 마음인지 명확히 의식하지 못합니다. 그냥 모든 것을 비 맞듯이 다 받아낼 수밖에 없지요. 아이를 품어줄 어른이 없다면 아이는 무엇이라도 갑옷 삼아 두려움에 저항하려 합니다. '이것이라면 안전하다.'고 믿을 무언가를 찾아냈다면, 아니 찾았다고 믿게 된다면 그 갑옷은 점점 철갑이 되어갑니다. 갑옷은 절대로 바꾸거나 고칠 수 없으며 점차 파고들어 아이와 한 몸이 됩니다.

이 남편이 두른 '병을 막아야 한다'는 신념의 갑옷은 여러 이점이 있습니다. 구체적으로 어떤 대상을 원망하거나 자신에게 문제가 있다고 보지 않아도, 본인의 불행을 설명할 수 있었습니다. 또한 앞으로 불행을 막을 수 있다고 안심하게 해주었습니다. 끝까지 가족과 자신의 건강을 지킨다면 말입니다. 이 남편은 분명 어른이지만, 어릴 적 두려움의 세계에서 심리적 갑옷으로 무장한 채 살고 있는 것입니다. '어린 시절의 경험은 아이 마음에 새겨진 살아 있는 비문'이라고 했습니다. 그것은 아이의 생존과 관련된 것이어서 그렇습니다.

굳건한 갑옷으로 둘러싸여 안전감을 느낀다면 점점 불안한 마음이 줄어야 할 것입니다. 한데, 불안한 마음의 근원을 이해하지 못하고 '이것이 맞나 저게 맞나?'만 반복하면 불안이 줄어들지 않습니다. 남편의 건강 걱정은 온 가족을 자신이 책임져야 한다는 생각으로 굳어집니다. 즉, 혹시 일어날 수 있는 나쁜 상황을 통제하려 하면서 동시에, 그것을 완벽하게 할 수 없다는 것을 스스로 알고 있습니다. 결국 절망감, 무력함에 대한 두려움, 가족이 병들지 모른다는 불안감이 점점 강해집니다. 건강을 통제해야 한다는 절박감과, 또다시 환경에 휘둘릴지 모른다는 걱정은 불안의 악순환으로 몰고 갑니다. 아내가 "어떻게 남편의 불안은 점차 더 심해지나요?"라고 묻는 배경이 여기에 있습니다.

당신은 어린 시절로부터 어떤 불안을 가져왔습니까? 늘 지금이 문제라고 여기고, 이 불안이 과거로부터 온 것이라고 생각하지 않았다면 잠시 멈추기 바랍니다. 과거가 현재에 무차별로 끼어들어 내 삶을 부정적인 방향으로 틀었을지도 모릅니다. 그럴 때는 다음처럼 해봅시다.

1. 시간 여유를 가지고 방해받지 않을 장소로 갑니다.
2. 호흡과 이완법으로 가능한 신체의 압력과 긴장을 풀어줍니다.
3. 오늘 하루, 혹은 일주일간 힘들었던 주제를 떠올립니다.
4. 그 주제에서 떠오르는 모든 불안들을 과거 경험과 연결시킵니다. 기억력과 상상력을 동원하여 연상되는 장면을 찾아봅니다.
5. '실제로 그런 일이 있었는가?'는 중요한 것이 아니니, 그저 자신에게 떠오르는 것들을 물리치지 않고 허용합니다.
6. 현재와 과거의 연결이나 이해에 단박에 도달하지 못하더라도 관심을 갖고 해봅니다.

인간의 부정적 정서들은 우리가 보지 않으려고 할수록 더 버팁니다. 그러니 자신을 괴롭히는 걸 있는 그대로 바라봐야 합니다. 남편분은 이런 시도를 통해 본인이 불안해하는 것이 미세먼지도, 태운 고기도 아님을 알게 될 것입니다. 그것들로 포장된 내면에 '죽음'이 있음을, 어린 나를 두고 간 아버지에 대한 분노, 나를 버린 어머니에 대한 더한 분노가 있음을 알게 될 것입니다. 불안의 근원을 볼 때 비로소 과거를 과거로 진정시키고 현재를 현재의 삶으로 영위할 수 있습니다.

보호자의
두 얼굴,

불안이 옮겨지다

　　어린 시절에 부모가 없어서 아이의 삶이 위태로웠다면, 그 불안이 그 아이의 전 인생을 관통합니다. 또한 이와 달리, 아이 곁에 바짝 붙은 부모도 얼마든지 불안을 전파할 수 있습니다. 본래 양육자는 얼마간의 불안으로 피양육자를 통제합니다. 세상에는 믿을 수 있는 것과 믿을 수 없는 것들이 있으니 아이가 이를 구분할 수 있게 키우려고 말입니다. 어릴 때는 신뢰 형성만큼이나 무엇을 믿지 말아야 하는지도 배워야 하니까요. 그런데 불신은 불안과 동무입니다. 의심하면 불안해지니까요. 또는 부모가 위험을 피하게 하려고 불안을 조장하기도 합니다. 저쪽으로 가면 큰일 나고, 무섭다는 말들로 이곳에 머물게끔 합니다. 이와 같이 어느 정도의 불안은 아이의 사회화를 위한 불가피한 선택이기도 합니다.

애당초 양육자가 심어준 불안의 의도는 선한 것이었다고 믿고 싶습니다. 하지만, 그 방식은 현명하지 못했거나 선량하지 않을 때가 많습니다. 심지어 지독히도 가혹하게 아이를 비난하고 잘못을 들춰내기도 합니다. 부모가 이 모든 것을 알고 행했는지, 모르고 했는지는 중요하지 않습니다. 아이들의 내면에 깊은 불안이 생겨버렸다는 것이 중요합니다.

🌀 훈육이라 여겼던 부모, 나도 모르게 새겨진 불안의 자리

어린 시절 부모와 함께 외출하고 돌아올 때면 어김없이 자동차 뒷자리에서 울었다고 기억하는 청년이 있었습니다. 아버지는 운전하면서 뒷자리의 아들에게 방금 전 장소에서 소년이 한 일들을 나무라곤 했습니다. "왜 그런 말을 했느냐?" 또는 "왜 이렇게 대답하지 않았느냐?" 하는 꾸지람들이었습니다. 아이는 말을 해도 걱정이고 안 해도 걱정입니다. 아버지가 원하는 적합한 말을 해야만 꾸지람을 면할 수 있었기 때문입니다.

아버지가 완곡하게 꾸지람하거나, 농담을 섞어가면서 더 좋은 행동을 함께 찾았다면 소년은 울지 않았을 것입니다. 또는 신랄하고 냉정하게 꾸짖었다 해도, 어쩌다 큰 실수를 저지른 날에만 그랬다면 또 모르겠습니다. 하지만 불행히도 아버지는 외출 때마다 매번(여기서 중요한 것은 정말로 매번인지란 사실이 아니라 청년의 기억이 그렇다는 것입니다) 소년을 질책했습니다. 질책의 내용도 가혹했습니다. "왜 그렇게 눈치가 없느냐? 바보냐? 커서 뭐가 되려고 그러냐?"같은 폭력적인 말들이었지요.

아버지의 의도가 무엇이었든 결과적으로 소년은 더 나아지지 않았습니다. 스스로 의심하게 되었고, 그 속에서 심한 불안감을 키웠습니다. 처벌을 피하기 위해서는 순응했고, 불안과 두려움이라는 감정을 억압하면서 숨 쉴 곳을 찾아야 했습니다.

소년은 살아남기 위해서 스스로 엄격한 기준과 규칙을 만들었습니다. 청년으로 자라서도 그 기준은 점점 넓어져 매사에 적용되었습니다. 일할 때나 친구를 사귈 때, 연애할 때 어디에나 적용되었지요. 언제나 기준의 핵심은 하나였습니다. '비난받으면 안 된다.' 이 핵심은 여러 변용을 일으키며 다양한 말로 바뀌기도 합니다. '실수하면 끝장이야. 제대로 할 거 아니면 시작하지 않는 것이 나아.' '저 사람도 속으로는 이미 나를 찍었어. 내일이면 외면할 거야. 난 혼자가 될 거야.' 식의 말이지요.

청년의 세계에서 벌어지는 문제의 정황은 늘 '그냥 그런 생각이 들어서요'입니다. 구체적으로 상황을 물어볼수록 청년의 대답은 옹색해집니다. 매번 '누군가'를 이유로 들지만 솔직한 이유는 바로 자기 스스로를 '형편없는 인간'이라 여기기 때문이었습니다. 마음 깊은 곳에 더 내려가 본다면 실수했다고 나를 외면했던 아버지가 있을 것입니다. 아이에게 부모가 나를 외면하겠다는 협박보다 더 무서운 것이 있을까요? 세상의 모든 아이들에겐 부모가 자신을 떠나버리는 것에 대한 원초적 두려움이 있습니다. 실제로 단 몇 시간, 며칠만이라도 보호자가 없으면 아이는 죽습니다.

더 문제인 것은 부모가 아이의 무력함과 의존성을 역으로 이용한 다는 것입니다. 부모들은 "무엇을 하면 무엇을 해줄 거야."란 말을 자주합니다. 또한 '무엇을 하지 않는다면?' 다음에는 어떤 말이 올까요? "엄마가 나가버릴 거야. 아빠가 안 오실 거야. 널 할머니 댁에 보낼 거야." 같은 말을 하지요. 이 말들은 결국 '네가 부모의 말을 듣지 않는다면, 부모는 너를 떠날 거야.'란 의미입니다. 아이들은 이런 말을 들으며 불안에 휩싸여 이렇게 생각하게 됩니다.

'중요한 사람이 시키는 대로 해야 나는 비로소 사랑받고 살아남을 수 있어. 내가 하고 싶은 대로 하는 건 위험해.'

청년은 서너 명만 모여도 어떻게 말해야 할지 몰라 극히 불안해진다는 증상을 상담하러 왔었습니다. 자꾸 다른 사람을 살피고 진땀이 나는데, 그런 자신을 의식하는 순간 더 당황하며 한겨울에도 땀이 비 오듯 난다는 것입니다. 심각한 자리가 아닌데도 그러니 중요한 자리에서는 당연히 더 곤혹스러워집니다. 타인의 취향을 빨리 알아채 저들이 좋아하는 방식으로 움직여야 한다는 자신의 규칙이 발동하는 것이지요. '그렇게 못하면 남들에게 나는 버림받을 거야'라는 불안에 빠집니다.

어째서 마음속 아이는 자라지 않은 걸까요? 자동차 뒷자리에 앉아서 울던 아이는 이제 건장한 청년이 되었습니다. 그런데 마음속 아이는 그대로입니다. 그 불안 그대로를 간직하며 어른이 되었습니다. 청년은 사실 자신이 다 컸다는 걸 깨달을 틈이 없었습니다. 마음속 어린아이가 제대로 자랄 기회를 주기는커녕 틈만 나면 야단을 쳐서 성장을 막았습니다. 삶의 어느 시기부터는 부모의 비난이 문제가 아니라, 스스로가 심판관이 되어 비난합니다. 부모에게 들었던 말을 총동원해서 자신을 깎아내리는데, 마음속 아이가 어찌 자라겠습니까?

아이는 부모의 말을 반복하면서 여전히 부모의 사랑을 기대합니다. 스스로 비난하면서 부모의 말에 충성한다고 여깁니다. 불안 속에서 전전긍긍하는 걸 더 좋은 사람이 되려는 과정이라고 믿습니다. 부모가 그렇게 말했듯이 말입니다. "다 너 잘되라고 하는 말이야!" 이제 어른이 되었는데도, 나에게 좋은 일이 생기려면 그만큼 충분히 고통받아야 한다고 생각하는 겁니다. '이렇게 힘들었으니까 이제 그런 나를 인정해주겠지.'식의 불안과 자기 처벌을 성공, 보상의 증거로 믿으며 현실을 버팁니다.

◑ 어린 시절의 믿음이 현재의 삶을 방해한다면

어린 시절에서 가져온 불안을 믿으며 살아간다면 결과는 곧 자기 파괴입니다. 보호자 얼굴의 양쪽 면을 보게 되었다면 단순히 습관처럼 그 믿음을 고수할 게 아니라 의문을 품어야 합니다. 지금껏 '올바른 규칙'이라 믿어온 것에 대해 도전해야 합니다. 청년은 '사람들 앞에서 분위기에 맞는 말을 해야 잘 배운 아이'라는 아버지의 가치에 의문을 제기해야 합니다. '왜 꼭 그래야 합니까? 그것이 왜 그토록 중요합니까?' 아마 아버지가 가치를 둔 것 이면의 심리세계에도 살펴볼 무언가가 있었을 것입니다.

이 낯선 생각들은 아버지와 맞서는 것이 아닙니다. 아버지를 한 인간으로서 궁금히 여기는 것입니다. 아버지를 객관적으로 보려 노력하자 어느 날, 청년은 낯선 관점을 하나 꺼내보게 되었습니다. 친지들이 모인 곳이나, 지인 모임에서 아버지는 늘 어색했다는 것입니다. 몸짓이나 웃음소리가 커지고, 지나치게 친절해, 보통 때의 아버지와 많이 달랐다는 기억이었습니다. 청년은 처음으로 "어쩌면 아버지 본인이 사람들 앞에서 어찌할 바를 몰라 불안했던 것이 아닐까요?"라고 말했습니다.

어린 시절에서부터 가져온 믿음이 현재의 삶을 방해하는지 봅시다. 나를 힘들게 하는 가치들을 오랫동안 붙들고 있었다면 그 기원을 찾아봅시다. 내가 중요한 가치라며 익힌 것들과 가족 문화가 부여했을지 모를 역할들을 되돌아봅시다. 그리고 그것들이 내가 현재를 지각하고 이해하는 것과 잘 맞는지, 또 나의 내면 가장 깊은 곳에 있는 본성과 잘 맞는지 의문을 가져보는 겁니다. 그러면서 나라는 한 사람으로서 삶의 지표로 삼을 가치를 스스로 만들어가는 겁니다. 간절히 부모의 인정을 바라는 어린아이가 아닌 지금 나로서 내 삶을 바라보고 내 안의 소리를 듣는 것입니다.

마음속에

지도가
만들어지다

우리는 세상을 보거나 듣거나 만집니다. 그리고 그것을 사실이라고 믿습니다. 내가 보고 들은 것 말고 더 확실한 것이 어디 있겠습니까? 한데, 또 우리는 익히 알고 있습니다. 같은 현상이어도 사람들은 결코 똑같이 보지 않는다는 것을 말입니다. 그리고 희한하게도 사람들은 매번 상황이 달라져도 결국 비슷한 방식으로, 심지어 똑같은 식으로 현상을 이해한다는 것도요.

우리는 세상에 대해 이미 저마다의 지도를 만들어 놓고 있는 것 같습니다. 지도를 보고 목적지를 찾아가듯이 그것이 유일하게 믿을 수 있는 근거이듯이, 그렇게 현실에 대한 저마다의 지도가 있는 것입니다. 그 지도를 토대로 세상을 이해하고 해석합니다. 어떤 사람은 세상을 예측할 수 없는 불가사의한 곳으로 판을 짜놓았습니다. 기본 틀이 그러하기 때문에 예측할 수 없고, 위험하고, 이상한 것들이 들어와서 자리합니다. 그렇지 않은 것, 이를테면 예측 가능한 현상, 안전하거나 유쾌한 사건들은 이 판에 잘 남아 있지 않습니다.

이렇게 세상을 바라보는 기본 틀을 '도식', '판형', 혹은 '스키마'라고 합니다. 이것은 어린 시절에 이미 모습을 갖춥니다. 우리 뇌는 지속적으로 원형들을 인식하는 해석기관입니다. 다시 말해 어떤 사건과 우리의 감정, 반응 또는 태도 사이에는 지금까지의 경험을 토대로 의미를 부여하는 뇌의 해석이 들어갑니다. 이후 어떻게 행동할 것인지에 대한 각본도 나옵니다. 이 모든 과정을 '도식'이라고 합니다. 도식은 타고난 기질의 영향도 받지만, 개인의 경험으로 결정됩니다. 일단 도식이 만들어지면 이 도식과 개인의 경험이 상호작용하면서 발전시켜 나갑니다. 다소 덜 정교했던 도식들은 시간이 지나면서 점차 더 정교해집니다. 여기에 가장 큰 영향을 미치는 것은 물론 초기 환경입니다. 부모나 주요 양육자, 형제자매, 다른 가족들의 영향이 해당되지요.

어떤 아이는 자율적이고 친화적인 도식을 가지고 세상을 봅니다. 세상의 많은 사건과 자극들이 그 도식을 통해 들어오면서 자신과 세상을 더 안전하고 유쾌한 것으로 보게 되지요. 또 어떤 아이는 걱정스러운 도식으로 세상을 봅니다. 곤란하고 암울한 것들이 그 도식에 잘 걸리고 자신과 세상은 그러하다는 믿음이 강해집니다. 이는 점차 여러 부정적인 도식들로 분화되어 발전할 것입니다.

나쁜 세상만 보여주는 창문

부정적인 도식은 세상을 바라보는 객관적인 창이 되지 못합니다. 왜곡된 렌즈가 되어 과거와 현재의 현상을 있는 그대로 보지 못하게 만들지요. 부정적인 렌즈가 허용하는 부정적인 것만 볼 수 있습니다. 과거의 불행한 사건들에서 만들어진 도식이 현재의 부정적인 측면들에 주목하게 하고, 미래에 잘못될 여지가 있는 일을 크게 보게 합니다. 당연히 화나거나 슬프거나 불안한 생각을 하면, 그 생각들이 머릿속 대부분을 차지합니다. 문제 되는 사건, 상황을 수없이 반추하면서 점점 더 심각하게 받아들이고 세상을 그렇게 고정시켜버립니다.

도식은 크게 두 가지 방식으로 사람을 움직입니다. 하나는 개인의 행동방향을 정해줍니다. 예를 들어 '지적으로 우수하다'는 자기 도식을 지닌 사람은 1등을 하려고 최선을 다할 것입니다. 또 남들도 1등을 중요하게 여기고 온 신경을 쓸 것이라고 믿습니다. '재치가 있는 사람'이라는 자기 도식을 가진다면 늘 재미있는 말이나 표현에 주목할 것입니다. '소심하고 상처를 잘 받는다'는 도식을 지녔다면 사소한 실수에도 크게 창피해하고 고통스러워합니다. 그러면서 자기 도식은 굳건해지고, 도식은 다음 행동을 결정하지요. 즉 그에 부합되는 행동만 하려고 합니다. 나는 원래 소심하니까 이렇게 하면 안 되고, 저것도 피해야 한다고 결정합니다. 이와 같이 자기 도식은 부정적이든 긍정적이든 그것에 일치하는 방식으로 우리를 움직입니다.

도식의 또 다른 기능은 미래의 자신에 맞춰 행동하려는 측면이 있다는 것입니다. 사람은 자기 도식에 잘 맞으면 그 상태를 유지시키려 하고, 동시에 그것이 미래의 자기 도식과 맞지 않으면 의도적으로 극복하려고 합니다. 이것을 심리학에서 '가능한 자기(possible self)'라고 합니다. 현재의 나는 아니지만 미래의 자기 도식, 즉 '가능한 자기'가 목표지향적인 행동을 일으킨다는 뜻입니다. 미래의 자기가 현재 행동을 이끄는 동기가 되려면 '가능한 자기'가 그만큼 매력적이어야 합니다. 그렇게 될 수 있다는 강한 믿음이 있어야 합니다. 그렇다면 기존의 자기 도식에 변화를 줄 수 있습니다.

하여, 과거에 영향력 있는 사람, 즉 부모나 형제 친구들로부터 수치심을 겪었다면, 그것이 지금의 도식을 만들게 했다면, 그 부정적 상호작용을 검토해야 합니다. '엄마가 내게 저런 말을 한 것을 보면 나는 희망이 없는 게 분명해. 부모님도 포기했는데 무엇을 한들 달라지겠어?' 그렇게 만들어진 아이의 도식은 이후 모든 경험을 해석하고 행동을 지휘할 것입니다. 그대로 머물수록 도식은 굳건해지고 그에 합당한 경험들만 쌓여갑니다.

그래서 그때 엄마가 옳았는지를 지금의 내가 회의해야 합니다. 그때 엄마와 나 사이에 실제로 일어난 일이 무엇이었는지, 내가 나쁜 감정 상태에서 부정적 도식을 키운 것은 아닌지, 이제는 검토할 수 있습니다. 어린 시절의 내가 당시의 슬프고 화나는 감정으로 믿어버린, 정확하지 않은 것들이면 어쩝니까? 실은 나는 그렇게 형편없지 않은데 그런 도식을 갖고 살아왔다면요? 어린 시절에서 가져온 불안을 그대로 믿지 않고 건강하게 검토할 때, 미래의 자기 도식을 새롭게 만들 수 있습니다. 그리고 그것이 현재의 나를 이끌게 할 수 있습니다.

어린 날의 흔적으로
불안의 근원을 알아보기

대부분의 상담치료에서는 상담의 초기에 개인사와 가족사를 탐색한다. 이것은 연대기적 사건을 밝혀내려는 목적이 아니라, 한 인간으로서 개인적 삶의 경험을 회복하는 데 의미가 있다. **즉, 내가 누구인가를 알아가는 과정이다.** 대다수가 이때 가족에 대한 원망을 하거나, 부모가 이상적인 부모가 아니었다는 것을 알게 된다. 세상의 어떤 부모도 완벽할 수 없기 때문이다. 때로는 아주 많은 실수와 잘못을 저지르며 나를 키웠다는 것을 인정해야 할 때도 있다.

세상의 모든 잘못된 행위는 용서 이전에 잘못으로 인식되어야 한다. 부모를 이해하고 가슴으로 용서하기 위해서는 나를 실망시켜온 그들의 잘못된 행위의 결과물을 인정해야 한다. 실망스러운 일들을 인정하고, 슬퍼하고 난 이후에야 부모를 있는 그대로 보게 된다. 부모와 가족들 역시 약점을 지닌 한 사람일 뿐이라는 사실을 받아들인다. **중요한 것은 자신의 경험을 객관적으로 보고, 이제껏 확고한 신념으로 붙잡고 있던 가치와 기준의 이면을 이해하는 일이다.**

다음을 떠올려 보자. '대강, 일반적으로 그럴 것이다'에서 더 나아가 특정 시간에 벌어진 특정한 사건을 드라마의 한 장면처럼 구체적으로 기억해보자.

1) 당신의 어릴 적 가장 최초의 기억은 무엇인가? 또한 어린 시절 하면, 떠오르는 기억 세 가지를 찾아본다.

2) 엄마와 함께했던 어떤 장면이 있는가? 아빠와 함께 무엇을 했던 기억이 있는가? 어린 시절에 가족들이 모두 등장하는 장면은 무엇인가?

3) 학교와 관련된 첫 기억은 무엇인가? 내가 좋아했거나 싫어했거나 괴로웠던 장면은 어떤 것인가?

4) 매 질문마다 기억나는 장면들의 특징과 상징을 지금 내 모습과 연결시켜 머물러 본다.

Chapter 03

나의 불안에는 '타인,'이라는 이유가 있다

불안의 배경이면서 우리를 힘들게 하는 감정에는 수치심이
있습니다. 인간의 수치심 영역은 참으로 다양해서 겉으로만
보면 타당성을 찾기 어렵습니다. 누구는 밀폐된 공간을
끔찍하게 두려워하는데, 그 안에서 통제력을 잃고 버둥거릴
자신을 상상하며 수치심을 느끼기 때문입니다. 또 누구는
다른 사람이 나를 나쁘게 생각하는 것에 대해 수치심을
느낍니다. 정작 그들은 아무 영향력이 없는데도 어떻게든
자신을 무시하게 될 거라고 예측하지요.
이렇게 수치심의 영역은 한없이 넓어져갑니다. 이러다
세상의 모든 규칙과 가치가 나의 존재 의미를 건드릴

지경이지요. 이처럼 다른 사람이나 사회의 가치를 자기 존재의 의미로 받아들이는 걸 '자아관여(ego involvement)가 되었다'고 합니다. 일에 자아관여가 된 사람은 오로지 성공하고 돈을 벌어야만 가치가 있는 사람이라고 믿습니다. 외모에 자아관여가 된 사람은 거울 앞을 떠나지 못할 것입니다.

공자는 '우리는 스스로 행복하다고 생각하기보다는 남들에게 우리의 행복을 납득시키는 데 더 많은 노력을 한다'고 했습니다. 결국 우리는 '남에게 거부당할까', '실패하는 모습을 보일까' 끊임없이 불안에 빠지게 되는 것입니다.

에이즈에 걸렸다는
불안에 사로잡힌 남성 이야기

그는 벌써 두 번이나 에이즈 검사를 받았고 결과를 기다리는
중이라고 했다. 꺼뭇한 수염자국과 마르고 꺼칠한 얼굴이 그간
의 마음고생을 보여주었다. 부서 미팅과 술자리가 끝나고 뭐에
홀린 듯이 간 안마시술소가 화근이었다. 그날 이후 어쩌면 에
이즈에 걸렸을지 모른다는 불안감에 시달리고 있다. 그 생각으
로 호흡이 곤란하고 잠도, 먹는 것도, 일도 어려운 지경이다.
그럴 리 없다고 논리적으로 스스로 설명해도, 심지어 아무 문
제가 없다는 검사결과지를 손에 쥐고도 마음이 놓이지 않는단
다. 100% 확실한 검사는 없다면서. 대체 무엇이 이 사람을 이
토록 근거 없는 불안으로 내모는 걸까?
이번 일 말고는 스스로 운이 좋은 사람이라면서, 보잘것없는
집안의 넷째 아들이 이 정도면 크게 성공한 것이라고 했다. 공
고만 나와도 취직이 되던 시절에 어렵지 않게 입사했고, 특유
의 근면 성실함으로 분에 넘치는 칭찬과 대접을 받으며 승진도
했다. 회사는 점차 모두가 들어오고 싶어 하는 인기 직장이 되
었고, 배경도 머리도 좋은 후배들이 들어왔다. 함께 일하기가
버거워서 사이버대학도 다니고 대학원도 다니면서 근근이 버텨
왔는데, 최근 새로운 업무를 맡았다. 이번에는 더 이상 '짬밥'

으로 밀어붙일 수 없고 뭘 좀 알아야 일할 수 있는 분야였다. 여기가 끝인가 하는 생각이 들었다. 명퇴를 하기에는 아직 젊고, 아이들 미래와 가족, 친지들에게 뭐라고 설명해야 하나 싶었다. 그는 사방이 꽉 막힌 기분이었다며, 안마업소에 가기 전부터 어쩌면 자신은 이미 죽어 있었던 것인지도 모른다고 말했다. 이제껏 일군 성공이라는 산이 무너지고 곧 실패자가 될 텐데, 그 장면을 지켜볼 수밖에 없는 무능력한 인간이 바로 자신이라 했다. 정작 불안의 대상은 다른 곳에 있었고 에이즈는 그저 완벽한 무너짐의 상징일 뿐이었다.

결국,
우리는

실패할까 봐
불안하다

인간의 교감신경계는 위험에 처했다고 여길 때 흥분합니다. 인간이 위험으로 여기는 경우는 크게 두 가지일 것입니다. 하나는 싸움입니다. 예로부터 인간은 먹을 것을 얻기 위해, 영토를 넓히기 위해, 또는 이런저런 이유로 다른 부족과 싸워서 살아남아야 했습니다. 전투는 생존과 연결되는 중요한 것이었지요. 다른 하나는 돌발상황입니다. 전혀 예기치 못한 곳에서 맹수가 나타난다거나 큰 불이 나거나 자연재해를 만났을 때 인간의 교감신경계는 극히 흥분하여 우리가 싸우거나 도망치도록 할 것입니다. 한데, 지금의 환경은 어떻습니까? 현재 인간 뇌가 교감신경계를 흥분시킬 장면을 꼽자면, 아마도 누군가와 경쟁을 벌일 때일 것입니다. 과거의 전투가 지금의 경쟁과 유사합니다. 경쟁에서 상대를 이겨야만 살아남는다고 여긴다면 말입니다.

우리는 날마다 전투를 벌입니다. 자신의 가치를 자신의 성과물과 동일시하면서 스스로가 유능한 인물이라는 느낌을 갖고자 합니다. 다른 사람들과 비교하면서 옆 사람보다 더 성공하였다면 우월감을 느낍니다. 전쟁터에서 적군의 목을 베어들고 오는 의기양양함에 비견되지요. 당연히, 그 반대의 경우라면 큰 절망감과 열등감에 빠집니다. 다음번에 이 굴욕을 설욕할 수 있을지, 꼭 그래야 하는데 혹시 다시 실패할까 봐 조마조마합니다.

안타깝게도 우리 주위에는 스스로 열등하거나 무가치하다고 여기는 사람들이 많습니다. 그런데 그들의 행동방식은 각기 다릅니다. 어떤 사람들은 열등한 자신을 들키지 않으려고 극히 수동적인 자세를 취합니다. 과제 앞에서도 좀처럼 움직이지 않고, 주눅이 들어 있습니다. 이들은 성공하지 못한 상태가 바로 자신의 열등함을 증명한다고 여기며 위축된 채 계속 열등감에 시달립니다.

또 다른 사람들은 성공하려고, 완벽해지려고, 힘든 노력을 감수합니다. 스스로와 타인에게 자신이 열등하지 않다는 걸 계속 증명해야 하기 때문에 건강을 망치도록 일을 합니다. 다만 일이 제대로 풀릴 때에도 성공을 자랑스럽게 여기고 자신을 높이 평가하기보다는, 대신 "운이 좋았어, 어쩌다 얻어 걸린 거야. 누구라도 이 정도는 할 거야" 등의 반응을 보입니다. 그러니 또다시 실패를 두려워하면서 자신을 쥐어짜야 합니다. 어떤 경우에도 스스로에 대한 생각이 잘 변하지 않으며 늘 유쾌하지 않습니다.

실수는

곧
재앙이다

불안에 빠진 사람들은 여러 이유를 대며 걱정하지만, 결국 가장 큰 것이 바로 실수 혹은 실패에 관한 것입니다. '일을 그르치면 어쩌나. 망치면? 잘 못하면?' 성인이라면 일에서 실적이나 승진이 주제가 될 것이고, 학생이라면 시험과 진학이 주제가 될 것입니다. 아이 어른 할 것 없이 겪는 시험 불안, 발표 불안도 실수를 재앙처럼 여기는 마음과 닿아 있습니다. 실패할지도 모른다는 예측은 왜 그토록 불안한 것인가요?

실패와 관련된 우리의 상처는 어린 시절까지 내려갑니다. 유치원이나 어린이집에서 펼쳤던 재롱잔치나 발표회를 기억하는 사람들이 꽤 많습니다. 난생 처음 낯선 사람들 앞에서 무언가를 했을 때, 그것들을 휘감고 도는 분위기, 시작과 끝에 놓인 사건 같은 것들입니다. 잘하는 것과 부족한 것, 더 잘하는 것이 어떤 반응과 연결되는가를 보았습니다.

초등학교 시절 선생님의 질문에 제대로 답변하지 못했을 때의 수치심도 있습니다. 선생님의 지적이나 아이들의 놀림을 받았다면 잊히지 않는 상처로 남아서 이후 불안의 재료가 됩니다. 그 아이는 점점 답을 알아도 손을 들지 않는 사람이 되어갑니다. 자신의 생각도 의심하고 설사 알아도 남들 앞에서 제대로 말하지 못하리라는 걱정에 몸이 굳어버립니다.

이와 같이 예기치 못하게 수치심이나 굴욕감을 겪으면, 우리 뇌의 변연계 부위는 예민해지고, 과도하게 흥분합니다. 잘 대비하고자 즉각적으로 더 최악의 상황을 상정하고 몸과 근육을 준비시킵니다. 그래서 실수에 대해 몰입하기 시작하면 실제로 큰일이 벌어지지 않았음에도 급격히 불안감이 오르는 것입니다. 우리 뇌는 벌써 실수를 사소한 것이 아니라 엄청난 재앙으로 보고, 얼굴은 붉어지고 식은땀이 나며 아무 생각도 나지 않습니다.

실수를 큰일이라고 생각하는 사람들은 자신에게 없는 것, 자신이 할 수 없는 것을 본인이 '다른 사람보다 못한' 것으로 받아들입니다. 똑똑하다면 실수를 하지 않을 테니까요. 그러니 이것을 이겨내려 우리의 정신은 총력을 기울입니다. 다음에 잘하면 된다는 생각을 못합니다. 헤어 나올 수 없는 수렁에 빠지는 무력감이 바로 증거입니다.

과거의 실패로 미래까지 예측한다면

다소의 지적 장애가 있는 아버지를 둔 청년이 상담에 왔습니다. 그는 태어나서부터 쭉 조부모와 함께 대가족에서 자랐다고 했습니다. 어린 시절 그의 기억 대부분은 '아버지가 무엇을 잘못해서 할아버지께 호된 야단을 맞는 것'이었습니다. 점차 그 기억은 확장되어서 동네 사람들이 수군거리고, 지켜보던 친척들이 등을 돌리는 장면으로 바뀝니다. 소처럼 일하는 아버지였지만, 별거 아닌 실수 하나로 '바보 취급'을 받았습니다. 어른이 된 청년은 강박적으로 완벽을 추구하는 성향이 되었고, 이것을 실수하지 않기 위해 노력하는 모습으로 여겼습니다. 자신이 어리석지 않고 유능하다는 증거로 본 것입니다. 그런 와중에 작은 실수에도 사색이 되고, 그에 연연하다 다른 일까지도 그르치고 마는 자신의 정서와 불안이 무척 난감했던 것이지요.

실패했을 때 인생이 끝장난 것처럼 반응하는 사람들에겐 현실의 실수나 실패로 설명할 수 없는 것들이 있습니다. 이미 불안의 재료가 내 속에 있습니다. 이들은 실수 앞에서 다른 사람들이 자신을 실패자로 낙인찍을 거라 예상합니다. 문제는 그들이 불안의 근본적인 원인을 모른다는 데 있습니다. 근본적인 원인은 실수가 아니라 실수를 그렇게 규정하는 것입니다. 청년의 경우, 아버지의 실수는 곧 아버지의 지적 장애를 드러내는 표시였지만, 본인의 실수는 그와는 무관하다는 것을 깨닫지 못했습니다.

이 청년이 '…나는 내 아버지가 아닙니다. 내 실수는 아버지의 실수와 같지 않습니다. 내 인생을 어떤 자세로 살아갈지를 동네 사람들이, 친척들이 결정해주지 않습니다.'의 마음으로, 실패를 재앙으로 여기지 않는다면, 어느 누구도 그를 실패자로 볼 수 없습니다. 청년은 아버지의 말도 안 되는 실수와 그것이 몰고 온 여파가 한없이 부끄러웠고, 그 감정들이 쌓이면서 더 큰 수치심이 되었던 것입니다. 자신은 절대로 아버지처럼 부끄러워지지 않겠다는 지독한 결의가 실수를 아예 피하는 쪽으로 몰고 갔습니다. 그럴수록 일을 대하는 태도는 더욱 엄격해졌고 일도, 삶도 불안에 얽매이게 된 것입니다.

◐ 실패에 대한 균형감각을 다시 잡자

실패는 그저 실패입니다. 거기서부터 시작해야 합니다. 실패는, 미래에 미리 가져다두고 추측하며 쩔쩔매는 대상이 아니라, 과거의 것을 여기에 가져와 분석해보는 대상입니다. 즉, 무엇이 잘못되어서 그렇게 된 건지 알고 교훈을 얻으면 그뿐입니다. 그런데 실패의 기억이 감정적으로 아주 고통스럽다면, 그 사람은 실패를 제대로 돌이켜보려 들지 않습니다. 이미 '불안과 연합된 실패'여서 그러합니다. 심리적으로 잘 처리되지 않은 실패일수록 더 오래 우리의 정신에 남아 맴돕니다.

그래서 실패가 고통스러울수록 정면으로 바라보는 게 옳습니다. '대충… 그랬어…'에 멈추는 것이 아니라 최대한 당시의 감정 그대로를 떠올립니다. 풍부한 감정이 동원되었을 때 기억은 뚜렷해집니다. 수치심이라면 수치심, 열등감이라면 열등감. 아프지만 그것 그대로를 회상할수록 실패에 부착된 감정의 찌꺼기를 풀 수 있습니다. '정말 무슨 일이 일어났는가?' '실패했지만 긍정적인 면은 없는가?'와 같은 적극적인 생각을 통해서 실패에 관한 균형 잡힌 시각을 지닐 수 있습니다. '실패를 생각'하느라 하염없이 시간을 보내는 것은 반추사고로 들어가서 미래의 불안을 준비하는 것입니다. 그것이 아니라 '실패가 무엇'인지를 생각하고 결론을 짓고 앞으로의 계획을 세우는 데 이용해야 합니다.

후회 감정이 밀려올 때도 가능한 강렬하게 제대로 후회하는 것이 좋습니다. 실패를 세세하게 바라보고 해석한다면 후회 또한 얼마나 크겠습니까? 이 또한 밑바닥까지 제대로 후회한다면 비슷한 종류의 실패를 다시 하지 않을 수 있습니다. 그렇게 하면 이후 어느 날 무언가 일이 제대로 풀리지 않을 때, 예전 실수와 비슷한 상황일 때 나도 모르게 과거 속으로 들어가는 일이 생기지 않습니다.

누군가

나를
지켜보고 있다

자신이 무슨 일을 할 때, 일의 결과물을 내놓을 때 남들이 눈여겨 보고 있다고 생각하는 사람들이 있습니다. 또 하필 그 남들은 나에게 준엄하고 비판적일 거라고 여깁니다. 그래서 내 잘못을 금방 알아차릴 것이며 나를 조롱하거나 공격 혹은 무시할 거라고 생각합니다. 이것은 매우 숨 막히는 고통입니다. 누군가가 좋은 시선으로 나를 보고 있다고 해도 부담스러울 텐데 비난의 눈으로 응시하고 있다면 어찌 숨이 쉬어지겠습니까?

언제나 리포트를 내는 것이 큰 과제인 증권 애널리스트가 있었습니다. 그는 열심히 하는 수준을 넘어 스스로 극한까지 몰고 가는 타입이었습니다. 매번 쓰는 리포트이건만 좋은 평가를 받는지에 온 신경을 곤두세웠지요. 경기가 좋고 너도나도 실적을 내던 시절에는 그래도 괜찮았습니다. 하지만 증시 상황이 나빠지자 매우 초조해지면서 극심한 불안에 시달리게 된 것입니다.

그는 리포트가 안 써진다고 했습니다. 자판에 손가락을 올려둔 채 머릿속에는 이런 나를 보고 있는 시선들, 비웃음, 손가락질 같은 것이 맴돌고 급기야 그것들이 두렵다는 생각까지 들었습니다. 사람들이 그렇게 반응하리란 걸 어떻게 아냐고 물었더니, 본인은 예민해서 잘 알아챈다고 했습니다. 어떤 사람이 어떤 상황에서 왜 그런 말을 했는지, 어떤 표정을 지었는지도 알아챈다고 했습니다.

불안 때문에 상담에 온 다른 분은 본인의 일이 부서에서 그다지 중요하지 않아서 자신은 더 많이 일해야 마땅하다고 하였습니다. '중요하지 않다'는 건 돈벌이를 하는 일이 아니라는 뜻이랍니다. 다른 부서원들은 실적을 내는데 자기 업무는 그렇지 않으니 그들의 눈치를 보지 않으려면 더 많이 더 늦게까지 일해야 한다고 생각한 것입니다. 외근을 다녀온 부서원이 "아휴, 피곤해" 하면, 마치 자신에게 '내근하는 당신은 참 편하겠어요.'라고 말하는 것 같답니다. 사소한 눈빛, 기색 등을 살피면서 정작 자신의 일이 어느 정도 난이도인지, 또 시간은 얼마나 드는지에 대한 개념은 없었습니다. 일의 우선순위나 시간 안배 등 일의 특성과 자기 상황을 고려하지 않고 닥치는 대로 맡습니다. 그런 다음도 문제입니다. 이번에는 제대로 못해내면 끝장이라고 생각합니다. 도저히 일정을 맞출 수 없는 산더미 같은 일 앞에서 심한 불안에 짓눌리는 악순환이 일어나는 것입니다.

● '척하는 삶', 진짜 나를 내보일 자신이 없다

인간이 어떤 선택을 하는 것과 최종 행동은 우리 뇌에 있는 두 영역이 벌인 경쟁의 산물입니다. 뇌에는 감정적 정서 영역과 이성적 사고의 영역이 있습니다. 진화론적으로 보면 중뇌의 변연계를 기반으로 한 정서 영역이 먼저 발달했습니다. 생명을 보존하는 일, 위험에서 도망치거나 맞서 싸우는 일이 이 중간 뇌의 중요기능입니다.

반면 이성적 영역의 전두엽 부위는 중뇌보다는 최근에 발달한 부위입니다. 이성적으로 생각하고 다양한 정보를 종합하여 결론을 도출하지요. 이 전두엽은 인류의 진화적 성과를 고스란히 담은 영역이지만 결정적 순간에는 먼저 발달한 중뇌에게 밀릴 때가 많습니다. 심한 압박감, 불안감이 정신을 지배할 때는 이성적 사고가 어려운 것처럼요.

뇌의 이런 개입과정은 의식적이며 점진적으로 일어나는 것이 아니라, 매우 반사적이며 순간적으로 일어납니다. 그래서 이성적인 전두엽은 '그것이 아닐 수도 있으니 찬찬히 생각해보자'는 제안을 미처 못합니다. 이미 불안한 상태의 뇌는 무슨 위험신호를 잡아내듯이 누군가의 표정을 살핍니다. 그리고 사소한 단서도 대단히 위험한 것으로 부풀려 인식하는 것입니다. 그러니 실제로 일의 효율성은 떨어지고 실수가 늘게 됩니다. 그러면서 본인의 직감이 역시 맞았다고 더 믿게 됩니다. 무슨 일을 하든 뭔가 잘못하고 있다는 느낌에 휩싸여서 괴롭습니다. 급기야 '나는 무능하다. 할 수 있는 일이 하나도 없다. 그러니 잘 감추어야 한다'로 넘어갑니다.

사회생활을 하다 보면 자신의 약점을 눈치껏 감추어야 할 때도 있을 것입니다. 그런 경우에 우리는 구체적으로 접근합니다. '나는 이런 점이 부족하니까 이런 일을 맡는 것이 낫겠지. 그러니 이렇게 해봐야지' 식으로요. 하지만 불안한 사람들은 구체성 없이 무조건 '감추어야 한다. 무엇인 척해야 한다'고 생각합니다. 왜 그래야 하는지도 모른 채, 그럴 필요도 없는 지점에서 '척하기'를 하려 드는 것입니다. 그런데 '척하기' 전략은 감정적으로나 인지적으로 대가를 크게 치러야 합니다. 매우 불편한 심정이 되고 실제로도 점점 더 무능해집니다. 급기야 스스로 '사기꾼이 된 느낌'이 들며, 결국 실체가 탄로가 날 거라 불안해합니다.

누구든 어떤 상황이나 사건에 대해 생각할 수 있고 표현할 수 있습니다. 그것이 맞으면 인정하고, 틀리면 그렇지 않다고 하면 되는 일입니다. (경우에 따라 이것을 겉으로 말하기도 하고, 속으로만 생각하기도 합니다.) 예를 들어 이번 주 발표한 자신의 리포트에 대해 누군가 정확하지 않다고 지적하면, "그렇습니다. 이번에는 제가 잘하지 못했습니다."라고 그냥 인정합니다. 그것이 사실인 것을 알기 때문에 그 말에 당황할 필요도 없습니다. 그 사람이 만약에 "리포트가 정확하지 않은 것을 보니 당신은 엉터리군요."라고 한다면 "아니오. 그렇지 않습니다."라고 하면 됩니다.

이번 리포트가 좋지 않다는 것을 알고 있고, 그렇지만 내가 엉터리가 아니라는 것도 알기에 충격을 받거나 좌절할 필요는 없습니다. 물론 상대가 악의적으로 말한다면 기분이 좋을 수는 없겠지만 당황해 어쩔 줄 모르거나 방어적인 태도로 상대를 공격할 필요도 없습니다.

'어떻게 저런 말을 하지? 다른 사람들에게도 소문을 냈을 거야. 나는 이제 끝이야.' 하면서 불안해한다면 그건 스스로 '자신에 대해 뭐가 진실인지'를 모르고 있다는 뜻입니다.

아주 오랫동안 누군가의 평가에 의해서만 자신의 가치를 매겨왔다면 이 단순한 과정이 아주 어려워집니다. "넌 매사에 너무 느려!"라는 어머니의 말을 들으며 자랐다면, 자신이 느리고, 느린 것은 모자란 것이라고 생각할 가능성은 높습니다. 하지만 어머니가 옳다는 근거는 어디에도 없습니다. 어머니가 매사에 너무 '급한' 분이었다면 '느리다'는 평가가 과연 정확했을까요? 그렇기에 '내가 어떤 사람인가?'라는 평가를 타인에게서 찾지 말아야 합니다. 나는 내가 알고, 그것이 진짜입니다

성공한 사람들조차
빠지는 덫,

자기 불신

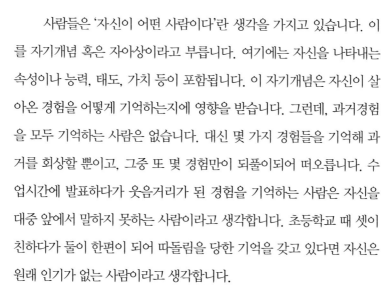

　사람들은 '자신이 어떤 사람이다'란 생각을 가지고 있습니다. 이를 자기개념 혹은 자아상이라고 부릅니다. 여기에는 자신을 나타내는 속성이나 능력, 태도, 가치 등이 포함됩니다. 이 자기개념은 자신이 살아온 경험을 어떻게 기억하는지에 영향을 받습니다. 그런데, 과거경험을 모두 기억하는 사람은 없습니다. 대신 몇 가지 경험들을 기억해 과거를 회상할 뿐이고, 그중 또 몇 경험만이 되풀이되어 떠오릅니다. 수업시간에 발표하다가 웃음거리가 된 경험을 기억하는 사람은 자신을 대중 앞에서 말하지 못하는 사람이라고 생각합니다. 초등학교 때 셋이 친하다가 둘이 한편이 되어 따돌림을 당한 기억을 갖고 있다면 자신은 원래 인기가 없는 사람이라고 생각합니다.

　요는, 내가 생각한 대로 세상을 살아나간다는 것입니다. 스스로를 부족한 사람이라고 여긴다면 절대로 자신감을 가지고 행동할 수 없습니다. 타인의 시선에 신경을 쓰며 주저하는 사람은 대인관계에서 매력적이지 않습니다. 그런데 그건 사실 내가 먼저 자신을 그런 사람이라고 생각하면서 행동했기 때문입니다. 하지만 그 부분은 빼먹고 '다른 사람이 나를 어떻게 생각할까?'만 궁리합니다. 자신이 매력 없는 사람임을 알게 될까 봐 불안해합니다.

자기를 믿는 마음 대신에 자리 잡은 강한 자의식은 늘 빨간 신호등 상태입니다. 그래서 타인과 관계 맺어야 하는 상황이면 일단 멈추고 봅니다. 좋은 평가나 호감을 얻지 못할까 봐 혼자 있기를 택합니다. 바보 같은 말과 행동으로 망신을 당하느니 차라리 혼자가 낫고, 침묵이 낫습니다. 실패 경험을 떠올리며 다시는 상처받지 않겠다는 욕구가 모든 것에 우선합니다. 하지만 혼자여도 결코 만족스럽지 않은데, 그러면서도 다른 사람의 호감을 얻고 싶은 욕구는 여전하기 때문입니다.

그래서 이들은 하고 싶지 않은 일을 떠밀려서 할 때가 많습니다. 자신이 원하고 잘할 수 있는 일을 택하는 게 아니라 떠밀려 맡은 일에는 후유증이 따릅니다. 잘 해내지 못하는 자신의 모습에, 감당하기 힘든 현실에 대해 또 다른 불안이 따라옵니다. 실패했을 때 쏟아질 비웃음에 대한 공포, 그러니 반드시 잘 해내야 한다는 압박으로 얼마 후 또다시 위축되어 자기만의 공간으로 숨어들지요.

세속적 기준으로 성취가 낮은 사람들에게서만 이런 양상이 나타난다고 생각한다면 큰 오산입니다. 세상 사람들이 말하는 큰 성공을 거두고, 겉으로는 확신에 차 보이는 사람도 마음속에는 이러한 불안과 우울감이 있습니다. 겉으로 보여주는 자기존중감이나 효능감이 속 깊은 곳까지 채워 있지 않습니다. 실제로는 자신의 존재가 적합하지 않다고 생각하면서, 그 고통을 피하려고 두려움을 부인하고 정서와 행동을 꾸며대는 것입니다. 더 많은 것을 가지려 하거나 더 많은 성취를 통해 일시적으로 아닌 척을 하는 것뿐입니다

나는 틀렸고, 저들은 옳다

실패할까 봐 불안해하고 실수를 두려워하면서 "내가 자존심이 세서 그런다…"라는 말을 즐겨 하는 사람들이 있습니다. 우리는 자존심이라는 말을 이상하게 사용합니다. 자존심은 말 그대로 스스로 자신을 존중하는 마음입니다. 그래서 자존심이나 자존감은 의미로는 다를 것이 없습니다. 한데, 자존심을 마치 타인과의 관계에서 경쟁하고, 내가 더 나은 무엇을 갖고 있는 것으로 사용합니다. 그렇지 않은 상황에서 견디기 힘들어하는 모양새를 지칭하는 단어로 봅니다. 나와 남의 약점에 주목하면서 그것을 드러냈는지, 잘 감추었는지, 내가 남보다 나은지, 못한지를 가지고 자존심의 유무를 판단합니다.

진정한 자존심이 있다면 나 스스로에게 떳떳한지, 자신의 품위를 스스로 지켰는지에 관심을 둘 것입니다. 스스로 자신의 강점과 재능에 집중하면서 나를 충분히 이해하고 알아줍니다. 그러니 남들의 시선이나 평가에는 그다지 의미를 두지 않습니다. 또한 한 번의 성공이나 실패에도 일희일비하지 않습니다. 이럴 때도 나이고 저럴 때도 나임을

알기 때문입니다. 자신을 믿는 마음이 있다면 자신의 중심이 내 안에 있기 때문에 외부의 무엇에 자존심을 걸지 않습니다. 나는 내 생각대로 움직일 뿐입니다.

'자신을 믿는다'는 것이 어떤 사람들에게는 아주 당연하고 쉬운 일이지만, 또 어떤 사람들에게는 긴 시간의 심리치료를 거쳐 도달하는 지점입니다. 사람들의 평가에 신경을 곤두세우며 실패에 민감한 사람들에게는 특히 그러합니다. 어떤 분들은 "무엇을 증거 삼아 자신을 믿어야 하는가?"를 묻습니다. 그렇다면 '타인의 평가는 무슨 근거로 정답으로 간주합니까?'라고 되묻고 싶습니다. 불안에 사로잡힌 분들은 이미 '나는 틀렸고 저들은 옳다'고 가정합니다. 그러니 이제부터는 부디 '이번에는 무엇이 옳은가?'를 생각했으면 합니다. 정해진 것은 없습니다. 이번 일은 내가 잘못했을 수 있고, 다음번에는 잘할 수 있습니다. 내가 하는 일들은 실패할 가능성이 크다는 전제는 어디에도 없습니다.

그렇게 중립지대에 있을 때, 움츠려들지 않고 행동할 수 있습니다. 내 생각으로 판단하고, 내 기준으로 행동했을 때 잘할 때도 있을 것입니다. 실제로 성공적인 결과를 얻었다면 그것을 본인의 것으로 선선히 받아들이면 됩니다. 또는 실수나 실패를 하였다면 그 부분에 대해서만 있는 그대로 받아들이면 됩니다. 그러면 결과를 받아들여도, 혹은 실패해도 그것이 파멸로 연결되지 않는다는 실제 예를 만들 수 있습니다. 행동을 통해서만 스스로에 대한 믿음이 생깁니다. 나를 믿지 못하고, 실패할까 봐 불안에 떨며, 남의 눈치를 보는 분들에게 어려운 요청인 것을 알지만, 결국 해답은 거기에 있습니다.

자기주장과 관련된
불안 벗어나기

많은 사람들이 회의에서 의견을 말하거나 협상해야 할 때, 발표나 강연을 해야 할 때 불안을 느낀다. 혹은 대화 상대와 다른 의견을 말하거나, 불만이나 요구를 말해야 하는 순간을 극히 부담스러워한다. 이들의 내재된 불안은 **'사람들이 자신을 어떻게 볼까?'**이다. 이 문장에 내포된 뜻은 **'사람들이 나를 좋게 봐주어야 한다. 그렇지 않다면 끝장이다. 사는 데 있어서 가장 중요한 일은 이뿐이다.'**는 인정에 대한 강력한 욕구다. **강력한 인정 욕구**는 운신의 폭을 줄이고 생각을 어지럽히며 말문을 닫는다. '내가 무엇을 어떻게 말하면 상대가 좋은 평가를 할 것인가?' 이렇게 타인의 반응을 짐작하고 맞추려는 의도가 먼저 일어나면 내 것을 주장할 수 없다.

자기주장과 관련된 불안이 있다면 이렇게 해보자

1) 자기주장이 갈등을 초래한다는 오래된 신념에 '아니다'를 외친다. 지금까지 지지부진했던 나의 인간관계를 떠올려 본다.

2) 자기주장성이란 모든 상황에서 'NO'하는 것이 아니라, 일단 '나도 싫다고 말할 수 있다'를 믿는 것이다. 싫다고 말할 때와 좋다고 말할 때를 내가 구분하리라는 의지다.

3) 안전한 관계, 즉 가족이나 친한 친구 관계에서부터 주장하기를 실천한다. 혹은 다시 안 봐도 무방한 대면관계(PT강사나 가게 상인)를 대상으로 하고 싶은 말을 해본다.

4) 어떤 경우에도 나는 자신을 드러낼 수밖에 없다는 것을 믿는다. 즉, 더 좋게 보일 수 있는 요행은 어디에도 없다.

5) 자기주장 능력은 타고나는 것이 아니라 훈련하는 것이다. 세상의 모든 훈련은 실천을 통해 이루어진다.

시어머니와 친한 동서 때문에
불안한 여성 이야기

"표면적으로 아무 문제가 없어요." 겉으로는 결혼 생활도, 시댁과의 관계도, 일도 모든 것이 완전하다는 말로 상담을 시작한 젊은 부인은 몹시 불안하다고 했다. 아무래도 손윗 동서가 들어온 다음부터인 것 같은데, 시어머니를 향해 자꾸 신경이 곤두선다는 말이다. 어쩌다 한 주라도 못 찾아뵈면 다음 날 출근 전이라도 꼭 가서 뵙지 않으면 견딜 수 없단다. 이전부터 시어머니를 거스르는 행동을 한 적이 없고, 무엇을 좋아하실지, 무엇을 사드릴지 하는 생각뿐이었다는데 효부라고 하기에는 석연치 않은 면이 많았다. 뭐든 지나치면 문제가 있다고 보면 맞는 것 같다.

부인이 먼저 "관계가 틀어질까 봐 그런 거 아닐까요?"라고 물었다. 하지만 현재 그럴 만한 조짐이 없고 그것을 걱정하기에는 결혼 3년간 너무나 최선을 다해왔다. 다시 불안의 이면을 살펴보니 부인은 '큰동서가 내 위치를 위협할까 봐'를 인식했다. 가장 불안을 크게 느낄 때를 탐색하니 '시어머니가 동서를 칭찬할 때'였던 것이다.

부인은 매우 지배적이고 자기중심적이며 권력지향적인 친정어머니 밑에서 성장했다. 사람들은 어머니를 '사리 분별이 분명한, 똑 부러지는 집안의 해결사'라고 부르며 인정과 찬사를 보냈다. 남에게 베풀고, 문제를 해결해주는 어머니의 이면에는 관계에 순위를 매기고 사람마다 서열을 정하는 면이 있었다. 본인의 뜻에 어긋나면 가차 없이 내쳐버렸다.

그 대표적인 예가 어머니의 동서, 즉 부인의 작은어머니였다. 또 한 사람은 부인의 언니였다. 작은엄마는 어머니에게 굽히지 않아 눈 밖에 나면서 시댁살이가 고달파졌고, 언니는 눈치가 없고 공부를 못해서 천덕꾸러기 취급을 받았다. 반면에 부인은 그 집안의 공주였다. 어머니 곁에서 불평을 들어주고 비위를 맞춰주니 2인자 자리가 주어졌다. 무엇이든 허락되고 지지와 인정을 받았다. 부인이 큰동서를 맞이하고 시댁과의 관계에서 극히 불안을 느낀 배경이 바로 '밀려남'에 있었던 것이다. 너는 자신이 시모의 권력 가장 가까이에 있지 못하니 마치 친정의 작은어머니처럼, 언니처럼 밀려날까 봐 그토록 부심했던 것이다.

결국,
우리는

거부당할까 봐
불안하다

일생의 생각 중 거의 전부가 '남이 나를 어떻게 생각할까?'인 사람들이 있습니다. 이 '어떻게'가 물론 바람직하고 긍정적인 것들은 아닙니다. 개인에 따라, 경험에 따라 내용은 조금씩 차이 나지만, 대개는 둘 중 하나입니다. 하나는 내 성격이 이상해서 나를 좋아하지 않을 거라는 쪽, 다른 하나는 내 능력이 부족해서 나를 좋아하지 않을 것이라는 쪽입니다. 어느 쪽이 되었건 결국 사람들이 자신을 거부할 것을 염려하며 불안해합니다. 남들이 보는 자기 이미지에 조금이라도 어긋나는 일이 생긴다면(아니 생길까 봐), 별의별 상상을 다 하지요.

앞서 불안이 큰 사람들은 정상보다 훨씬 예민한 편도체(중간 뇌의 변연계 부위)의 기능으로 다른 사람의 세세한 표정까지도 읽고 부정적인 의미로 확대 해석한다고 했습니다. 불안한 사람들은 평범한 자극도, 자신을 무시하거나 나쁘게 판단하는 단서들로 보고, 믿고, 수집합니다. 만약 얼굴이 붉어지는 증상 때문에 사회적으로 고립될 거라 생각한다면, 누군가 자신 앞에서 '흠흠' 하고 마른기침을 해도 이것은 자기 증상을 알아채고 불편해한다는 표시로 받아들입니다. 이렇게 생활하면서 사소한 문제도 최악의 상황으로 느끼게 되는 것이지요.

어느 날 사무실에서, 동료가 내 말에 고개도 들지 않고 "알았어." 했다고 합시다. 거기서부터 시시콜콜한 온갖 상념이 몰려옵니다. 그 동료가 나 말고 다른 사람에게는 어떻게 대응하는지를 살펴보느라 하루를 다 보냅니다. 행여나 다른 동료와 눈을 맞추며 웃으면서 대꾸하는 것을 본다면 끔찍한 망상의 바다로 뛰어들게 됩니다. 그 동료가 사실은 나에게 아무 감정이 없으며 우연히 무심히 대응했을 뿐이라는 '사실'을 '사실'로 받아들이기까지 잠도 못 자고 일도 못하며 말라갑니다.

관계 불안, 하염없이 인정에 목마르다

이들의 사회적 상황에 대한 불안은 일상생활을 하기 어려운 지경까지 몰고 갑니다. 심리적 소모감으로 '머릿속이 하얘지는 것 같은' 상태가 되어 제대로 생각하고 판단하기 어렵게 만듭니다. 사소한 일로 마음을 졸이느라 사람들과 떨어지고, 타인의 의도를 의심하며 인간관계는 차갑게 식어버립니다. 그런데 본인은 그런 현실을 또 자기 의심을 정당화하는 증거로 봅니다. 사람들이 다 나를 싫어한다는 것이지요.

모든 인간관계 상황에 예민해진 상태로는, 일에서도 능력을 발휘하기 힘듭니다. 일의 효율성도, 인간관계 능력을 넓힐 기회도 놓쳐버리게 됩니다. 사실, 이들은 거꾸로 살고 있는 중입니다. 인간관계는 삐거덕해지는데, 이들 내면의 가장 강한 동기는 모든 사람에게 사랑과 인정을 받는 것입니다. 누군가의 지지와 격려가 있어야 말도 하고 일도 잘할 수 있다는 절박한 요구가 마음속에 가득합니다.

그래서 절대로 남들에게 싫은 내색을 하는 법이 없습니다. '조용하고 얌전하고 무던한 사람'이라는 이미지가 강하며 가끔은 '너그럽고 배려심이 많다'는 평가도 받습니다. 양쪽 다 이 사람의 실제 내적 상태와는 거리가 있습니다. 인정을 받아야 숨 쉴 것 같은 절박한 욕구는 거의 항상 자신이 무가치하다고 느끼게 합니다. 자신의 가치를 다른 사람이 나에 대해 하는 생각과 태도에 묶어놓았기 때문입니다. 타인의 인정과 사랑이 없다면 가치 없는 사람이라고 보는 것입니다.

이들의 일용할 양식은 외로움과 수치심인 듯합니다. 다른 사람들이 잘 어울리는 모습을 그토록 부러워하면서 정작 본인은 벽을 쌓고 들어앉습니다. 위험하기 때문입니다. 나를 속속들이 알게 되면 내가 얼마나 별 볼 일이 없는 사람인지를 알 거라는 수치심이 발목을 잡습니다. 누구도 자신의 상태를 이해할 수 없을 거라는 견고한 믿음으로 십년지기 친구에게도 속내를 털어놓지 못합니다. 그들의 이어지는 걱정이 참으로 질기고 안타깝습니다.

그들이 털어놓지 못하는 속내라는 것이 결국 '나는 사람들과 잘 어울리지 못해요. 긴장해요. 말을 잘하지 못해요. 재미가 없는 사람이에요.' 같은 것들입니다. 그들이 벗어나고 싶은 상태가 곧 자신이라는 뜻입니다. 한데, 본인이 간절히 벗어나고 싶은 상태에 오히려 완강하게 성을 쌓고 숨어 있다는 말입니다. 그러고는 누군가가 그 성을 넘어와 자신을 어루만져주기를 바랍니다. 위험하다고 생각해서 성을 쌓아 안에 숨었지만, 사실 가장 나쁜 곳이 바로 그 성의 안쪽인 셈입니다. 성만 무너뜨려도, 그저 밖이 내다보이게만 만들어도 이보다는 나을 것을, 그 진실을 깨닫는 데 꽤 많은 시간이 걸립니다.

불안하지 않으려고 고립되는데, 실은 그 결정이 자신이 가장 두려워하는 방향으로 나아가게 합니다. 남들의 시선을 끌고 싶지 않다면서 실제로는 가장 시선을 끌 부자연스러운 행동을 합니다. 모임 후 마음이 불편하다는 이유로 서둘러 SNS를 차단해버립니다. 별다른 말이나 행동을 하지 않아도 되는 모임에서, 불안을 면하겠다고 30분을 못 채우고 먼저 자리를 뜹니다. 그런 후에 자신을 얼마나 이상하게 보았을지, 얼마나 뒷담화를 했을까 하는 걱정과 불안에 어쩔 줄 몰라 합니다.

그들이 세상을 위험하다 여기는 근거는 어떤 증거라기보다는 오로지 본인의 감정입니다. 자기감정을 단서로 확신에 찬 추론이라고 주장합니다. 불편한 느낌이 들면 실제로 불편하다고 봅니다. 게다가 모든 사람들이 자기가 불편해하는 것을 안다고 생각합니다. 감정을 어떤 문제가 있을 수도 있다는 가능성으로 생각하지 않고 실제로 문제가 있다고 받아들이는 것은 매우 위험한 태도입니다. 추론은 이제부터 몇 단계의 검증을 거쳐야 하는 시작일 뿐입니다. 그런데 그 모든 단계를 건너뛰면서 추론에 실제 행동을 맞추는 오류를 범하고 있는 것입니다. 그런 사실조차 인식하지 못한 채 말입니다.

타인에게
벽을 쌓고 있으면서

사랑받기를
원한다

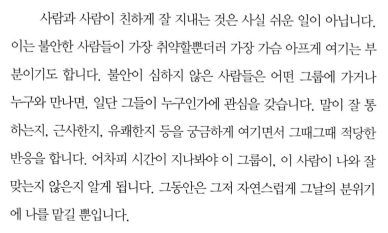

사람과 사람이 친하게 잘 지내는 것은 사실 쉬운 일이 아닙니다. 이는 불안한 사람들이 가장 취약할뿐더러 가장 가슴 아프게 여기는 부분이기도 합니다. 불안이 심하지 않은 사람들은 어떤 그룹에 가거나 누구와 만나면, 일단 그들이 누구인가에 관심을 갖습니다. 말이 잘 통하는지, 근사한지, 유쾌한지 등을 궁금하게 여기면서 그때그때 적당한 반응을 합니다. 어차피 시간이 지나봐야 이 그룹이, 이 사람이 나와 잘 맞는지 않은지 알게 됩니다. 그동안은 그저 자연스럽게 그날의 분위기에 나를 맡길 뿐입니다.

하지만 불안한 사람들은 자신이 일단 받아들여지지 않을 거라고 가정합니다. 내가 그들이 누구인가를 바라보는 것이 아니라, 그들이 나를 관찰하고 평가할 것이라고 생각합니다. 그들의 반응을 살피느라 모임을 마치고도 누가 누구인지, 어떤 인상을 받았는지 기억하지 못할 때도 있습니다.

인간의 모든 관계에는 거부당하거나 버림받을 수도 있다는 두려움이 있습니다. 여기서 완전하게 자유로운 사람은 없습니다. 생의 이른 시기에, 혹은 더 큰 다음에 우리는 각자 거부당하고 버림받았던 경험을 간직하고 성장합니다. 어린 시절에 가혹한 경험을 했다면 관계와 버려짐에 관한 불안이 더욱 강렬하게 남아 있을 것이고, 어른이 되어 겪은 그저 그런 이별이었다면 또 그 강도로 불안이 만들어졌을 것입니다. 더 어린 시절일수록, 더 치명적인 기억일수록 우리가 알아차리지 못하는 불안의 동요는 커집니다.

◑ 내 관계에 강한 흔적을 남긴 기억을 찾다

어떤 여성이 상담 중에 가족이 바닷가에 놀러갔던 기억을 이야기했습니다. 당시 자신은 유치원도 다니지 않을 때였고, 오빠는 초등학교 1학년 정도였답니다. 발단은 자신이 오빠와 싸운 사건이었는데, 그 일이 번져서 부모님이 크게 싸웠습니다. 부모님은 전에도 자주 다투었지만, 그날은 집이 아닌 곳이어서 그런지 더 무서웠고, 숨을 곳도 마땅치 않아 이불을 쓰고 크게 울기만 했답니다. 그러다가 잠이 들었는지 눈을 떠보니 세상에, 아무도 없었답니다. 정말 아무도 없는 민박집에 혼자 있더랍니다. 결국 하루를 민박집 주인과 보내고 누군가에 의해 서울 집으로 보내졌다는 믿기 힘든 이야기인데, 여성은 커가면서 이 사건을 자신의 기억과 부모님이 흘리는 말을 조합해서 구성할 수 있었습니다. 당시 부모는 정신없이 싸우다가 누군가 차에 시동을 걸었고 무작정 타고 계속 싸우며 서울까지 갔는데, 도착해서 보니 아들은 차 뒷자리에서 자고 있었지만 딸은 없었다는 것입니다.

단 한 번의 사건으로 사람의 성격이 바뀌느냐고 묻는다면 그건 인간의 정신에 대해 잘 몰라서 하는 말입니다. 이 사건에 대한 기억은 사건 자체도 심각하지만, 이 여성이 어린 시절에 겪은 무수한 사건의 대표성을 띠는 상징이라는 점에서 중요합니다.

그 사건 후에도 여성의 어머니는 감정 기복이 심하였고, 폭발적으로 반응할 때가 많았는데 그럴 때마다 여성은 더 숨죽이게 되었습니다. 그리고 눈치 빠르고 착한 아이로, 어머니를 거스르지 않는 아이로 성장합니다. 친밀한 관계에서 자신의 진짜 마음은 중요하지 않고 감춰야 한다는 것을 정신에 새깁니다. 친밀하다는 것과 변할 수 있다는 것과 버려진다는 것들이 연합되어서 늘 긴장한 상태에 있게 됩니다.

여성의 기억에 따르면, 자신은 유치원에 가지 않으려 했고, 그것 때문에 매도 많이 맞았답니다. "그땐 왜 그렇게 유치원에 가는 것이 싫었는지. 집에 있다고 엄마가 잘해 준 것도 없는데…." 하며 고개를 갸우뚱거렸습니다. 당시에 그 아이가 정말로 유치원 자체를 싫어한 것일까요? 아닐 겁니다. 실은 엄마와 떨어지는 것이 불안해서 유치원에 갈 수 없었던 것입니다. 따뜻하고 안정적인 엄마는 아니지만, 혼자 남겨진다는 것은 곧 죽음이어서 그 엄마를 놓을 수 없었던 것입니다.

이런 상태가 바로 불안정 애착입니다. 놓을 수도, 잡을 수도 없습니다. 원하면서 밀어냅니다. 물론 애착이란 어린 시절에 기원을 두고 있어서 완전히 의식적이지는 않습니다. 이 말은 즉, 본인이 무언가 어색한 태도와 행동을 보인다는 감은 있지만 도대체 왜 그러는지 스스로도 잘 모른다는 것입니다. 불안정 애착으로 관계의 기반이 만들어지면 그 사람은 대인관계를 아주 힘들어하고, 실제로도 좀 이상하게 행동합니다. 가장 뚜렷한 정서는 '의심'입니다. 상대는 나를 배신할 것이고, 떠날 것이라 의심합니다. 그 예정된 상실이 언제 일어날지를 예측하며 안절부절못합니다. 여기서 정말 안 좋은 건 그 불안감이 관계를 좀먹다 결국 정말로 관계를 파멸로 끝낸다는 점입니다. 상대가 나를 버릴 것이라는 불안이 크다면, 그 불안을 없앨 가장 확실한 방법은 상대가 떠나기 전에 내가 먼저 떠나는 것이란 결론을 내는 거지요.

또는 관계가 만들어지기 전에 관계 자체를 피합니다. 관계가 불러일으키는 독특한 느낌을 불쾌한 쪽으로 받아들입니다. 누군가와 가까워질 경우 자신이 간절하게 친밀감을 원한다는 게 드러날까 봐 불안해합니다. 여전히 '누구도 믿을 수 없다'는 신념이 있어서입니다. 내가 원한다는 걸 알면 상대는 나를 함부로 할지 모른다고 생각합니다. 제멋대로 하다가 제멋대로 떠날 것입니다. 그런 사태를 피하고자 기한 없는 장거리 관계를 선호하거나 익명성이 있는 온라인 접촉만 합니다. 연인이고 싶은 간절함이 있건만, 필사적으로 '이성사람 친구'라고 우기면서 애착을 피하려 온갖 합리화를 합니다.

불안한 사람들은 상실이라는 주제에 더 강하게 반응하며, 부정적인 생각을 억제하는 뇌 기능이 적절히 작동하지 못해서 결과적으로 더 부정적인 생각을 하게 된다는 심리학 연구가 있습니다. 실험 참가자들에게 인간관계에 관한 몇 가지 시나리오를 보여주고 그에 대해 생각하게 했고, 나중에는 그 생각을 멈추라고 했습니다. 그랬더니 갈등이나 헤어짐, 죽음과 같은 부정적인 시나리오에 대해 생각할 때, 불안정 애착성향의 사람들은, 감정과 관련된 뇌 부위가 그렇지 않은 사람들보다 더 많이 활성화되었습니다. 동시에 감정을 조절하는 뇌의 기능은 떨어졌습니다.

다시 말해 불안이 많을수록 슬픔, 고통 등을 경험하는 뇌 부위가 활성화되고 반면 감정을 제어하는 통제력은 줄면서 불안이 더 심해진다는 것입니다. 관계 불안이 심하지 않은 이들은 실험의 결과도 달랐습니다. 그들은 좋지 않은 생각, 헤어짐, 혼자가 된다는 것 등 부정적 생각이 일어날 때 그것을 멈추는 통제 능력이 발달돼 부정적 감정에서 벗어날 수 있었습니다.

또한 관계 불안을 크게 겪는 사람들은 긍정적인 시나리오, 즉 친절하고 다정하고 행복한 자극을 보았을 때 그것을 긍정적으로 받아들이는 정도가 안정적인 애착을 지닌 사람보다 낮았습니다. 즉, 관계 불안을 겪는 사람들은 부정적인 것을 훨씬 더 강하게 겪고, 긍정적인 것들은 잘 파악하지 못한다는 뜻입니다. 그러니 불안한 사람들에게 관계란 계속 힘든 쪽으로 나아갈 것이고, 그들의 치우친 신념은 더 확고해질 것입니다.

● 관계의 사계절 받아들이기

사람과 사람의 관계에 온갖 종류의 갈등이 있다는 사실을 우리는 이미 알고 있습니다. 오래 지속되는 관계를 맺으려면 더욱 대단한 결심이 필요하다는 것도 압니다. 하지만, 그렇더라도 해볼 만한 일임을 받아들여야 안정적 관계를 얻을 수 있습니다. 안정적인 관계를 맺는 사람은 상대의 분노에 놀라지 않으며, 미묘한 감정에 압도당하지 않으면서 상대를 마주봅니다. 상대방이 화났다는 것이 나를 떠난다는 의미가 아님을, 지금 사나운 얼굴을 해도 그것이 영원하지 않음을 믿고 있습니다.

관계에 대한 한 사람의 지도는 하루아침에 그려지지 않습니다. 날마다 조금씩 자신을 둘러싼 세계에서 직간접으로 일어나는 관계 경험이 내면화되어 그려집니다. 그러려면 일관되고 변치 않는 대상이 있어야 합니다. 아이에게는 '언제나 거기에 있는' 존재가 있어야 합니다. 그래야 보호자가 잠시 자리를 비워도 나는 안전할 것이고 보호자는 돌아올 거라 믿을 수 있습니다. 내게 화를 내도 내가 감당할 수 있는 수준이며, 이윽고 다정한 얼굴로 돌아올 것을 믿을 수 있습니다.

그러면 어느 시점부터 아이는 관계나 애착에 대해 몰두하지 않게 됩니다. 관계에 크게 연연하지 않고 살아간다는 뜻입니다. 신뢰의 지도를 얻으면 관계란 자연스럽게 생겨나고, 당연히 거기에 있는 것으로 받아들여집니다. 관계에 머물되 자율적이면서 독립적인 상태가 됩니다. 간혹 걱정스러운 일들이 일어난다 해도 내가 그것을 다룰 수 있으니 불안해하지 않습니다.

관계에 믿음이 생기면, 상대가 나를 떠날 거라 미리 염려하면서 막으려고 애쓰지 않습니다. 가만히 있어도 자신이 관심과 지지를 계속 받을 수 있다는 걸 믿고, 그래서 안심합니다. 관계가 상호 구속이 된다면 강렬하고 끈끈하기는 하겠지만, 전혀 자유롭지 않습니다. 또한 구속으로 얻는 안도감은 오래 못 갑니다. 이미 불안을 내포하고 있어서 그렇습니다.

관계를 안정적으로 이어가는 사람은 애착만 잘하는 게 아니라 떠나보내는 것도 비교적 잘 감당합니다. 긴밀한 애착 관계를 만드는 건, 친밀감도 느끼면서 동시에 관계에서 오는 실망도 받아들일 수 있다는 뜻입니다. 오랜 관계를 유지할 수 있는 능력은 자신과 타인에게 비교적 일관된 행동을 기대하면서도 우리는 모두 변한다는 것을 인정하는 것입니다. 결단코 변치 않을 거라는 믿음은, 존재하지 않는 것에 대한 바람입니다. 모든 인간관계의 단순한 진리는 때론 사람들에게 애착을 느끼며 의지할 수 있지만, 때로는 그럴 수 없다는 것입니다. 사랑과 기쁨을 주던 사람이 슬픔과 실망을 주기도 합니다.

관계의 봄, 여름, 가을, 겨울을 자연스럽게 받아들이는 것이 안정되고 건강한 애착의 모습입니다. 누군가에게 무엇을 절박하게 바라는 순간, 우리는 얼마 지나지 않아 크게 실망하고 심지어 배신당했다고 여길 것입니다. 애정과 헌신을 구하거나 칭찬과 인정을 청하거나 반드시 옆에 있어 달라는 간청이 관계를 해칩니다. 그런 마음은 진실한 관계의 표시가 아니라 불안한 관계의 파생물입니다.

상대에게 인정과 사랑을 강력하게 기대할수록, 오히려 상대가 나에게 갖는 관심이 줄어든다는 것은 참 역설적이지만 진실입니다. 가볍거나, 심각하거나를 막론하고 타인의 관심과 인정을 얻으려 처절히 노력하는 순간, 관계에는 걱정과 불안이 스며듭니다. 내가 나와 사이좋게 유쾌하게 살고 있다면, 좋은 관계는 자연스럽게 찾아와서 오래 머물다가 갈 것입니다.

말없이

관계 속에
숨어 있는 사람들

소리 없이 조용한 심리 장애가 있습니다. 이들은 별다른 말썽을 일으키지 않습니다. 조용하거나 수줍거나 냉정하거나 초연해 보입니다. 어지간해서는 자기 이야기를 하지 않기 때문에 오랫동안 같이 근무해도 이분에 대해 주변 사람들이 아는 것은 거의 없습니다. 하지만 이런 분들의 진짜 마음을 보면 주변 사람들이 자신을 '이상한, 재미없는, 위축된, 어색한' 사람으로 볼 거라고 여기고 있습니다. 이는 관계 불안이 많은 사람들이 사는 태도입니다. 자칫 관계에 치명적인 실수를 저지를까 봐 습관적으로 생각과 말을 감추고 있는 것이지요.

결국, 이분들이 가장 불안해하는 것은 거부당하는 일입니다. 뭔가가 몰려오는 것 같은 그 스산한, 찌릿한, 쪼그라드는 불쾌한 느낌을 참을 수 없어합니다. 나를 제외한 대부분의 사람들은 다 나보다 낫다고 봅니다. 그래서 나를 알리려 하지 않습니다. "저 사람은 속을 모르겠어."라는 말을 듣더라도 이 상태가 훨씬 낫다는 것입니다. 나를 알게 된 후, 나를 비웃고, 조롱하고, 싫어하는 것보다는 말이죠.

입 닫고 표정을 숨기고 태도를 조심하면서 안타깝게도 이들의 불안은 더 커집니다. 뇌가 점점 더 잘 불안해지는 상태로 변해가기 때문입니다. 중립적 자극도 불안과 관련된 자극으로 인지하여 그에 합당한 정서를 유발하기 때문에 뇌는 불안에 익숙해집니다. 다른 사람들의 표정에 약간의 변화만 느껴져도 뭔가 문제가 생겼다는 신호로 해석합니다. 그러느라 실제로 어떤 말들이 오고 가는지 제대로 듣지 못합니다. 허둥대면서 지레짐작으로 생각하고 반응하면서 더 불안하고 외롭고 화가 납니다. 도망칠수록 관계에서 오는 불안은 커지고, 더 한층 좋지 않은 모습으로 변해갑니다.

🌀 내가 '내 소리'를 듣지 않고, '나의 말'을 하지 않는다?

이들이 절대적으로 피하려는 상황 하나는 '갈등'입니다. 누군가와 사소하게 부딪치는 것만으로도 불안이 최고조로 올라갑니다. 인간관계에서 갈등은 당연히 겪는 것인데, 이를 받아들이지 못하고 파국이나 분노폭발의 전 단계로 보기 때문입니다. 그래서 이들은 '몰라요, 싫어요, 못해요, 안 돼요'를 말하지 못합니다. 그런데 관계에서 상대방과 나의 생각이 다를 때는 오고야 맙니다. 그런 상황에서 이 분들은 덫에 갇힌 듯 우왕좌왕 불안해합니다. 반대의견을 말하기보다는 그 관계에서 철수해버리는 쪽을 택하기도 합니다. 또는 오히려 극단적으로 화를 내고 공격적인 태도로 다른 사람들의 원한을 사기도 합니다. 이처럼 부적응적인 자신을 보면서 패배감, 소외감, 그리고 자존감의 큰 손상을 겪게 되지요.

사라져버린 '나의 말'을 찾아야 고질적인 관계 불안에서 벗어날 수 있습니다. 나의 말을 한다는 것은 내 생각과 감정을 표현한다는 뜻입니다. 타인에게 공격적이지 않되 그저 있는 그대로, 스스럼없이 나를 표현하는 일입니다. 자기표현의 반대편에는 어두운 공간에 자리하며 실패와 열등감에 압도당한 채 소심한 눈치장이로 살아가는 내가 있습니다. 자신의 가치와 의견이 다른 사람이 있다면, 대면하여 그것이 무엇인지, 맞출 만한 것인지 보려 하지 않고, 오로지 남의 기분에 맞추려는 마음, 그러면서 사실은 내가 안전하도록 조종하려는 마음으로 살아가는 것입니다.

나의 말을 한다는 것은 기꺼이 혼자 힘으로 서겠다는 의지입니다. 스스로 생각하고 그 생각을 지키려는 의지, 솔직한 사람이 되려는 의지, 모든 인간관계에서 자신을 존중하겠다는 의지입니다. 그래서 나의 말을 한다는 것은 상대도, 나도 해치지 않습니다. 무조건 '아니오'를 하는 것이 아닙니다. '예'라고 해야 나의 이익이 최대화되는 상황에서는 기꺼이 '예'합니다. 나의 말을 하는 것이란, 내가 원하는 가치를 주장하면서 내가 존재할 권리를 확보하는 것, 삶이 내 손 안에 있음을 믿는 일입니다.

나의 말을 하는 것은 한마디로 진실하게 사는 일입니다. 현재 내 삶의 현실에 집중해 머무는 것입니다. 현실은 늘 맥락에 따라 변하므로 모든 상황에서 당시의 확신과 느낌을 삶의 원칙으로 삼고 그것에 따라 말하고 행동하는 것입니다. 그러니 나를 표현하는 일보다 먼저 할 일은 자기를 아는 일입니다. 내가 무슨 생각을 하고 어떤 감정인지, 무엇을 하려는지 안다는 것은 너무도 당연한 일 같습니다. 하지만 오랫동안 자신의 욕구를 억압해왔다면 이 당연한 일이 아주 어려운 일이 되어버립니다.

'거부당하지 않겠다, 인정받고 싶다'는 욕구가 커지면서 내 소리를 듣는 것은 상대적으로 중요하지 않거나 함께할 수 없는 일이 되었습니다. 불안이 시선을 밖으로만 향하게 만들어서 내 안을 향한 탐지기는 꺼버립니다. 내면을 향한 탐지기를 꺼버린 이유는 명백합니다. 내 소리대로 하면 나는 좋지 않게 보일 수 있고 거절당할 수 있기 때문입니다. 그런 위험을 무릅쓰면서 내 주장을 펴느니 차라리 내 욕구를 단념하는 것이 낫다는 심산입니다. 그렇게 긴 시간을 지내면 결국 자신을 표현하고 싶은 심리적 욕구를 자각하지 못하게 됩니다. 싫어하는 걸 말하고 싶은 마음이 완전히 억압되어 버리는 것이지요. 억압된 감정은 이제 긴장이나 불안, 분노 어떤 무엇으로 변해 우리를 덮칠지 알 수 없습니다.

내가 나의 말을 하지 않는데, 어떻게 다른 사람이 나를 존중하고 돌볼 수 있을까요? 부모니까, 연인이니까, 친구니까, 상사니까, 그들은 나를 알아주고 돌봐야 할까요? 설사 나를 깊이 사랑하는 사람이라 해도 내가 무엇을 원하는지 제대로 알 수 없습니다. 자동적으로 욕구와 의지를 읽어내는 사람은 없습니다. 이것은 가까운 사람에게 기는 터무니없는 기대입니다. 온 우주에서 내 마음을 알 수 있는 사람은 나밖에 없습니다. 나를 돌봐줄 사람도 자신밖에 없습니다.

그러니 결론은 나와 있습니다. 어떡하든, 기회가 되는 대로 나의 정체를 드러내야 합니다. 속으로 불안하고 긴장하면서 아무렇지도 않은 척을 하는 것도 유용하지 않습니다. '모르는 척, 괜찮은 척, 좋은 척'을 하다가 진을 다 빼버렸습니다. 일단은, 낯가림이 심한 비사교적인 사람이라는 평가보다는 '감정적(다소 부정적인 뉘앙스의)'이라는 평가를 받겠다고 결정해봅시다. 설사 그렇게 된다고 해도, 자신을 위장하지 않고 있는 그대로 소통하는 것이 낫다는 결정입니다. 그렇게 마음먹고 실천해나간다면 이윽고 '감정적'이 아니라 '솔직한' 사람이 되어 있을 것입니다. 허나 지금처럼 숨고, 위장하며 살아간다면 불안과 멀어질 가능성은 어디에도 없습니다.

관계의 불편함을
견딜 수 있는 '거리' 갖기

사람들과 잘 지내려는 의도는 좋은 것이지만 너무 매달려 애쓴다면 자신을 잃게 된다. 가끔은 자신에게 나와서 나를 볼 수 있어야 한다. 너와 내가 아닌, 객관적이면서 중립적인 관찰자의 눈으로 관계가 놓인 상황을 바라보는 것이다. 관계의 전 과정을 지켜본다면 우리는 자신에게 해가 되는 생각과 행동을 그만둘 수 있다. 더 이상 관계에 매달리거나 상대의 반응에 초점을 두지 않고 나의 마음속에서 들려오는 소리에 귀를 기울인다.

1) 관계가 힘들고, 뭔가 불안해진다면 상황을 부정적인 쪽으로 몰기 전에 멈춘다.

2) 한 걸음 물러나서 관계 밖에서, 나와 그 사람 둘 다를 바라본다.

3) 혹, 관계가 '불편하다'는 것을 관계를 끝낼 근거로 보았는지 스스로 묻는다.

4) 불편함을 해소할 방법이 명쾌하게 떠오르지 않는다면 해결책이 생길 때까지 그냥 있는 것도 훌륭한 방법이다.

5) 그럴 수 없다면 이미 그 관계에 지나치게 집착하고 있다는 표시다.

6) 영혼의 짝처럼 불꽃을 태우거나, 얼음처럼 냉정해져서 외면하는 양극단만이 아니라, 그 중간에 다양한 관계의 위치가 있다는 것을 이해한다.

Chapter 04

불안의 늪에 빠지는 몇 가지 방법

불안의 늪에 빠져서 고통스러워하는 사람들은 불안 없이
사는 사람들을 보며 천하태평한 사람들이라고 봅니다.
오로지 운이 좋아서·아직 심각한 상황을 만나지 못했다고
하면서요. 그러면서 인생은 언제나 조심할 것 투성이기
때문에 수시로 참고하는 자신만의 규정집을 들고 있습니다.
그 삶의 규정집에는 그동안 경험에 비추어 타당한 논리와

다양한 예측들로 가득합니다. 그 규정집의 특성은
절대적이고 반박할 수 없는 규칙들로만 적혀 있다는
것입니다. 마치 종교인들의 경전처럼, 모든 상황에
적용할 수 있는 것으로 믿어 의심치 않지요. 결국
그 굳건한 규정이야말로 자신을 불안의 늪으로 이끄는
안내집이라는 것을 모르고 말입니다.

낯선 것을 모두 위험하다 여기는
여자 이야기

남편은 아무렇지도 않게 여행 이야기를 꺼내지만 그 말이 떨어지기가 무섭게 부인은 벌써 걱정이 몰려오는 것 같다. 차마 남편에게 말은 못했지만, 그래서 남편은 짐작도 못하겠지만, 부인은 여행이 정말 싫다. 흔히 여행을 '미지의 세계'라고 하는데, 바로 그 점을 부인은 못 견디겠다. 그래서 정말 세세하게 계획을 세운다. 부인은 이상하다는 소리를 들을까 봐 말하지 않지만, 여행지에서 일어날 수 있는 모든 상황을 대비하기 위해 치열하게 노력한다. 안타깝게도 부인의 그런 모습을 남편은 '여행에 매우 열정적'이라고 본다.

모든 정보, 모든 블로그, 모든 책자, 열차 시간표, 극장 스케줄, 이동 거리, 동선, 심지어 숙박시설의 담요 수준까지 알고자 한다. 불확실한 상태는 재앙이다. 준비되지 않은 무엇이 있다면 이미 머리에서는 연기가 난다. 아무리 멋진 풍광 앞에서도 전혀 좋은 것을 느낄 수 없고, 아무리 대단한 것을 먹어도 마찬가지다. 지금 이곳이 부인이 예상한 것과 다를 때 공포에 가까운 불안을 느낀다. 그건 뭐가 잘못되어가는 것이고, 부인이 제대로 챙기지 않아서 일어난 재앙이니까.

여행을 앞두고 상담을 온 이유는, 계획을 세우면서 느낀 압박

감과 불안이 감당할 수 없는 지경이어서라고 했는데, 그 이면
에는 더 심각한 사정이 있었다. 아무것도 모르는 남편은 이번
여행에서 아름다운 아이를 만들자고 한 것이다. 청천벽력이 따
로 없다. 부인은 아이도 없고, 아이를 가질 생각도 없다. 솔직
히 부인은 아이를 낳는 사람들을 이해할 수 없다. 세상에 그토
록 불확실한 일이 어디 있는가? 과연 어떤 아이가 탄생하여 어
떤 사람으로 성장할지 무얼 알 수 있는가? 아무리 생각해도 위
험 부담이 너무 커 무모하기 짝이 없다. 가슴이 조이는 불안 상
태가 당연한지도 모르겠다.

확실하지
않는 것은

위험하다

살면서 문제가 일어나는 것을 정상이 아니라고 생각한다면 어떨까요? 삶이 매우 고단해질 것입니다. 거기에 더해 예상하지 못한 일을 골치 아픈 상태로 규정한다면 어떻겠습니까? 그것은 곧 무능함의 표시이고 비정상이라고 보며 불안해질 것입니다.

이러한 사람들은 어떤 레이더를 동원해서라도 미래를 미리 알아내려고 합니다. 곤란한 일(실은, 그저 예상하지 못한 일)이 터지기 전에 그게 무슨 일인지, 어디서 시작하는지를 보려는 것입니다. 실은, 더 정확하게는, 미래에 생길 수 있는 일을 모두 부정적인 것들로 이미 단정해놓은 것이지요.

그래서 단지 예상에만 그치지 않고 여기에 집착합니다. 미래의 사태에 대해 확실하다 믿는 것들을 모아 가설을 세워, 마치 이 가설이 사실인 것처럼 행동하는 것이지요. 이 사람의 머릿속은 미래에 일어날지 모르는 안 좋은 사태를 이미 겪는 중입니다. 그러니 불확실함이 곧 혐오의 대상이 됩니다. 예를 들어 여행지에서 비가 올 수 있겠다 싶어 우산을 준비했는데 마침 햇볕이 쨍하다면, '아! 다행이다'가 아니라, 괜히 우산을 가져와 짐이 되는 나쁜 일로 취급합니다. 이 사람에게 100% 통제되지 않는 상황은 최악이므로, 마치 나쁜 상황이 일어나 자신의 확신이 진짜로 판명되길 바라는 것 같기도 합니다.

예상치 못한 상황이 되면 나는 무능력해진다?

불안은 늘 미래를 향합니다. 알 수 없는 것 자체가 지닌 모호함을 잘못될 수 있다는 불안과 동일하게 취급합니다. 이처럼 미래의 불확실함에 불안해하는 건 미지의 대상에 대해 거리를 두고 보는 능력이 없다는 걸 뜻합니다. '무엇이 일어났는가?'와 '그것이 나에게 무엇인가?'는 같지 않습니다. 이 차이를 분별하지 못할 때 '무엇'은 '재앙'이 되고, '그렇게 될까 봐' 불안으로 치닫습니다. 그러다 점점 망상 수준으로 미래의 일을 두려운 것으로 받아들이게 됩니다. 그래서 확실성을 확보할 때까지 그 주제에 머물며 집착합니다.

모든 것이 확실해야 마땅하다고 믿는다면 어떨지 생각해봅시다. 모든 행위의 확실한 결과를 반드시 알아야 한다고 작정할 때 생을 유지해 나갈 수 있는 사람은 한 명도 없을 것입니다. 이것은 매우 모순적인 생각인데, 미래는 아직 내 앞에 펼쳐지지 않은 것을 말합니다. 당연히 모르는, 아직 일어나지 않은 것들에 확실성을 들이댄다는 것 자체가 어울리지 않는 일입니다.

미래에 대해 우리가 설명할 수 있는 것은 '미래는 현재 안에서 끊임없이 창조되고 있다' 정도일 것입니다. 안전하고 편안한 미래를 위해서 우리가 할 수 있는 일은 현재에 '가능한 한 최선'을 다하는 것뿐입니다. 현재와 미래는 그 정도의 연관성과 통제력이 있을 뿐, 확실하게 아는 것은 없습니다.

불확실한 것이 나쁘다는 생각의 근원에는 예상치 못한 상황의 자신에 대한 부정적인 예견이 있어서입니다. 즉, 자신의 문제 직면 태도, 문제 해결 능력을 부정적으로 보는 것입니다. 문제는 해결하면 그뿐이고, 나는 그럴 수 있으니 괜찮다고 믿는다면 불안하지 않습니다. 하지만 자신은 문제 해결 능력이 없어 좋은 방책을 못 찾을 것이고, 상황은 점점 나빠질 거라고 믿는다면 불확실성은 재앙입니다.

사례의 부인이 매우 예측 불가능한 어머니 밑에서 성장했다는 것은 흥미로우면서도 가슴 아픈 일이었습니다. 부인의 가족은 '편이 갈린' 모습이었는데, 부인은 아버지의 총애를 받았고, 남동생은 어머니의 총애를 받았습니다. 아마도 시작은 남편이 딸을 예뻐하면서(물론 더 먼저 사건은 부부간 모종의 불화겠지요), 아내가 아들에게 집착한 것 같습니다. 부인은 자신의 아버지가 자신을 대하는 행동과 태도 하나하나가 어머니의 트집거리라는 걸 알게 되었습니다. 어머니에게 충성을 하는 남동생은 누나의 별거 아닌 행동까지도 다 고자질해서, 부인은 매사에 조심해야만 했습니다. 더 나쁜 것은, 어머니가 일관성 없이 변덕이 심한 성격이어서 그때그때 트집을 잡고 혼내는 사안이 다르다는 것입니다.

그러니 부인이 '예측의 달인'이 되려고 몸부림친 것은 너무도 납득이 갑니다. 혼나지 않기 위해 어머니의 기분을 예측하고 아버지의 호의를 조절하는 고난도의 일을 어린 시절부터 해왔습니다. 그럼에도 돌발 상황은 일어났고 그때마다 부인은 심하게 좌절했습니다. 통제되지 않는 상황을 불안해하고 점차 불확실한 것은 못 견디는 성격이 되었습니다.

어린아이가 벌였을 사투가 참담합니다. 그 아이는 '미리 예측할 수 있다면 어머니를 화나지 않게 할 수 있다.'고 생각했습니다. 실은 어머니와 아버지의 관계 문제였는데 그것을 본인이 해결해야 할 주제로 안으며 인생의 흐름을 통제하려 했던 것입니다. 불확실한 것이 위험했던 것이 아니라 어머니의 분노와 변덕이 위험했던 것입니다.

스스로를 불안 속에 몰아넣으며 계속 정보를 찾아 예측해가면 마치 미래에 대한 통제력이 생기는 것처럼 느껴집니다. 그래서 확실한 것에 집착하는 사람들에게는 언제나 의무와 규칙이 수북이 쌓여갑니다. 불확실성을 인정한다는 것은, 즉 세상이 내 손을 벗어나 있다는 명제를 받아들이는 일은 타인이 나를 함부로 해도 되게끔 내버려두는 것이 아닙니다. 다만, 나는 전지전능하지 않고, 무질서와 불확실성은 삶에 내재된 속성임을 인정하는 것입니다.

● '당연'이라는 말은 삶을 향한 폭력이다

정신의학자 카렌 호나이는 '당연함의 폭력'이라는 말을 하였습니다. 불확실성을 인생의 한 부분으로 받아들이지 않는다면 우리 삶이 마치 폭력을 당하는 것과 같다는 의미입니다. 우리는 '당연하다, 확실하다'는 말을 '그럴 수 있음', '그러기를 바람'이라는 말로 바꾸어야 합니다. 무언가를 원해도 되지만, 그것을 '반드시' 얻을 것이라든가, '가져야만 한다'는 의미는 아니라는 말로 간직해보세요. 요는, 뜻대로 일이 전개되지 않았을 때 그것을 바라보는 관점을 바꾸는 것입니다. 건강한 사람은 일이 달라지면 그때부터 상황을 다시 조망하고, 자신의 견해를 재구성합니다. 그 과정에 머무는 우리를 누구도 비난하지 않습니다. 누구든 그렇게 할 수밖에 없음을 아니까요. 그렇게 새로운 상황을 알아가고 극복해가면 불확실성은 어느새 우리에게 익숙한 존재가 되어 있을 것입니다.

불안이 가치 있을 때는 생존에 도움이 될 때뿐입니다. 최소한의 위험조차도 피하고자 작정한다면 우리는 무균실험실에서 살아야 합니다. 세상에는 위험한 것들이 있겠지만, 그건 아주 특정한 때, 특정한 곳에만 해당됩니다.

불확실성을 못 견디는 사람은 사실 자신을 약한 존재로 보는 것입니다. 불확실성을 피하려 노력하면 생존의 기회를 높일 수도 있겠지만(별로 관련이 없다는 게 더 타당할 것입니다), 삶의 질을 크게 떨어뜨립니다. 우리는 매번 같은 장소에서 같은 일을 하며, 같은 것을 보며, 같은 것을 먹어야 할 테니까요. 하지만 모든 걸 계획하고, 모든 변수를 차단한 후에 떠난 여행에서도 무언가는 나를 놀라게 할 것이고, 나를 고약한 상황에 빠뜨릴 것입니다. 그때마다 실패로 여기고 반추의 늪에 빠져버린다면 삶은 결국 분노와 실망으로 가득 차게 됩니다.

경직된 삶은

결국
부러진다

불안에 빠지는 방식 중 하나는 '당연하고 옳다'는 개념으로 사는 것입니다. 이런 사람들은 "사람이라면, 마땅히, 그 정도는 당연히 알아야 맞는 거 아니에요?" 이런 말들을 잘 합니다. 이들은 답답하다가 화나고, 억울한 경험을 자주 합니다. 자신들은 이 당연함의 기준을 맞추려 참고 애쓰는데, 다른 사람들은 그렇지 않으니, 마치 '무슨 특권이라도 가진 듯 구는 꼴'이라 참기 어려운 것이지요.

결혼이 파탄 나고 이혼을 결정하면서, 그동안 받은 극심한 스트레스를 호소하는 부인이 있었습니다. 이혼을 마음먹기까지 겪은 여러 사건들을 말하며, 부인은 '사람이라면 / 누구나 / 그 정도는'의 단어를 꼭 붙였습니다. 예를 들어, 부인의 집에서 시어머니 생신 상을 차리기로 했다면, 부인은 일찌감치 계획을 세워 최선의 상차림을 준비했답니다. 식사 시간에 맞춰 찬 것은 차게, 따뜻한 것은 따뜻하게 해놓기 위해 엄청나게 노력했습니다. 한데, 시집 식구들은 제시간에 오지 않고 30분 넘게 늦으면서도 미안하다는 말도 없었답니다. 부인은 '상식적'이지 않은 시댁 식구들의 모습에 거품 물고 쓰러질 지경인데, 남편은 "우리 집이 원래 좀 그래."라며 부인보고 이해하라고 했다며, 말이 되냐고 분개했습니다.

십여 년의 결혼생활 동안, 사이가 급격히 나빠진 최근 3년을 제외하고는 매 행사마다 그랬다면서 그들이 얼마나 이상하냐며, 치료자에게도 수긍의 눈빛을 바라고 있었습니다. 한데, 치료자는 결혼 첫해, 다음 해가 아니라 매해 그런 일이 반복되었다는 것이 무척 의아했습니다. 시간을 지켜야 하고, 늦는 건 애써 음식 장만한 사람에 대한 예의가 아니며, 매번 늦는 건 용납할 수 없다는 부인의 말에 왜 일리가 없겠습니까? 하지만, 십 년 넘게 반복되었다니 대체 무슨 일일까요?

사정을 더 알아보니, 시댁 큰 시누이가 출가하지 않고 어머니와 사는데, 이분이 좀 심한 우울증이 있다는 것입니다. 그래서 움직임이 늦고, 특히 외출할 때는 시간을 많이 끌고 스스로 내키기 전까지는 누구의 말에도 서두르지 않는다는 것입니다. 이 사실을 언제 알았냐고 물어보니 부인은 처음부터 알고 있었다고 했습니다. 하지만, 그렇기 때문에 더 일찍, 아주 일찍부터 준비하고 시누이를 재촉했어야 옳다는 것이 부인의 주장이었습니다.

'경직'이란 사실 '거부'의 다른 이름입니다. 지금 어떤 일이 일어났는지는 개의치 않고 특정 관점을 유지하면서 현실 인정을 거부하는

<u>태도입니다.</u> 실체를 무시한다는 측면에서 이것은 환상 속에 빠져드는 것과 별반 다르지 않습니다. 경직의 또 다른 이름은 이분법적 논리입니다. 본인이 옳다고 여기는 상황과 다르면 모두 틀린 것입니다. 그건 나쁘고 끔찍합니다. 그런 상황을 받아들이는 건 마치 지금까지의 자신을 송두리째 부정하는 것과 같다고 봅니다. 반면에 융통성은 현실을 인정한다는 의미입니다. 이것은 지금, 내 현실에 변화가 생겼고 자신과 주변 사람들을 위해 새롭게 받아들이는 것을 의미합니다.

융통성이란 예기치 못한 상황에서 자신의 계획과 행동에 변화를 주는 것이니, 원래의 계획대로 흘러간다면 필요 없는 개념일 것입니다. 그렇지 못할 때, 자신의 우선순위와 대처전략을 다시 평가해서 바꾸는 일은 마치 유연한 신체가 산도 잘 타고 좁은 동굴 속으로도 잘 들어가는 것과 같습니다. 쭉 뻗은 대로에서는 누구의 몸이 더 유연한지 알 수 없습니다. 하지만 평탄하지 않은 곳에서라면 평소 규칙적으로 스트레칭해주며 유연성을 기른 신체와 그렇지 않은 신체는 크게 차이 납니다. 유연하지 않은 신체는 다치게 될 것입니다.

'초대의 예의'에 대한 부인의 논리를 탓할 수 없습니다. 하나, 일반적인 사람들의 이야기가 아니라 '그' 시댁 식구들의 경우에, 부인에게 유용했던 것은 '당연함'이 아니라 '융통성'이었습니다.

어느 날 상담 중에 부인은 "시댁 사람들이라면, 시간에 맞춰 미리 상을 차릴 게 아니라 도착하고 난 뒤에 상차림을 해도 아무 문제가 없었을 거예요. 그런 걸 가지고 타박하는 사람들은 아니니까…"라는 말을 하였습니다. 그런데도 본인이 왜 그렇게 '시간과 예의'에 매였는지, 심지어 식구들의 태도를 자신을 무시해서라고 여겼는지 의아하다는 말도 했습니다.

● 알고 보면 사건이 아니라 해석의 문제

인식과 수용은 서로 협조 관계입니다. 모든 사람들이 변화에 대해 흥미로워하고 좋아할 필요는 없지만 달라짐을 알았을 때 수용할 필요는 있습니다. 사건만이 아니라 사람도 그러합니다. 누구든 자신을 되돌아볼 때 자신 안에 여러 인격이 혼재함을 깨닫고 놀란 적이 있을 것입니다. 나라는 사람에겐 여러 모습이 있고, 겉으로 드러난 '나'는 때론 아주 다른 나로 바뀐다는 걸 우리는 알고 있습니다. 그러니 어떤 나가 진짜 나일까요? 언제나 동일한 내가 아니라는 이유로 다양한 나는 모두 가짜일까요?

사람에게 오로지 단일한 인격이 있으며 추구하는 가치나 생각, 반응도 하나뿐이라고 생각한다면, 그건 인간이라는 존재를 지나치게 단순화한 것입니다. '당연함'이나 '옳음'도 그렇습니다. 그렇게 안 될 때가 있다는 것을, 보는 방향에 따라 당연과 옳음도 달라질 수 있다는 것을 알고 받아들이는 것이야말로 안정감 있게 살아가는 태도입니다. 무엇을 겪든 인간은 자신의 경험에서 항상 같은 결론을 이끌어낼 수도 있습니다. 필요한 것만 보기 때문입니다. 외부의 일들이 납득되지 않아 고통 받는다면 우리를 괴롭히는 것은 '일이 아니라 그 일에 대한 우리의 인식'입니다.

어떤 경험도 그 자체로 불안의 원인이 되지 않습니다. 고통스러운 경험이 사람을 불안하게 하는 것이 아니라 불안한 사람이 그 경험에서 불안의 재료를 모아 불안으로 재구성하는 것입니다. 현재 상황이 잘되고 즐겁다면 마음에 들지 않는 기억도 오래가지 않고, 나를 불안하게 하는 기억으로 남지도 않습니다. 이처럼 <u>자신의 경험에 의미를 부여하는 것은 자기 자신</u>입니다. 의미는 상황이 결정하는 것이 아니라 상황에 이름을 붙이는 내가 결정하는 것입니다.

◐ 온갖 노이로제를 일으키는 주범, 경직된 마음

이혼 문제로 찾아왔던 사례의 부인은, 결혼하고 얼마 후 건강문제로 일을 접었는데, 마침 그 무렵 친정도 경제사정이 더 나빠지며 남편에게 온전히 기대게 되었답니다. 보통은 이런 경우, 남편에게 고마워하고 더 친절해질 것 같은데, 꼭 그렇게 순한 방향으로만 흐르지 않는 것이 인간의 마음입니다. 부인은 상황이 어려워질수록 무시당하지 않으려 더 자존심을 내세웠고, 모든 일에 최선을 다하면서 남편과 시댁 식구들에게 꿀리지 않으려 했습니다. 사소한 사건까지도 '나를 무시하는 것 아니야?'하는 관점으로 보면서, 남편에게 더 시시비비를 가리게 되었던 것입니다.

인지적 접근으로 심리치료를 한 앨버트 엘리스는 "스스로에게 당연함을 강요하는 것을 멈춰라"고 했습니다. 무언가에 대해 명확함을 요구하고 그것을 얻기 힘들면 불평하고 불안해하는 것이 인간이 겪는 온갖 노이로제의 주원인이라는 것입니다. 또한 그는 우리가 겪는 부정적 정서는 사건에 의한 것이 아니라 그 개인이 지닌 신념체계에 따른 것이라고 했습니다. 즉, 입사 시험에서 낙방한 사람이 사는 게 두렵고 불안해 죽고 싶다는 감정이 들었다면, 그것이 낙방이라는 사건 때문이 아니라는 것입니다.

낙방이 촉발 사건이긴 하나, 죽고 싶은 감정으로 이끈 것은 그 청년이 '대학을 졸업하고 실업자가 되는 건 있을 수 없다 / 그건 자식으로서 절대 할 수 없는 일이다 / 그건 게으르고 머리가 나쁘다는 명백한 증거다'란 생각을 지녔기 때문입니다. 어떤 사건이 닥칠 때 사람은 그 사건을 해석합니다. 이때 과거의 경험과 믿음에 따라서만 사건을 판단한다면 그때부터 현실과의 싸움이 시작됩니다.

당연함을 강요하는 것이 불안에 빠지는 지름길이라면, 불안과 멀어지기 위해서는 이러한 경직된 신념에서 벗어나야 합니다. 규정집 속의 옳고 그름을 맞춰보고 결론짓는 행위 자체가 불안을 바탕으로 합니다. 그렇게 살게 되면 더 불안해지는 악순환에 빠집니다. 문제는 사건이 아니라 해석입니다. 해석은 곧 내가 믿고 있는 신념입니다. 사건을 바라보는 주관적인 해석을 객관화하려는 노력이 중요합니다. 지금 내게 닥친 사건이 목숨을 위태롭게 할 재앙이 아니라 얼마든지 겪을 수 있는 문제라는 시선을 회복하는 것입니다. 당연한 것이 지켜지지 않아도 진정 아무 일도 일어나지 않습니다.

일상에서
불안과 거리 두기

처리해야 할 일이 밀어닥치고 실수하지 않으려고 온 신경이 곤두서는 그 순간, 실은 우리 몸과 정신의 효율성은 떨어지고 있다. 내 몸이고 내 정신이지만 내가 요구하는 대로 움직이지 않는다. 할 일이 너무 많을 때, 시간의 압박이 클 때, 외부의 요청이 지나칠 때에 우리의 심신은 과부하가 걸려서 셧다운이 되어버리는 두꺼비집처럼 그렇게 멈춘다.

엉켜버린 교차로처럼 요란하게 경적을 울려대지만 오도 가도 못한 채 시간만 흐를 뿐이다. 점차 기운이 빠지고 절망하면서 엉망이 된다면 그렇게 치열하게 모든 걸 통제하려고 애쓴 시간이 허망해진다. 진작 지금이 어떤 상황인지, 내가 할 수 있는 것과 할 수 없는 것, 먼저 할 것과 나중에 할 것을 구분하려고 고민했다면 어땠을까? 마음이 불안으로 넘쳐날 때가 바로 멈춰서야 할 때다.

나의 삶은 느린 때와 빠른 때가 함께 있는가? 그렇지 않다면 느린 때를 일부러 만들 궁리를 해보자.

1) 식사 시간 전후라도 천천히 걷는다. 의식적으로 식사 시간을 평소보다 길게 잡아 본다.

2) 화장실을 가는 시간을 수행의 시간으로 삼는다. 휴대폰을 놓고 천천히 걸어 가면서 허공과 벽, 사람과 그림, 유리창 너머도 바라본다.

3) 손을 닦을 때에는 기지개를 한 번 켜고, 지그시 거울을 응시하면서 눈 속 깊이 존재하는 나를 바라본다.

4) 천천히 숨을 쉬면서 내 숨소리를 듣는다. 머릿속으로 흐뭇하고 다행인 것들을 떠올린다.

5) 언제라도 꺼냈을 때, 나에게 위안을 주고, 안심과 미소를 선사하는 몇 장면을 챙겨놓는다. 실제 화면이거나 상상 속의 장면이어도 좋다. 시각적 이미지가 언어보다 불안을 완화시키는 데 빠르고 효과적이다.

자꾸 사회생활이 힘들어지는
여성 이야기

초등학교 교사인 박 선생님은 벌써 두 번째 가정통신문을 작성하고 있다. 일전에 발송했지만 안심이 되지 않아서 다시 보내려 한다. 특별활동 담당교사로서 캠프를 준비하는 일은 늘 버겁다. 각 학급 교사들에게 협조공문, 학부모들에게 가정통신문, 캠프 담당자들과의 연결, 학생들 복장, 안전… 생각하면 숨이 막힌다. 이 중 어떤 것 하나라도 삐끗했다가는 큰일이다. 그런데 이 와중에 함께 일을 하던 동료 교사가 마음에 걸린다. 오늘도 박 선생님이 가정통신문을 한 번 더 보내야 한다는 말에 못마땅해 했다. 이런 일이 처음은 아니다. 박 선생님이 어떤 일을 할 때면 다른 교사들은 의아해한다. '뭐 그렇게까지…'가 그들의 반응인데, 박 선생님 생각은 다르다. 그러다 잘못되는 것보다는 완벽을 기하는 것이 좋다고 생각한다.

일전에는 요리 실습을 하는 가사 시간에 휴대용 가스버너 때문에 문제가 있었다. 학생들에게 안전수칙을 교육하느라 수업시간을 다 썼는데, 그래도 안심되지 않아 결국 다음 주에 박 선생님 반만 불을 쓰지 않는 요리를 만들었다. 이 반만 돌출행동을 했다고 부장교사에게 싫은 소리를 들었다. 하지만, 가스버너를 쓸 생각을 하니 자꾸 사고에 대한 상상이 끊이지 않아 견딜 수가 없었다. 사고가 나는 것보다는 욕을 먹는 편이 낫다.

박 선생님은 성실한 교사이고, 최선을 다하는데, 시간이 지날수록 학교생활이 버겁다. 남들은 점점 익숙해진다는데, 박 선생님은 선배 교사가 될수록 완벽하게 처리할 일들이 늘면서, 동료 교사들과 보조를 맞추기도 힘겹다. 남들이 수군거리는 것 같아서 더 신경이 곤두선다. 아무렇지도 않게 쓱쓱 일처리를 하는 교사들을 보면 열등감도 느껴지지만, 무엇보다 괴로운 것은 작은 어떤 하나도 건너뛸 수 없는 마음이다. 그랬다가는 당장 큰일이 벌어지리라는 불길한 상상을 멈출 수가 없다.

완벽,

그 끝을 모르는
집착의 길

사는 일이 퍽 다채롭다고 생각하는 사람은 드물 것입니다. 다채롭기를 기대하고 살지라도 실제 우리 삶은 매우 단조롭고 반복됩니다. 설사 매일 다른 사건이 일어난다고 해도 그에 대응하는 우리의 사고가 반복적이라는 말이 더 적절할 것입니다. 그래서 '내가 어쩌다 그런 생각을 하게 되었는가?'에 거의 의문을 품지 않습니다. 어떤 생각이든 우리 안에 들어와서 반복을 거치면 그것은 진실이 되어버립니다. 사실 삶은 우리의 생각보다, 혹은 우리가 인정하고 싶어 하는 것보다 훨씬 더 무의식적일 수 있습니다. '정말 그러한가?'에 대한 구체적인 탐색 없이 그저 편향된 사고를 진실로 여기며 살아갑니다.

한번 잘못된 길로 들어선 편향들은 서로 자극하면서 상황을 비합리적으로 몰고 가거나 때로는 자기들끼리 충돌합니다. 내 생각, 내 행동이 가장 합리적이라고 보는 순간에도 실은 어디서 시작된 것인지도 모른 채 맹종하는 여러 편향이 우리를 좌우합니다. 비합리적 편향의 대표 주자이자 불안 및 각종 부정적 정서와 아주 친한 것이 완벽주의입니다.

인간이 한계나 부족함을 느끼며 사는 것은 당연한 일입니다. 이 정상적인 느낌이 왜 어떤 사람들에게는 괴롭고 불안한 심경으로 변하는 걸까요? 이들은 더 완벽해지려고 애쓰지만 그 과정이 '최선을 다한다'는 기분 좋은 경험과는 거리가 있습니다. 이들은 내심 완벽하지 않으면 버림받을 거라고 믿습니다. 사랑을 받고, 돌봄을 받으려면 흠잡을 데 없어야 한다는 일종의 판단 착오를 하는 것입니다. 허점은 약점이라 거절을 당할 거라 믿습니다. 거절, 거부, 버림은 색깔을 달리한 동의어입니다.

이들은 어떤 사건, 상황이 끝나고 나면 열에 아홉은 후회합니다. '그런 실수를 저지르지 말았어야 했는데, 왜 몰랐을까?'라는 후회지요. 일이란 지나봐야 아는 것인데, 마치 애초부터 모든 과정을 꿰뚫고 있었어야 마땅한 것처럼 굽니다. 인간은 불완전하기에 실수도 할 수 있다고 생각하는 것이 아니라, 성실하지 않았기 때문에 실수했다고 생각합니다. 그러면서 뒤따르는 비참함과 죄책감 때문에 급히 불안해집니다.

특정한 상황에서, 이런 실수를 했으니 이제부터는 더 잘하겠다고 결심하는 장면과는 많이 다릅니다. 완벽주의는 전반적으로 자신을 비난하는 함정에 빠집니다. 이러한 사이클에서 벗어나는 길은 오로지 완벽주의를 포기하는 것밖에 없습니다. 자신과 주변 사람들에게 완벽을 요구하는 것에 일말의 선(善)도 존재하지 않으며, 이것은 오로지 비합리적 기대일 뿐입니다. 그러니 모두에게 해롭다는 것을 인정하는 것이 첫 단계입니다.

사례에 소개한 교사는 '실수나 잘못'을 극히 혐오하면서 자랐다고 합니다. 그 배경에는 까다로운 아버지가 있었고, 복잡한 가족 배경이 있었습니다. 이분에게는 연년생 언니가 하나 있는데, 언니는 외조부모 댁에서 자라다가 초등학교에 들어갈 때 이 집으로 왔답니다. 그러니까 연년생 동생이 태어나면서 언니는 외가댁에서 키워진 것입니다. 그런데 언니가 오고 나서부터 집안의 평화가 깨졌습니다. 주로 아버지가 언니를 야단쳤고, 난리가 났으며, 연이어 아버지와 엄마가 싸웠습니다. 언니는 뭘 깔끔하게 하는 타입이 아니었습니다. 시키는 대로 하지 않았고 잘 어질렀고, 제멋대로여서 저밖에 모른다고 늘 야단을 맞았습니다. 그래서 동생인 이분은 더 간절하게 잘 해내려고 노력했답니다.

아버지가 오기 전에 무엇을 완벽하게 해놓아야 아버지가 화내지 않을지를 궁리했습니다. 심지어 언니 것까지 미리 챙기려고 했죠. 자라면서 이 분은 더 불안해졌는데, 아버지가 자신과 언니를 다르게 대한다는 것을 알게 된 것입니다. 그러니까, 아버지는 단순히 언니가 잘못해서 화를 냈다기보다 장인, 장모가 언니의 편을 들고 싸고 돌아서 더 야단을 치는 것으로 보였습니다. 비슷한 실수를 동생인 이분이 하면 그렇게까지 화내지 않았으니까요. 아버지는 아마도 처가 어른들에 대해 원망이 있었던 듯한데, 그래서 그곳에서 자랐고, 조부모에게 애착을 보이는 큰딸이 더 못마땅했던 것 같습니다. 그러니, 언니가 차별을 받는 것이 표면으로 드러나지 않으려면 자신이 언니 몫까지 완벽하게 챙겨야 했습니다.

어린 여자아이가 추구하는 완벽성이 얼마나 근거 없는 욕구이겠습니까? 자칫 모든 노력은 허사가 되었고 언니는 크게 혼나고 부모님은 다시 전쟁을 벌였습니다. 이분은 그때마다 더 성실하고 완벽해지리라 결심했지요.

◐ 완벽주의를 만들어내는 심리적 특성

지나친 완벽주의(결코 만족하지 못하고 끊임없이 성취와 완성에 매달리는)의 기저에는 몇 가지 심리가 숨어 있습니다. 그중 하나는 열등감을 감추려는 마음입니다. 완벽을 추구한다기보다 수치심을 들키지 않으려는 시도인 것이죠. 결점이 노출되어 남들에게 손가락질을 받지 않기 위한 일종의 강박에서 비롯된 것입니다. 다른 하나는 내재된 공격성이나 적대감에 대한 죄책감입니다. 이것은 의식적이기보다는 자기도 모르게 일어나는 과정인데, 은밀하게 숨겨놓은 공격성이나 파괴성이 통제를 벗어날까 봐 두려워서 매사 올바르게 하려고 기를 쓰는 것입니다. 완벽해지고자 고심, 분투하는 것을 용인 받을 수 없는 충동을 품은 것에 대한 처벌로 여깁니다.

사례의 교사와 같이 극단적인 상황이 아니어도, 우리는 청소년기를 지나오면서 정체성의 혼돈을 겪기 쉽습니다. 정신의학자 아론 벡은 이것을 청소년기에 흔히 빠지기 쉬운 인지적 오류로 설명하였습니다. 청소년들은 전부가 아니면 아무것도 아니라고 생각한다는 것입니다. 이 시기의 친구들은 어떤 실수를 했을 때 '나는 최악이야. 모두 나를 절대로 좋아하지 않을 거야'라고 생각합니다. 또한 이들은 특정 사건을 갖고 다른 모든 상황에 대보는 '일반화의 오류'를 쉽게 범합니다. 누군가에게 원하는 대접을 못 받으면, 다른 사람들도 자신을 그렇게 대할 거라고 결론 내립니다.

또한 부정적인 필터로 세상을 바라봅니다. 그러니 나쁜 일이 잘 보이고 잘 기억납니다. 이것은 우리 기억의 함정이기도 합니다. <u>인간은 자신의 감정 상태에 상응하는 일을 잘 기억합니다. 불안하면 불안했던 상황을 잘 기억하고, 불안해할 만한 상황을 잘 인식합니다.</u> 성공적으로 처리했고, 좋았던 경험은 무시됩니다. 그 결과, 불안과 관련된 예언은 무수히 많아지고, 그 예언이 들어맞을 확률은 아주 높아지는 것입니다. 그러면 또다시 자신이 무능력하거나 완벽하지 못해서 일어난 일이라고 믿게 됩니다.

일중독처럼
보이는

불안장애

우리는 흔히 '왔다갔다, 안절부절, 오락가락' 하는 사람을 보고 "저 사람은 불안해 보여."라는 말을 합니다. 이것은 생물학적 근거가 있는 지적인데, 사람이 불안해할 때면 뇌의 신경물질 중 노에피네프린이 분비됩니다. 그러면 긴장하고 안절부절못하는 행동을 하게 됩니다. 정신적으로 각성 상태가 되면서 신체를 활기차게, 적정혈압을 유지하게 만들어서 스트레스에 신속하게 대응하게끔 하는 것입니다. 물론 정도가 지나친다면 신경질적으로 초조해지면서 극도의 긴장 상태가 될 것입니다.

그래서 불안한 사람들은 가만히 있기가 어렵습니다. 예민한 기질을 가진 사람들은 과도행동 때문에 에너지와 집중력을 지나치게 소진합니다. 실수 없이 완벽하려는 욕구는 과도행동을 부르는 결정적 원인 중 하나입니다. 막 바삐 움직이면 그 순간에는 불안이 줄어드는 것처럼 느낍니다. 가만히 아무것도 하지 않거나 계획조차 세우지 않는다면, 초조해져 감당할 수 없을 만큼 심약해집니다. 그래서 점차 과도한 활동에 익숙해지며 쉴 새 없이 달리는 것이 마치 정상인 양 착각하게 됩니다. 한 스푼의 여유도 없고 긴장 상태에서 불안을 달고 사는 일에 익숙해지는 것입니다. 남들이 보기에는 바쁘고 일중독처럼 보이는데 본인의 기준으로는 정상입니다. 오히려 자기가 하던 대로 일이 진행되지 않으면 초조해하고 그 기간이 길어지면 불안해합니다. 심지어 작은 계획이어도 순서대로 되지 않으면 심각해집니다. 예를 들어 회의가 갑자기 취소되어 예상치 못하게 3시간의 여유가 생겨도, 완벽주의의 사람들은 이 시간이 결코 유쾌하지 않습니다. '어떻게 이 시간을 유익하게 사용할 것인가? 그러지 못하면 얼마나 후회할 것인가?'하는 생각에 불편합니다.

사례의 교사가 동료들과의 관계가 어려워진 이면에도 이런 사정이 있었습니다. 자신은 매우 열심히 일하기 때문에 늘 바쁩니다. 더구나 게으름을 피우거나 대강 일하면 큰일이 난다는 신념이 있어 일을 피하거나 거절하지도 못합니다. 그러니 바쁠 수밖에 없는데, 이런 모습이 다른 사람들 눈에 긍정적으로 보이지 않았던 것입니다. 심지어 혼자 나대면서 다른 사람들을 불편하게 만들거나 무시한다는 평가를 받았던 것입니다. 참으로 억울한 장면입니다. 그런데 이것은 완벽주의로 사는 이들이 흔히 겪는 참담한 일상입니다. 이분들은 주변 사람들에게 도움을 주는 유능한 사람이라는 평가가 아닌, 혼자 우월해지려하거나 세력을 키우려는 사람이라고 비난을 당하기 일쑤입니다. 그러니 세상은 불공평하고, 나는 혹사당한다는 기분이 들게 됩니다. 스스로 여가를 즐길 수 없으며 일의 즐거움이나 삶의 재미 등도 경험하지 못합니다. 늘 일과 그 결과에 대한 책임감으로 삶을 저당 잡힌 기분입니다.

또한 완벽주의자들은 숨은 의무감을 찾아내는 데 선수입니다. 나는 어떠해야 하고, 다른 사람들은 어떠해야 하며, 또 세상은 어떠해야 한다는 기준이 명백합니다. 이 일은 어느 수준으로 해내야 마땅하다고 판단합니다. 그런데 그 '어느 수준'이 평균을 훨씬 웃돌아, 경우에 따라 도달할 수 없거나 불필요한 정도라는 게 문제입니다. 본인은 늘 잘해내야 하고, 모두 성공시켜야 하고, 문제에 어떻게 대처하는지도 다 알아야 합니다. 내면적으로 그런 세상을 꿈꾸며, 그러지 못한 때를 '문제가 발생한 때'로 여깁니다. 그러니 사는 일이 얼마나 불안할까요?

완벽하지 않아도 삶은 잘 굴러 간다

"완벽주의를 어떻게 완화시킬 것인가?"라는 주제에 앞서 할 일이 있습니다. 바로 완벽주의가 삶을 불안하게 만드는 이유임을 받아들이는 것입니다. 한데, 완벽주의 방식으로 불안을 조절해온 사람들은 스스로를 완벽주의자라고 생각하지 않습니다. 완벽주의적 태도를 성실하고 긍정적인 모습이라고 생각합니다. 사례의 교사와 상담에서 힘들었던 단계도 여기였습니다. 이분은 완벽주의를 포기한 자신의 삶을 상상하기 힘들어했습니다. 최선을 다해 살아왔기 때문에 자신의 삶이 이 정도로나마 유지된다고 봤습니다. 최악을 가정한 채, 그나마 지금 최악이 아닌 건 자신이 고생했기 때문이라고 해석했습니다.

일이 잘못되었을 때 심경에 어떤 변화가 오는지를 물었습니다. 자신이 무언가를 빼먹었거나 실수했다는 것을 알았을 때 어떤 상태가 되느냐고도 물었습니다. 그 교사는 그 느낌이 너무 싫어서 더 열심히 더 꼼꼼히 일하기로 결심한다고 답했습니다. 그래서 시간을 들여 남들이 한 번 볼 것을 두세 번 더 본다고 했습니다. "그러니까 불안을 잠재우기 위해 더 성실하게, 더 열심히 하기로 결심하고 죽도록 실천하는데, 불안한 상황은 점점 늘어나고, 불안이 더 자주 온다는 거죠?" 하고 정리해주고 "스스로 완전하지 않다고 소리 내어 말해보세요."라고 청하였습니다.

치료자의 요청에 흔들리던 눈빛이 눈물로 번지면서 실은 지금까지 얼마나 전전긍긍하며 살아왔는가를 절감하는 듯했습니다. 완벽하려고 애쓰면 살았지만, 일이 성공해도 자신은 늘 진이 다 빠져 버렸답니다. 실패할 때는 그 공포와 절망감이 얼마나 끔찍했는지, 무능감에 의기소침해지고 정상 삶의 궤도로 돌아오기까지 손톱을 뜯으며 불안에 떨었다고 합니다. 그러면서 "남들은 저처럼 살지 않나요? 남들은 사는 게 그렇게 쉽나요?"라고 물었습니다.

실은 완벽주의가 자신의 삶을 고집스레 움켜쥐고 있었음을, 그 배경에는 자연스럽게 흘러가는 삶을 믿지 못하던 어린아이가 있었음을 이해하는 일이 중요했습니다. 완벽주의는 자신을 돕는 것이 아니라, 불안을 통제하는 수단일 뿐이었습니다. 그러니 이제 그 통제의 손아귀에서 벗어나는 일만 남았습니다. 자신을 절대적으로 통제하려 들지 말고 완벽해지려고도 하지 않는 것입니다. 가족의 삶 속의 자신이 아닌, 자기 삶 속의 자신은 실수가 있어도 아무 문제가 일어나지 않습니다. 그것이 현실입니다. 싫은 일은 좀 덜 해도 좋고, 옆 사람에게 부탁해도 됩니다. 완벽해지려는 마음을 내려놓으면, 삶에서 선택할 수 있는 것들이 많아지고, 그렇게 살아본다면 사는 일이 점차 수월해질 것입니다.

완벽의 늪에서
벗어나는 방법

완벽주의자들은 일을 일로 보기보다 '시험'으로 여긴다. 자신의 유능함을 드러내고 외부로부터 인정받아야 할 시험을 날마다 치고 있다. 그러니 어찌 불안하지 않을 수 있을까? 이들에게 실수는 단순한 실수가 아니다. 이것은 곧 무능의 표시이고 사람들은 무능한 사람을 싫어할 것이라고 규정한다. 또한 완벽주의자들은 행위를 이상화한다. 완벽하게 하지 않을 바에는 아예 행동해서는 안 된다고 생각한다. 그러다 보니 행동 자체가 어려워지면서 질질 끌거나 미루는 습관이 생기는데 게으름과는 다른 양상이다. 행동은 평가의 대상이고, 일을 마친다는 것은 평가가 시작되는 순간이기 때문에 미루는 것이다.

지금 완벽을 추구하면서 일의 진전이 없어 고통스럽다면 다음을 실천해보자.

1) 일을 맡아야 할 때, 숨을 참으며 견뎌본다. 당신이 주저하는 사이에 다른 사람에게 그 일이 주어지는 것을 바라본다. 내가 그 일을 맡지 않았을 때 무슨 일이 생기는가? (당신이 꼭 해야 할 일이었다면, 가만히 있어도 그들이 당신을 설득하고 회유할 것이다. 그때 맡아도 늦지 않다.)

2) 사람들이 다른 사람의 실수나, 완전히 끝맺지 못한 일에 대해서 어떠한 반응을 보이는지 관찰한다. 칭찬과 감탄이 아닌 것은 분명한데, 그래도 어떤 일이 생기는지, 얼마나 끔찍하고 치명적인 일이 발생하는지 관찰한다.

3) 일의 결과 때문에, 또는 마치려면 얼마나 오래 걸릴지가 두려워 일을 미루려 든다면, 일을 작은 단위로 쪼갠다. 제출 날짜와 무관하게 소단위마다 마감 날짜를 <u>스스로</u> 정하고 메모판에 부치거나 주변 사람들에게 알린다. 소단위를 끝내는데 필요한 구체적인 업무에만 주의를 모은다.

4) 오로지 제출 날짜만을 지킬 것을 맹세한다. 이번 한 번만이라도 세부 내용이나 결과의 질이 아니라, 오로지 날짜를 지키는 것에 의미를 두겠다는 결심이다. 한 번만이라도 다른 방향으로 행동해보는 것은 가치가 있다. 어떤 습관도 처음 한 번이 있기 마련이다.

5) 다른 사람들이 당신이 한 일에 대해 얼마나 세부적인 관심을 갖는지 관찰한다. 아마도 당신처럼 세세하게 보는 타인은 없을 것이다. 당신이 대강하는 수준과 다른 사람들이 의례적으로 일을 처리하는 수준이 동일할 수 있다.

6) 일단 날짜를 지키고, 마감한 일에 대해서 그 다음 질과 수준을 살펴본다. 설사 실수나 부족한 점이 발견되더라도 이제부터 수정할 수 있다. 누군가에게 보여주었다고 해도 큰일이 날 것은 없다. 어차피 사수나 상사는 무언가 지적하고 고쳐주고 싶어 한다. 그것이 그들의 업무다.

자기 비하로 사회생활을 못하는
청년 이야기

3개월 동안 했던 학원 강사를 그만두고 다시 칩거한 지 2주일
이 되었다. 3개월을 버틴 것도 면접 때 3개월 이상은 해줘야
한다는 말을 지키기 위해서였지, 제정신으로 다닌 것은 아니었
다. 교재 준비를 열심히 했어야 했는데 그러지 못했다. 주말에
준비해야지 마음만 먹었지, 늘 당일 오전부터 밥을 굶어가며
준비했고, 행여나 모르는 것을 질문할까 봐 마음을 졸였다. 휴
대폰에 모르는 번호가 뜰 때마다 학부모의 항의전화 같아서 심
장이 벌렁거리고, 아이들이 나를 똑바로 쳐다보면 겁이 났다.
그렇다고 아이들이 딴짓을 하면 더 머리가 멍해졌다.
동료 교사들은 자기들끼리 잘 어울리는 것 같았다. 웃고 떠들
고 사무실 실장님한테도 할 말을 하는 것 같은데 난 그들의 인
사를 받는 것도 벅찼다. 시간표 조정이 잘못되어 주말 오전 오
후에 다 강의가 생겼을 때도 아무 말을 못했다. 새로 온 데다
강의도 못하고 평가가 좋지 않을 텐데, 시간 조정까지 해달라
고 할 수 없었다. 화기애애한 분위기였는데 내가 들어가면 조
용해진다. 어쩌면 내 이야기를 하고 있었는지 모른다. 나처럼
침울한 사람과 누가 함께 있고 싶겠는가?
대학 때부터 난 루저였다. 아니 고등학교 때도 비슷했는데 그

래도 그때는 공부 잘하는 것 하나로 버텼다. 모르는 걸 물어봐 주는 애들 덕분에 내가 그렇게 이상한 사람이라는 걸 모르고 지나갔다. 하지만, 여자들과 함께 지내며, 나서서 뭔가를 해야 하는 대학은 정말 힘들었다. 게다가 전혀 관심•없는 학과에다 적성에 맞지 않는 공부를 해야 했다. 그 또한 학교 이름만 보고 선택한 내 잘못이었다.

돌이켜보면 난 태어나지 않는 편이 나았다. 한 번도 좋은 상태와 마음으로 산 적이 없다. 이제 대학을 졸업한 지도 2년째인데, 난 여전히 같은 자리에 있다. 어리석고 바보 같아서 이런 나 스스로 신물이 난다. 이제는 사람이 많은 곳에 가는 것도, 지하철을 타는 것도 힘겹다. 다들 나를 보고 뭐라고 한마디씩 하는 것 같다.

타인보다
자신에게 더

냉혹한 사람들

유독 자신이 한 실패나 실수, 결점을 계속 떠올리며 잔혹한 자기 비난을 해대는 사람들이 있습니다. 이들은 옳건 그르건, 일의 전후를 따질 것도 없이 일의 결과에 따라 자신을 판단하고, 깊이 자책합니다. 항상 사리분별이나 정직함의 옷을 입고서 말입니다. 밑도 끝도 없이 잔소리하던 부모가 아이에게 "다 너를 위해서야"라고 하듯이, 혹독한 비난의 말들을 마치 냉정한 자기반성인 것처럼 해댑니다.

우리는 '내 책임이야.'란 생각을 하면서 괴로운 마음이 될 때 죄책감에 사로잡혔다고 말합니다. 스스로 자신이 그 행동과 말을 하지 않았어야 한다고 생각합니다. 더 잘하지 못했고, 소홀히 했던 것의 책임을 자신에게 돌리는 것입니다. 그러면 아주 불편하고 불안한 심정이 됩니다. 게다가 자기 비난을 할 때면 비극적인 과장이 일어납니다. 사

<u>소한 실수들이 다 아주 심각한 문제로 둔갑하는 것입니다.</u> 또한 '이제 껏 그랬으니 앞으로도 희망이 없다'는 근거 없는 일반화까지 하게 됩니다.

한 걸음 더 나아가, 그런 잘못을 저지른 자신을 멍청하고 부족하고 실패한 인간, 일말의 가치도 없는 사람으로 생각합니다. 저지른 잘 못뿐 아니라 인간으로서 자신을 비난하는 것입니다. 그때부터 부정적인 자기 개념이 세력을 잡아갑니다. 스스로 나약하며 겁 많고 무능한 사람이라고 규정하는데, 그 자기평가가 고스란히 사는 모습에 나타납니다. 즉, 죄책감으로 자신을 채찍질하는 것이 심리적 결정론으로 작용해, 실제로도 그런 모습이 되어가는 것입니다.

◐ '나는 원래 이런 사람'
부정적 자기 개념이 불안을 만든다

이렇게 부정적 자기개념이 만들어지면 건전하게 생각하고 느끼기가 힘듭니다. 자신을 낮게 평가한 상태에서 자기 행동의 이면을 이해하려 하면 방어기제가 발동합니다. 그러면 객관적이거나 논리적으로 자신을 볼 수 없고 최악의 상태로 몰아넣습니다. 그러고서는 지금 자신이 만족스럽지 못하므로, 결국 자신은 실패고, 자신이 선택하지 않았던 쪽이 더 우월했을 거라 생각해버립니다.

그런데 우리가 어떤 결정을 돌아보며 '그때 다른 선택을 했다면 지금처럼 나빠지지 않았을 텐데…'라는 생각은 참일 수도 있고 거짓일 수도 있습니다. 정확한 답변은 '모른다'입니다. 그때 어떻게 했어야 했다며 자책하지만, 당시에는 그 사안이 지금과 다르게 보였습니다. 또한, 당시로서는 각 변수를 최대한 고민해 옳은 답을 구한 결정이었습니다. 어차피 우리는 A와 B를 동시에 택할 수 없습니다. 하나를 고르고 난 뒤에 필히 다른 하나를 후회하는 식이면, 우리는 어느 상황이든 후회만 하게 될 것입니다.

본래 '만약에 무엇무엇 했더라면 / 만약에 무엇무엇 하지 않았더라면'이라는 가정을 하는 이유는 우리가 범한 실수에서 교훈을 얻기 위함입니다. 그래서 미래에 비슷한 실수를 줄이고 더 좋은 선택을 하려는 뇌의 일종의 생존훈련인 셈입니다. 어떤 상황, 어떤 시기이든 거의 무의식적으로 후회와 자책을 한다면 그건 훈련이 아니라 습관적인 반응일 뿐입니다. 특수한 상황의 구체적 사안을 후회하는 것이 아니라면, 후회는 교훈이나 개선과는 무관합니다.

만일 그럴 만한 사정도 없이 지금 불안해한다면, 그건 매일 자신을 자책하고 있기 때문일지 모릅니다. 항상 지금 이후의 일을 떠올리며, 그것도 나쁜 방향으로 예견합니다. 설사 오늘이 좀 다행스럽다 해도 '이 나쁘지 않은 상태'가 곧 사라질 거라고 생각합니다. 내일이면 어느 곳에서든 문제가 터질 테니 안심하는 것을 어리석다고 생각하는 것이지요. 하여, 뚜렷한 이유 없이 늘 불안해합니다.

그리고 일이 잘 풀리지 않으면 다시 잘해볼 생각보다는 자신을 깎아내립니다. 불안에 의해 민감해진 뇌는 작은 실수도 파국으로 인식해버립니다. 때문에 이번에도 역시 잘하지 못했다고 느끼면 정서적으로 심각한 소모를 겪고 의욕을 상실합니다. 인간관계가 좋지 않으면 개선하기보다는 거꾸로 고립되어버리고, 아예 실패했다고 느끼면 은둔합니다. 그렇게 뇌의 회로는 점점 실패와 죄책감에 민감해집니다. 대부분의 시간을 부정적인 감정으로 사는 것이 오히려 더 친근할 정도이지요.

그러다 진짜 문제가 생기면 사태는 걷잡을 수 없이 악화됩니다. 사례의 학원 강사도 "저는, 아니다 싶으면 아무것도 안 해요. 소용없다는 것을 무수히 경험했기 때문입니다. 결국 도움이 될 건 아무것도 없으니까요. 혼자 처박혀 인터넷이나 하는 게 낫죠."라고 하였습니다. 근데, 그 발단이 되었던 일은 한 학생이 "쌤, 여친없죠?"라고 물어본 것이었답니다. 그날 밤 혼자서 토하도록 술을 퍼마시고, 당장 학원을 그만두고 싶었지만, 그랬다가는 자신이 졸업한 학교까지 욕을 먹게 될 것 같아 간신히 참았다고 했습니다.

그 말이 그토록 큰 충격이었던 이유가 무엇이냐는 치료자의 말에, 그는 그 질문이 아이들조차도 알아차릴 만큼 자신에게 티가 난다는 증거라고 했습니다. 자신이 사회성이 없고 인간적인 매력이 없다는 것이 단박에 티가 난다는 추론이었지요. 그건 본인이 이제껏 그렇게 살아왔기 때문이고, 시간을 낭비했다는 뜻이며 내 삶은 이제 회복될 수 없다는 생각에 공포가 몰려온다고 했습니다.

죄책감과 선 긋기

스스로 비난하며 자신을 벌하는 경향은 과거에 그 원인이 있습니다. 모든 부정적인 결과의 책임을 자신에게로 돌리는 습관은 그렇게 하면 마치 괴로운 상황을 자신이 통제하는 것 같은 착각을 해왔기 때문입니다. 인간은 보통 불쾌하거나 고통스러운 상황을 부인하거나 그렇게 만든 책임을 남에게 투사하고 싶은 유혹을 느낍니다. 어느 정도는 이러한 기제를 써서 정신건강을 유지하는데, 특히 어린 시절에는 외부 대상(보호자)이 아이의 투사를 받아줄 만한 선의나 버텨줄 힘이 있어야 가능합니다. 자신에게 있는 나쁜 것들을 보호자를 향해 던졌을 때, 보호자는 그것을 잘 담아내어 아이가 감당할 만한 덜 나쁜 것으로 되돌려주는 것이 양육의 중요한 부분입니다.

그런데, 보호자가 그럴 만한 대상이라고 믿지 못하면 외부로 향하던 부정적인 감정이나 태도를 모두 자기에게로 돌릴 수밖에 없습니다. 이러는 데는 아이들이 어른의 보호가 없으면 생존할 수 없다는 절박한 이유가 있습니다. 착하고 좋은 것만을 내보여 어른에게 내쳐지지 않고 안전을 확보하려는 것입니다. 그러려면 비난과 질책을 나에게 돌려 자신을 벌할 수밖에 없습니다.

사례의 학원 강사에게 기억 속 보호자는 없었습니다. 아버지는 다른 여자와 바람을 피면서 생활비조차 책임지지 않고 어쩌다 집에 오는 날이면 어머니와 격렬하게 싸웠습니다. 세 아이 중 맏이였던 이분에게 쏟아지는 책임은 참으로 막대하고 복잡했습니다. 두 동생을 달래고 어머니를 위로하며 좀 더 자라서는 어머니와 함께 아버지의 외도 상대까지 찾아 나섰습니다. 하지만 아이가 아무리 애쓴들 어른들의 어긋난 상황이 제자리를 찾을 수 있을까요? 그는 엄청난 불안 속에 아등바등 댔지만 상황은 더 나빠졌습니다. 그 결과 내가 잘하지 못해서라는 사고가 더 뿌리를 내리게 된 것이죠. 한 인간이 비참한 가족 환경에서 성장할 때, 자책을 일삼는 아이로 자란다는 것은 참으로 씁쓸한 비극입니다.

이와 같은 정신적 습관은 자신도 모르게 내면 깊숙이 자리를 잡습니다. 그러고는 무의식적으로, 끈질기게 행해집니다. 오랫동안 마음의 여백을 갖고 살피지 않는다면, 자기를 비난하고 있다고 깨닫지 못합니다. 그저 '일이 그렇게 된 것은 내가 잘못한 것이 분명한데, 무슨 할 말이 있겠어요?'로 일관하게 되지요. 이것은 오래전부터 습관처럼 자리하다 마음 상태와 태도, 행동의 배경이 되어 작동합니다.

오래된 정신적 습관은 우리의 생각 방향을 결정하고 사실과 진실, 현실과 비현실 사이에서 우리를 이끌고 갑니다. 이 정신적 습관이 우리를 점점 나은 상태로 데려가는 동력이 될 때도 있습니다. 바로 목표를 해냈을 때 느끼는 만족감과 성취감이 그에 해당합니다. 하지만 죄책감에 시달리는 사람들의 경우, 동력은 불안입니다. 이들은 실상, 살아가는 것이 아니라 삶의 공포에서 탈출하는 것이 기본 목표입니다. 가장 절실한 것은 안전입니다. 다른 사람들에게서 도덕적으로 비난받지 않고, 용서와 보살핌을 받아내야 한다고 여깁니다.

삶이 매 순간 공포가 된다면 얼마나 힘들까요? 우선, 죄책감과 손잡는 것을 멈춰야 합니다. 그동안 너무 오래, 지나치게 가깝게 지냈습니다. 그러기 위해 자신과 대면해야 합니다. 두려움이 밀려오면서 불안해 심장이 두근두근 뛰는 바로 그 순간이 정신을 차려야 할 때입니다. 불쑥 튀어나오려는 죄책감에게 잠시 기다리라고 말합시다. 그리고는 현재 무슨 일이 일어났는지 보는 것입니다. 현재 사건과 그것을 바라보는 나의 시선을 구분합니다. 내가 지금까지 읽어온 세상이 '전체 세상'인 건 아닙니다. 자기비난과 죄책감의 소리가 들리면 '그럴 수도 있고, 아닐 수도 있다'는 말로 대응해보는 것입니다.

　나에 대해 모든 것을 다 아는 듯이 굴지 맙시다. 직감을 너무 믿지도 맙시다. 그것들이 사실상 습관화된 성향이었음을 인정하고 자신을 마치 타인을 대하듯이 해보는 겁니다. 우리는 타인의 실수에 대해 말할 때 예의를 갖춰 조심스러운 말로 그 행동에 대해 말할 것입니다.(이제껏 그러지 않았다면 이것도 생각해봅시다). 살다 보면 창피하고 부끄러운 상황에 처할 수도 있고, 스스로 못마땅할 때도 있습니다. 다만 자신을 너무 모질게 대하지 않고 평균적으로만 대해도 불안이 완화되면서 사건을 사건으로, 문제를 문제로 볼 수 있습니다. 죄책감과 선을 긋고 자신에 대한 시선을 넓히면 비로소 전체적인 인간으로서 내가 보입니다. 결함과 실수 덩어리가 아니라 여러 모습을 가진 나 말입니다.

자기비난이

생존을 위한
선택일 수 있다

결코 유쾌하지 않으면서도 사람들은 왜 그렇게 스스로를 신랄하게 비판하는 것일까요? 그건 우리가 그렇게 자라왔기 때문입니다. 많은 부모들이 인식하지 못한 채 죄책감을 훈육 수단으로 사용합니다. 아버지가 화를 내도 다 너희 때문이고, 어머니가 어디가 아파도 다 너희들이 잘못해서입니다. 부모는 너희를 위해서 다 하는 데 너희들은 왜 그 정도밖에 못하느냐고 채근합니다. 이런 태도를 자녀를 올바르게 키우기 위해서라고 쉽게 답할지 모르지만, 그것은 너무 무심하고 상투적인 답변입니다. 아마도 자신의 삶이 너무 고단했거나, 자식을 낳아 키운다는 것에 대해 너무 몰랐거나, 어찌 보더라도 이것은 그저 협박에 불과합니다.

아이들에게 이런 말들은 독이 됩니다. 아이들은 부모의 말을 비판적으로 받아들이지 못하고 그대로 받아들이기에 큰 상처로 남습니다. 무언가 잘못을 저지르거나, 하지 말았어야 할 일을 했다면 그건 나쁜 사람이라는 뜻이며 누구도 좋아하지 않을 것이라고 새깁니다. 결국 거부당하고 비난받지 않으려면 다른 사람의 기대에 부응해야 한다는 신념이 생깁니다. 어른이 된 후에도 다른 사람을 실망시켰다고 생각하면 자기비난 모드가 되어 타인의 시선과 생각에 종속된 채, 초조해할 것입니다.

이렇게 우리가 흔히 비합리적 신념이라 부르는 것들은 그것이 만들어졌을 무렵인 어린 시절에는 자연스러운 것이었습니다. 아이들은 자기중심적일 수밖에 없습니다. 인지능력이 아직 미숙하고 실제와 상상을 잘 구분 못하며 자신의 내적상태에만 기대어 정보를 얻습니다. 세상은 아이들이 이해할 수 없는 것들로 가득할 것입니다. 그러나 자신들이 경험하는 고통만은 선명합니다. 어른들의 소통과 분투를 알 수는 없지만, 분명한 것은 어른들이 편치 않을 때 아이들은 고통스럽다는 것입니다. 그래서 아이는 자신의 고통을 토대로, 자신이 처한 상황을 이해하려 애쓰며, 그에 대한 대처방식을 찾으려 합니다.

인간은 모두 살아남기 위해서 무언가를 합니다. 삶의 어려움에 맞서 의식적이든 무의식적이든 살아남기 위해 움직입니다. 때로는 그 움직임이 비현실적이거나 자기 파괴적이지만, 그럼에도 어떤 수준으로는 자신을 보호하려고 하는 것입니다. 아이의 경우, 보호자를 고를 수도, 살 곳을 정할 수도 없습니다. 불행해하며 아이를 향해 눈을 부릅뜬 보호자에게 자신이 옳다고 말할 수도 없습니다. 그런 아이들에게

'자기비난'은 고통에서 살아남을 수 있는 해결방법입니다. 자신의 안녕이 신뢰할 수 없는 보호자 손에 달린 것이 아니라 마치 자신의 통제에 달린 것처럼 위장할 수 있습니다. '다 내가 나쁜 짓을 해서 일어난 일이니까 내가 더 착해지면 모든 것은 안전해진다'는 마음의 계산입니다. 자기비난으로 아무리 괴로워도 두려운 현실을 직시하는 것보다는 낫기 때문입니다.

⬤ 비합리적 신념에 기댄 생존전략

학원 강사의 어머니는 아버지와 대판 싸운 후에는 몇 번이나 가출을 했고, 그런 날이면 아버지는 매를 들었습니다. 평소에도 집에 잘 오지 않던 아버지가 어머니가 들어올 때까지 집에 남아 우리를 지켜줄 리 없었습니다. 그때 아이는, 믿을 수 없는 부모에게 기대기보다는 차라리 자신이 더 나은 사람이 되기로 결정했습니다. 자신이 더 잘하고, 착해진다면 어머니가 집을 나가지 않을 것이고, 아버지가 화내지 않을 거라고 믿는 게 더 희망 있는 쪽이었습니다. 그러면서 나쁜 일과 고통은 자책과 짝지어 돌아가게 됩니다.

어린 시절에는 어쩔 수 없는 방어책이었던 이 신념이 사춘기를 거치면서 반복되는 괴로움의 원인이 됩니다. 외부 상황이 좋지 않을 때마다 문제 해결보다는 자신을 비난하는 쪽으로 가는 것입니다. 학창 시절의 친구관계, 대학 이후의 사회적 관계는 자신이 채찍질해서 해결할 수 있는 문제가 아닌데도 이분은 어릴 적 신념대로 움직였습니다.

자책하는 과정으로 빠르게 들어가면서 자신이 뭔가 의미 있는 일을 하는 양 스스로도 속았던 것입니다.

사람의 마음속 깊이 자리 잡은 비합리적 신념은 무척이나 견고합니다. 학습심리이론에서는 일단 학습이 된 후 간헐적으로 강화되면 그것을 없애기가 무척 어렵다고 봅니다. 즉, 어린 시절의 어느 하루에 '일이 이렇게 된 건 내 잘못이야. 내가 더 착해지면 다 좋아질 거야.'라는 생각으로 청소와 설거지를 열심히 해놓았더니 가출한 어머니가 돌아와 만족스러워하는 때가 있었다고 합시다. 그런 일이 열 번에 한 번만 있어도 아이는 그 연결을 확신으로 믿습니다. 확신은 공고한 신념이 되어 불안한 환경이 되면 스스로를 자책하는 태도가 계속 나타납니다.

이와 같이 오래된 습관처럼 우리를 지배하는 신념들은, 그렇게 처음 생각하게 된 몇 개의 에피소드, 거기에 개입한 사람이 등장하는 몇몇 장면으로 존재합니다. 그 견고한 신념을 깨기 위해서는 신념을 만든 시작점, 과거에 그 신념이 담당한 기능을 깨닫는 것이 매우 중요합니다. '나는 더 이상 싸우는 부모 아래서 울고 있는 아이가 아니다'는 생각은 쉽게 인정하지만, 정서적으로 깨닫기까지는 여러 차례 자기 탐색을 거쳐야 합니다. 자신을 경멸했던 기억이 어딘가 남아 자신과 계속 대립할 것입니다. 하지만 거부당한 자신을 받아들이면서, 우리는 착한 아이가 되기 위해 억눌렀던 감정을 비로소 회복할 수 있을 것입니다.

자기비하에서
벗어나기

오래된 상처는 스스로 모진 애를 쓰기 전에는 나를 놔주지 않는다. 나를 자꾸 움츠러들게 하고 반복적으로 수치심을 느끼게 하여 인생을 흔들어버린다. 아직도 내게 영향을 미치고 있는 과거의 사건은 무엇이 있는가? 할 수만 있다면 다르게 찍고 싶은 장면은 어떤 것이 있는가?

1) 아프고 슬프고 수치스러운 과거의 기억 하나를 생각한다.

2) 스치듯 잠깐 보는 것이 아니라, 힘들지만 구체적으로 낱낱이 기억한다.

3) 상상으로 다르게 전개시키고 싶었던 상황을 만든다. 당신이 감독이자 배우이다. 상황에 필요한 사람이나 물건도 당신 뜻대로 상상할 수 있다.

4) 상상 속에서 당신은 원하는 감정과 행동을 취한다. 적당한 표정을 짓고, 하고 싶었던 말을 원하는 어투로 정확히 말한다. 그런 상황에서 정말 하고 싶었던 행동을 능숙하게 해낸다. 어떤 자세를 취하고 어떤 몸짓으로 어디에 시선을 둘 것인지도 세세하게 상상한다.

5) 상상 속의 나는 힘이 있고 여유가 있으며 유능해서 어떤 당혹스러운 장면에서도 여유 있게 모든 것을 처리할 것이다.

6) 지금의 나는 충분히 그럴 수 있는데, 과거에 그렇게 하지 못한 것은 내가 어렸기 때문이라는 것을 분명히 말한다.

Chapter 05

나는 내 안의 불안과 친해지기로 했다

정상적인 범위에만 있다면 불안은 순기능이 있습니다. 마치 신체의 고통이 아프지만 꼭 필요한 것과 같은 이치입니다. 상처를 입어도 통증을 전혀 느끼지 못한다면 얼마나 걱정스러운 일입니까? 하지만, 지나치게 사소한 상처에도 죽을 듯한 통증을 느낀다면, 거기서부터 통증의 순기능은 사라집니다. 불안도 꼭 그러합니다. 예상되는 불안에 집중할 때 다른 것은 시야에서 사라집니다. 이른바 '터널비전'이라고 하는, 터널 속에서 밖을 볼 때 딱 터널의 구멍만큼만 세상이

존재하는 것처럼 세상을 보는 것입니다. 그 세상에는
불안한 것들만 가득합니다.
이렇게 불안은 외부 사건과 내가 사건을 바라보는 해석이
연합하여 일어납니다. 즉, 불안과 내가 맺고 있는 관계가
바로 우리가 해결해야 하는 지점입니다. 그러기 위해서는
지금까지 우리가 불안 앞에 어떻게 행동해왔는지를
이해하는 것이 중요합니다.

직장 따돌림에 불안해하는
여성 이야기

한 여성이 아침에 출근하는 것이 버겁고, 어떤 때는 심장이 벌렁벌렁 불안해지면서, 하루가 너무 힘이 들어서 상담에 왔다고 했다. 일요일 저녁이면 이런 증상이 더 심해지는데, 10년째 다니는 직장이 지겨워져서 그런가 생각도 해봤고, 곧 마흔인데 아직 싱글이어서인가 짐작해봤는데 마음에 확 와 닿지는 않는다고 한다. 팀장으로 근무하며, 대표에게 인정도 받고, 일도 물론 옛날만큼 재미있지는 않지만 그만하면 적성에 맞는다고 생각한다. 아직은 같이 수다 떨 친구도 있고, 경제적으로 그리 넉넉하지는 않아도 무난한 수준인데, "아무래도 결혼에 대한 압박 때문에 마음이 이렇게 불편할까요?" 하며 오히려 치료자에게 물었다.

결혼 이야기 언저리에서 헤매던 이분은 회사생활을 구체적으로 탐색하자, 팀에 막내가 들어온 다음부터 마음이 복잡해진 것 같다고 했다. 본인과 후배, 이렇게 둘이 꾸리던 팀에 막내가 들어오면서 불편해졌다는 말이다. 후배와는 잘 지내왔는데, 막내가 들어오고 얼마 후부터 후배와 막내 두 사람은 죽이 잘 맞았다. 그때부터 팀장인 자신이 뭔가를 말해도 후배가 토를 달고, 막내는 지시를 잘 따르지 않을 때가 있었다. 심지어는 내 말이 아니라 후배의 말에 따르기도 하며, 지시사항에 대해 둘이 한 목소리로 다른 방안을 내놓기도 했다.

후배는 판단이 빠르고 자기 목소리를 거리낌 없이 내는 편인데, 이분은 그것이 어려웠다. 점점 후배가 자신의 말이나 태도를 비꼬거나 질책하는 것 같고, 막내가 후배를 자기편으로 끌어들여 팀장인 나를 우습게 만드는 것 같다는 생각에 자주 잠겼다. 뭐라고 한마디하고 싶지만, 그러질 못했다. 그랬다가 둘이 합세해서 자신을 속 좁은 사람으로 만들어 사람 꼴이 더 우스워질까 봐서다.

사무실에서 일하면서도, 점심을 같이 먹으면서도 점점 위축되고 날카로워졌다. 더 말하기가 어려워지고 얼굴이 화끈거릴 때가 잦아졌다. 심지어 혼자서 점심을 먹거나, 사무실에서 이어폰을 꽂고 일할 때도 있는데, 그러는 자신이 더 마음에 들지 않는다. 아무 일이 없는 것처럼 하려고 애를 쓸수록 퇴근 후에 마음이 더 나빠지고 불안해지는 것이다.

불안에
어쩔 줄 모르는 나,

이 또한
나다

자기계발서에 흔히 나오는 문장 중에는 '이기지 말고 견뎌라'는 것이 있습니다. 살다 보면 험한 물살에 휩쓸려 허우적거릴 때가 있는데, 그때 그 물살을 이겨내려고 죽자 사자 안간힘을 쓰지 말아야 한다는 뜻입니다. 그랬다가는 곧 파도에 함락당해 익사할 수밖에 없을 것입니다. 하여, 지혜로운 방법은 계속 떠 있을 궁리를 하는 것입니다. 어서 이겨내고 저기까지 가려는 것이 아니라 그 자리에 가만히 떠 있기 위한 노력으로 움직입니다. 삶의 어떤 순간에는 투쟁하거나 해법을 모색해야 할 때도 있지만 때로는 '지금은 받아들임이 방법'이란 걸 인정해야 할 때가 있습니다.

'불안해서 죽을 것 같은' 심정이 되어 치료자를 찾는 분들에게 공통적인 모습이 있습니다. 일단, 우선, 어떻게 해서든지 불편한 감정을 제거하는 데 초점을 맞춘다는 것입니다. 어쩌면 당연한 이야기겠지만, 모든 신경이 불안한 정서에서 도망가는 것에 맞춰집니다. 만약 사회공포증이라면 불안 유발 상황과 유사하기만 해도 그 상황 자체를 피하려고 안간힘을 씁니다. 아예 진정제나 술을 먹어 다른 상태로 가려고 합니다.

다른 예로는 현관문이나 가스밸브 잠긴 것을 여러 차례 확인하거나 보도블록의 금을 밟지 않으려고 애쓰는 것도 있습니다. 어리석고 우스워도 그런 행동을 반복하는 게 불안해지는 것보다 낫다고 결정했기 때문입니다. 그것이 다음에 찾아올 불안에 아무 소용이 없다는 걸 알지만, 그렇게 하는 동안은 불안을 피할 수 있기 때문에 몰두하는 것입니다.

우리는 불안을 느끼면 일차적 반응으로 저항을 합니다. '이건 아니다, 이럴 수는 없다'는 마음인 것이죠. 뭐가 뭔지도 모르는 상태에서 어서 벗어나려는 시도를 합니다. 안타까운 것은 그러면서 걱정하는 마음과 불안이 더 커진다는 것입니다. 행여나 그러다 극단의 두려움에 도달하면 몇 분, 몇 시간을 완전한 무능력 상태에 있기도 합니다. 한번 경험한 이 상태는 이후 작은 불안을 유발하는 사건에도 극한의 공포가 닥치는 근거가 됩니다.

이러한 불안을 해결하는 첫 단계는 '이건 아니다'란 저항을 일단 멈추는 것입니다. '나는 불안하다. 어쩌면 또 불안해질 것이다.'라는 사실을 인정하는 것입니다. 이 상태가 불쾌하고 싫지만 현재 나는 그러합니다. 이 또한 나입니다. 이 상태가 너무 고통스러워서 못 받아들이겠다면 우선 내가 '저항하고 있다'는 것이라도 인정해야 합니다. 부지불식간에 '아니야, 아니야'로 가기보다는 '불안한 나에 대해 저항하고 있는 내가 있다'고 인정하는 것입니다.

사례의 팀장도 치료자와 탐색하기 전에는 후배와 막내 사이에서 본인이 겪는 심적 고통을 보려고 하지 않았습니다. 너무 유치하고 치졸해서 수치스럽다는 것입니다. 나이 마흔이 되어서, 팀장씩이나 돼서 아랫사람들한테 마치 '따를 당하는' 기분을 느낀다는 사실을 받아들이기 어려웠습니다. 그래서 직장 후배들 때문에 불안해지는 상태를 건너뛰고, 자신이 받아들이기 수월한 영역들에서만 이유를 찾았습니다. 혹은 불안이 아닌 다른 것으로 치부하고 싶어 했습니다.

허나 내가 통제되지 않는 불안을 겪는다면 나는 불안한 사람입니다. 내가 극도의 분노를 느낀다면 나는 분노조절이 안 되는 사람입니다. 내가 고통스럽다면 나는 그 상태에 있는 것입니다. 그렇다는 내 경험을 온전히 받아들이는 것은 매우 중요합니다. 현재 내 경험을 그렇지 않거나, 그럴 리가 없다며 합리화하고 부인하고 변명하지 않아야 합니다.

불안에 압도당하기 싫다면

현재의 내 상태, 불안한 상태를 인정하라는 말에 의아함이 생길 것입니다. 자신이 어떤 상태에 있는지를 받아들이는 것을 곧 자신이 누구이고 어떤 사람인지 모두 정의하는 것이라 여기기 때문입니다. 또는 받아들이면 불안과 두려움에 떠는 지금 상태로 쭉 살아야 한다는 뜻이냐고 반문합니다. 그래서 '이건 내 모습이 아니야, 난 내 모습을 인정하고 싶지 않아, 다만 달라지는 방법을 알고 싶어'란 생각으로 계속 그 자리에 머뭅니다.

그런데 불안해하는 자신이나 불안 유발 장면을 직면하지 않으면 오히려 불안이 만성화되기 쉽습니다. 불안을 인정하지 않고 바라보지 않으면서 계속 생각하기 때문입니다. '왜 내게 이런 일이 일어났지?(일어나면 안 되는 것인데)'하며 불안의 언저리에서 '왜?'를 계속 생각하는 반추사고로 들어갑니다. 그 다음은 '어떻게 해야 다시는 불안해지지 않지?'라는 '왜?'와 '어떻게?' 사이를 오가면서 불안 상태에 고착됩니다. 안타깝게도, 세상의 모든 문제는 부정하는 지점에 멈춰서 버리는 속성이 있습니다.

나에게 도움이 되는 것은 '그 일이 일어난 때에 나는 어떠했지? 정확히 내가 느낀 것이 무엇이었지? 그때 내 기분과 몸 상태는 어떠했지?'하는 자신의 실제 경험에 머무는 것입니다. 그러려면 싫고 두려워도 당시 내 감정과 상태를 인정하고, 다시 만나야 합니다. 불안은 언제 어디서든 일상에 불쑥 들어와 우리 목덜미를 잡아챌 수 있습니다. 그러므로 불안을 느끼지 않으려 미리 애쓰며 준비해도 막을 수 없습니다. 그보다는 불안에 압도당하지 않는 것, 한 발 물러서서 바라보는 마음이 중요합니다.

우리는 스스로 받아들이지 못하고 있다는 사실조차 모를 때가 많습니다. 그저 불안 앞에서 위축되고 당황합니다. 불안을 그대로의 증상으로 보며, 어쩔 줄 몰라 하는 나도 그대로 보는 것입니다. 거울에 비친 자신의 모습 전부를 좋아하는 사람은 많지 않습니다. 하지만 그렇다고 '저 모습은 내가 아니야' 하며, 부정하는 사람도 흔치 않습니다. 그다지 마음에 들지 않을 때도 우리는 나라는 사실을 인정하고 받아들입니다. 불안해하는 나도 그러합니다.

좋아할 일은 아니지만 적어도 그것이 일어난 순간에 '그 또한 나'임을 인정하는 것이 나를 존중하는 태도입니다. 만일 불안한 나를 인정하기가 너무 두렵다면, 가능한 크게 소리 내어 말해보세요. "지금 나는 불안해, 너무 두려워. 하지만 단지 그뿐이야. 그렇다고 내가 다치거나 죽지는 않을 거야." 설사 나중에 부끄러워할 만한 행동을 했다 해도 마찬가지입니다. 그 행동은 사실이고, 사실을 없애려 현실을 왜곡할 수는 없습니다.

인정한다는 것은 스스로 깨우치기 시작했다는 의미입니다. 무엇을 먼저 해야 하는지 스스로 결정했다는 뜻입니다. 불안하지 않는 삶을 살고 싶다면 자신의 취약한 면을 받아들이세요. 거기서부터 나쁜 습관이나 태도를 극복하는 길도 열립니다. 약점을 보지 않으려 저항할수록 그것들은 더 질기게 달라붙습니다. 결국 억압이나 부인을 택하게 되고, 그러면 거기서 벗어날 기회는 더 줄어듭니다. 일단은 불안한 나를 내 일부로 인정할 때, 받아들이는 순간부터 그것에서 벗어날 수 있는 길로 들어선 것입니다.

저항할수록

불안은
더 세진다

고통이란 도망치려 할 때 더 심하게 달려든다는 말을 들어봤을 것입니다. 도망치기보다는 오히려 마주해야 고통이 뒤로 물러난다는 이야기는 수사적이라기보다는 현실적인 표현입니다. 고통을 마주하는 순간, 내가 고통에 함몰될 것 같지만 실은 그렇지 않습니다. 물론 고통을 아예 없애는 마술을 부리는 것은 아니지만, 그렇다고 고통에 제압당하는 것도 아닙니다. 다만 고통을 제대로 바라보고, 받아들일 것들을 헤아리는 작업을 시작하는 것입니다.

부정적인 감정도 그러합니다. 불안이나 우울 등 정서적인 고통을 받는 사람들은 우선 힘든 감정에서 도망가려고 합니다. 내장이 다 타들어가는 것처럼 고통스럽기 때문에 아예 고통을 느끼지 않으려는 시도부터 하는 것입니다. 그러한 시도가 정서의 억압과 회피로 나타나며, 이것은 모든 정신 병리의 핵심이 되기도 합니다. 스스로 감추었다고 여기지만, 엄청난 심리적인 에너지가 소모됩니다. 그래서 여기는 숨겼으나 저기서 튀어나오는 것은 막지 못하게 됩니다. 그러니 열심히 도망가면서 붙잡힙니다. 그것이 우리 정신세계의 모순이면서 진리이기도 합니다.

반면, 충분히 경험하고 받아들인다면, 등 뒤에서 나를 덮어씌울 만큼 막강하던 불안이 어느새 내 앞에 있습니다. 이제 그것을 바라보면서 되뇝니다. '그래, 문제가 있다. 그래, 불안하다. 두려움이 있다.' 그것은 꼭 감았던 눈을 뜨는 행위이고, 덮어놓은 거죽을 거두어내는 행위입니다. 그렇게 열어놓는 것만으로도 문제는 선명해지고, 불안을 줄이는 길을 찾을 수 있습니다.

심리치료에 오는 분들이 도움을 받는 지점도 여기입니다. 치료자로부터 자신에게 정서적 고통이 실재한다는 것을 인정받으면서, 그리고 그럴 만하다고 이해받으면서 비로소 혼자만의 감옥에서 벗어납니다. 정서적 고통을 받아들이는 것이 오히려 정서적 고통을 완화시킵니다. 불안이라는 부정적인 정서를 받아들이면서, 그와 관련된 세부 상황, 다른 사람들과 자기 반응을 살피게 됩니다. 그동안 몰랐던 것을 보게 되면서 문제를 이겨낼 구체적 방식에 대해 생각할 수 있는 것입니다.

무언가를 수용하게 되면, 이제는 불평불만 없이 더 좋은 방식을 찾는 데 더 열심히 됩니다. 수용이 회피를 대체하기 때문입니다. 회피가 수동적인 태도라면 수용은 적극적인 태도입니다. 개인의 열등감에 관해서도 마찬가지입니다. 흔히 '열등한 자신을 받아들이고 싶은 사람이 어디 있나?'라고 생각합니다. 하지만 실은 그 반대입니다. 자신의 한계를 인정하지 못할수록 그 한계의 포로가 됩니다.

⬤ 저항하지 않고 인정하면 불안은 호의적으로 변한다

가끔 '키가 작다'는 문제로 인해, 자기 안으로 숨어버린 청년이 상담에 옵니다. 그들에게 '키가 작다'는 것은 세상 무엇과도 견줄 수 없는 재앙입니다. 그로 인해 남들은 상상조차 할 수 없을 심리적 고통, 열등감에 시달리지요. 그래서 '키가 작다'는 것은 내가 집밖으로 나설 수 없고, 친구관계도 유지할 수 없고, 취업도, 연애도 할 수 없는 확고한 근거가 됩니다.

그런데 거기까지입니다. '키가 작다'는 것이 자신에게 무엇인지, 구체적으로 무엇을 못하게 하는지, 문제의 원인이라는 근거는 무엇인지 등 생각할 것이 무척 많은데도 그들은 보지 않습니다. '작은 키'라는 불변의 사실만 붙들고 거기서 고립됩니다.

자신을 받아들이지 않고 자신의 문제에 저항하면, 불만이 쌓이고 절망하며 결국 문제에서 멀어집니다. '작은 키'에서 자기혐오로 이어져서 삶의 의지를 버리는 데까지 연결됩니다. 모든 건 지금을 받아들임에서 시작됩니다. 우리는 '앞으로 존재해야 할 것'이 아니라, '지금 존재하는 것'에서 시작할 수밖에 없습니다. 문제를 받아들이고, 그 문제를 부정하지 않고 함락당하지도 않으면서, 정신적 에너지를 사용하는 것입니다. 이것은 고통에서 멀찌감치 떨어져서 외면하는 것이 아니라, 고통의 원인 속으로 깊숙이 걸어 들어가는 일입니다.

인간에게 적용되는 역설 하나는 자신의 부족함을 순순히 받아들이고 나면 마음이 가벼워진다는 것입니다. 있는 그대로 받아들이면 희한하게 벌써 문제가 아닌 다른 방향을 보는 자신을 발견합니다. 발전하기 위해서 현재의 문제를 밝히고 꺼내는 것은 건설적인 바라봄입니다. 다만 이러한 심리적 변화가 울분을 토해내서 얻어지는 것은 아닙니다. 지속적으로 사색하고 시도하는 훈련에 의해 가능해집니다.

우리가 저항할수록 더 세게 휘둘리는 것으로는 신체적 통증도 예로 들 수 있습니다. 신경성 통증이든, 신체에 문제가 생긴 통증이든, 어떤 경우에도 개인차가 큽니다. 같은 경우라 해도 누구는 이만큼의 통증을 호소하는데 누구는 저만큼의 통증으로 못 견뎌 합니다. 몸의 실제 문제와 경험하는 통증이 일대일 관계가 아닌 셈이지요.

그런데 아픈 것은 아픈 것인데도, 통증을 '겪으면 안 되는 이상한 일'로 취급하고 어떡하든 없애려 하면 더 크게 아픔을 느낍니다. 통증을 이겨내려 할수록 통증이 더 심해진다는 말이 이상하게 들릴지 모르겠는데, '이겨낸다'는 말에 비밀이 있습니다. 이것은 자신의 통증에 대해 부정적인 스토리를 계속 만들면서 빠르게 낫게 하려고 안간힘을 쓴다는 말입니다. '뭔가 잘못된 것이 분명해. 더 나빠지고 있다는 표시일 거야. 언제까지 계속될까?' 그렇게 생각할수록 통증은 더 심해집니다.

현재 상태와 내가 바라는 '마땅한 상태' 사이를 크게 만들어 이것을 줄이려 안간힘을 쓴다면 결코 편안해지지 못합니다. 반면에 일단 '존재함'을 받아들이고 거기 머무는 것은, 그것이 통증일지언정 현 상

204

<u>태에 가능한 호의적인 태도를 지니게 합니다.</u> 약을 먹든, 찜질을 하든 통증을 줄이려 노력하되, '그러니 어쩌겠어… 아플 만큼 아픈 거지.'와 같은 태도를 지니면 통증으로 안절부절못하지 않습니다. 사실 내가 통증에 관해 할 수 있는 일은 거기까지입니다. 나는 일단 통증을 받아들이고 지켜볼 수밖에 없습니다. 알 수 없는 미래까지 생각의 폭을 넓혀 통증을 무서운 대상으로 만들기보다는, 그저 통증을 '지금 여기 있는 것'으로 수용합니다.

불안도 마찬가지입니다. 불안을 일단 빨리 없애려 들어서 더 괴로운 것입니다. 일단 불안을 받아들일 때, 불안의 이유와 배경에 대해 살필 수 있습니다. 사례의 팀장도, 후배에게 느끼는 불편한 감정을 빨리 없애려는 데 치중해서 무엇 때문에 자신이 그토록 힘든지 찾을 수 없었습니다. 유치하고 부끄럽지만 자신이 그러하다는 데 머물 때, 비로소 자신의 경험 전체가 잘 보입니다.

이 팀장의 어린 시절부터 현재까지 삶을 보니, 줄곧 가족 관계에서 밀리는 장면이 자리했습니다. 이분은 위로 언니, 아래로 남동생이 있었습니다. 헌데 언니는 길을 가다 모르는 이들도 쳐다볼 만큼 예쁜 아이였다고 합니다. 연년생이었던 이 분은 인형처럼 예쁜 언니에게 눌려 자신의 자리가 없다는 감정을 느끼고 자랐습니다. 또 6살 차이로 태어난 남동생은 어린데다가 아들이어서 엄마의 모든 관심을 뺏어갔다고 기억했습니다. 어린아이로서 보호자의 온 관심을 만끽한 느낌이 없다는 것은 곧잘 심리적 과정을 어지럽히는 주범이 됩니다. 학창시절의 친구관계에서도 관계에서 중심에 있지 못한 느낌, 내 자리를 뺏긴다는 기분을 자주 느꼈습니다. 삼각관계라는 말이 유치하고 불편했지만, 팀장의 역사 속에는 그런 것이 자주 등장했습니다.

불안이라는 정서를 회피하지 않으면 불안과의 관계는 '능동적'으로 돌아섭니다. 그 후 다른 능동적인 전략들을 펼 수 있게 됩니다. 계속 불안을 느끼더라도 내부에서 변화를 꾀하는 시도들을 하게 됩니다. 그리고 불안에 압도당하지 않고 문제를 직면하기 위한 선택을 내리게 될 것입니다.

불안이 내 말을 들을 때까지는 불안과 함께 있어야 합니다. 그동안 불안을 일으킨 것은 '그 무엇' 자체가 아니라 불안을 느끼는 자신에 대한 불안이었습니다. 불안에 대한 시각을 달리하면, 당분간 불안과 친구로 지낼 수 있습니다. 이것은 '내 마음이 또 불안하군요. 도망치고 싶지만 피하지 않고 잘 해볼게요.'의 자세입니다. 저항하지 않고 수용하는 것은, 저쪽으로 가려면 반드시 통과해야 하는 다리 같은 것입니다.

내 안의 불안을
받아들이는 방법

우리에게는 벗어나고 싶은 악습이든, 고통스러운 정서든, 또는 건강 문제나 마음에 들지 않는 신체 문제이든, 버리고 싶은 무엇이 있을 수 있다. 그럴 때 가장 먼저 드는 생각은 그것을 외면하거나 부인하고픈 마음이다. 여기에 역설이 있다. 그것이 무엇이든 없애거나 조절하기 위해서는 먼저 '있다'는 걸 인정해야 한다. 병의 치료를 시작할 때도, 다이어트를 할 때도, 부정적 정서를 조절할 때도 자신의 상태를 그대로 수용하고 나서 다음 실천이 일어난다. 현 상태를 인정하고 수용한다는 것이 그 상태로 그냥 쭉 살아간다는 뜻이 아니다. 수용은 행동 변화에 선행하는 단계다.

1) 불안이나 분노가 나타날 때를 '일단 멈춤'의 신호로 받아들인다.
2) 나쁜 것, 좋은 것이라는 꼬리표를 붙이는 것을 그만두고 '지금 내가 그렇구나'하며 경험한다.
3) 현재 나의 상태를 부정하지 않으면서 이런 상태가 된 배경과 맥락을 짚어본다.
4) 부적응적인 정서와 태도, 행동의 내면과 내적 동기를 알고자 노력한다.
5) 인정과 수용은 부적합하거나 부정적인 것을 정당화하는 것이 아니다. 단지 제대로 이해하려는 시도라는 것을 일깨운다.

자신에게 일어난 일을 실감하지 못하는
여자 이야기

"모르겠어요."… "모르겠어요." 한 문장이 다 끝나기도 전에 젊
은 부인의 입에서 자주 나오는 말이었다. 뭔지 잘 모르겠는데
답답해서 숨이 막힐 것 같고, 저녁 무렵이 되면 무슨 일이 생
길 것 같아 불안해지면서 자꾸 술을 찾는다고 했다. 이제 겨우
결혼 3개월차인데 결혼을 괜히 했다는 생각이 들고 인생이 다
끝난 것처럼 무언가 뿌옇고 막힌 곳에 혼자 있는 것 같다는 말
이다.

일단, 주된 걱정은 술이었다. 거의 두 달 정도 맨 정신으로 남
편을 맞은 적이 없다고 한다. 술을 먹으면 울거나 난폭해져서
남편의 불만과 근심도 한계에 다다른 듯하다. 서둘러 한 결혼
이라는 말부터 챙겨보았다. 실은 1년여 전에 언니가 자살하였
고 거의 멍하게 지내다 소개를 받고 결혼을 했다고 했다. 이제
와 생각해도 무슨 정신으로 데이트하고 결혼까지 했는지 아무
생각이 나지 않는다. 어머니는 또 왜 자신의 결혼을 부추겼는
지 이해가 가지 않는다고 했다.

신혼여행에서 돌아와 집들이를 한답시고 여러 사람들이 오가
고, 모든 행사들이 끝나고 불현듯, '내가 무슨 짓을 한 거지?'
하는 생각이 들었다. 그제야 비로소 남편도 보이고, 시댁어른

들도 보이고, 이 낯선 공간에 혼자 있는 자신도 보였다. 그리고 그동안 생각 못했던, 이제는 세상에 없는 언니 생각을 했던 것 같다. 아니 언니 생각이 날 것 같을 때마다 술을 먹었으니 생각을 하지 않았다는 말이 더 정확하다.

특히 해가 지는 시간, 어두워질 때면 심장 한쪽이 가슬가슬한 사포로 문질러대는 것처럼 불편하고 답답해진다. 내가 살아 있는 것이 맞는지, 무엇을 해야 살아 있는 것인지 의문이 생긴다. 어느 날 나 또한 언니처럼 되지 말란 법이 있을까? 남편이나 시댁 식구들은 언니가 병으로 죽었다고 안다. 언니가 그렇게 되고 난 뒤 식구들은 아무도 언니 이야기를 하지 않았다. 분명 장례를 치루고 납골당에도 다녀왔지만 그 모든 것이 낯선 영화 속 장면 같다. 무슨 일이 일어난 것인지… 생각은 늘 거기까지다.

감정에

이름을
붙여보자

상담에 온 분들과 이야기 중에 한 시간에도 몇 번씩 하게 되는 질문이 "지금 어떤 기분을 느끼세요?"입니다. 그랬을 때 잠시라도 침잠해서 자신의 감정을 잘 찾아내는 분들도 있지만, 대부분은 이런 질문 자체를 매우 낯설어합니다. 어색하게 건네는 답변은 "좀 기분이 이상한 것 같아요. / 잘못된 일이라는 생각이 들어요." 등 자신에 대해 평가하는 말을 하거나, "머리가 아파요. 가슴이 답답해요." 같이 신체 상태에 대해 말할 때가 많습니다. 느낌과 생각과 신체 감각을 구분하기 어려워하는 모습입니다.

지금 당장 내 안에서 지글지글 꿈틀거리는 것을 그냥 말하기보다 제대로, 잘, 설명하려고 하는 데서 나타나는 폐단입니다. 그러니 당장 올라오는 것들을 일단 틀어막고 통제합니다. 검열해서 표출해도 될 것들만 고르는 것이지요. 감정에는 악함과 어리석음이 존재하지 않습니다. 다만 제대로 정리되지 않고, 심하게 부인하거나 억압한 감정이 때때로 어리석거나 불량한 행동으로 연결되는 것입니다. 자신의 감정이 무엇인지 알고 제대로 이름을 붙이는 일은 정서적 성숙과 사회적 성숙을 이끕니다.

감정을 변별하는 능력은 성장하면서 발달합니다. 생의 초기에는 대분류부터 시작하므로, 아이들은 대체로 '좋다, 나쁘다, 만족하다, 불만족하다' 등을 구분합니다. 자라면서 대분류의 만족감은 기쁨, 신남, 즐거움, 흥분 등 다양한 감정 상태로 분화됩니다. 불만족감으로 묶인 그룹도 분노, 실망, 좌절, 두려움, 슬픔 등으로 분화됩니다. 거기서 더 발전하면, 같은 감정의 강도와 정도까지도 다르게 분간할 수 있습니다. 감정의 분화는 다양한 감정을 섬세하게 명명하고 변별하는 능력으로 발달하고, 이것은 전 생애를 통해 이루어집니다.

● 직접 말로 표현해야 비로소 감정의 주인이 된다

자신의 감정 상태를 정확히 표현한다는 것은 자신과 만나는 일입니다. 내가 나를 알아주는 순간입니다. 스스로 유능하며 잘 기능하고 있다는 마음이 따라옵니다. 설사 그 감정이 고통스러워도 분명하게 알고 명명할 수 있다면 혼란스럽거나 압도당하지 않습니다. 회피하거나 외면하면서 무뎌지고 자신에게서 멀어지게 됩니다. 감정은 사고만큼, 혹은 그보다 더 똑똑하다고 보면 맞을 것입니다. 제대로 생각하려면 제대로 인식한 감정이 꼭 필요합니다. 반면에 억압된 감정은 갖가지 심리적 문제를 일으키는 재료가 됩니다.

무엇보다도 어린 시절에 보호자에게 감정이 정확히 불리는 경험이 중요합니다. 그렇지 못하면 어른이 되어도 감정의 분화가 잘 이루어지지 않습니다. 이것은 지적능력 발달과 꼭 일치하지도 않습니다. 심리학의 연구에는 직업이나 학업, 경제적 수준 같은 현실적인 기능을 잘하는 사람들이 감정을 다루는 영역에서 얼마나 미숙한지를 보여주는 것들이 많습니다. 일상생활에서 효과적으로 잘하는 것과는 또 다른 주제라는 뜻입니다. 매우 지적인 사람들이 의도치 않게 매우 방어적이면서, 심리치료에 저항하는 경우도 흔합니다.

더구나 불안하다면 이런 태도는 더욱 두드러집니다. 불안한 분들은 실제로 자신이 겪는 정서가 압도적이며 위협적이어서, 자기감정을 두려워합니다. 내면의 고통스러운 지점을 건너뛰고 싶기에, 정서를 다루는 것은 엄청난 도전이 됩니다. 내적으로 감정의 인식을 강하게 막아서 정서를 상세히 표현하는 방법과도 멀어집니다. 어느 정도 인식하는 것도 방어하며 의식 밖으로 밀어내려 합니다. 물론, 이런 경우에도 스스로 '난 이제 감정을 부인하고 부정할 거야'라고 의식하지는 않습니다. 하지만 감정을 회피하려 할 때는 확실히 부자연스럽거나 딱딱해지는 느낌을 받습니다. 호흡이 부자연스럽고 근육이 경직되거나, 지금 무언가를 경험하는 자신과 실제 자신을 마치 다른 사람처럼 느끼기도 합니다.

상담치료에서 감정을 표현하는 어휘가 부족한 내담자의 경우, 상담을 효율적으로 진행하기가 어렵습니다. 심리치료의 가장 큰 도구가 감정을 언어로 표현함으로써 복잡하고 어려운 심리상태에 대해 스스로 통제감을 느끼게 해주는 일이기 때문입니다. 치료자가 내담자의 모호하고 혼란스러운 감정을 제대로 명명해줄 때 서서히 감정의 분화가 일어납니다. 자기감정이 자각 속으로 통합되기 시작합니다. 지금까지 여러 방어로 의식에서 차단된 감정을 캐내어 이름을 붙여주는 것입니다.

내담자가 말한 것들 중 정서적 측면에 주목하여 치료자가 다시 말해줄 때, 내담자는 전에는 두루뭉술한 덩어리였던 것들이 세세하게 구분되는 느낌을 받습니다. 또는 희미하던 것들에 형태와 색깔이 나타나는 인식을 합니다. 과거 경험이란 쉽게 자각되는 것이 아니라 언어화된 감정의 도움을 받아야 비로소 명료한 형태가 됩니다.

상담치료가 진행되면서 내담자는 자신의 감정을 더 이상 밀어내지 않게 됩니다. 감정을 말하는 걸 편안하게 느끼게 되며 과거에는 이상하게 받아들였던 감정도 견딜 수 있게 됩니다. 치료자가, 그 어떤 감정도 불가피하고 당연한 것으로 인정해주는 걸 보고, 본인도 자기감정에 대한 수치심을 내려놓으며 기꺼이 노출하려고 합니다. 이 과정을 통해 감정이 생생하게 살게 되고, 고통스러운 감정도 느껴볼 가치가 있다고 받아들입니다.

또한 내면에는 여러 감정이 동시에 존재하고, 심지어는 상반된 감정도 함께 있을 수 있음을 알게 됩니다. 우리는 사랑하면서 증오하거나, 감사하면서 원망하기도 합니다. 어느 하나를 택하고 다른 하나를 버려야 하는 게 아니고, 긍정적인 것만 남기고 부정적인 감정을 없앨 수도 없습니다. 두 감정을 동시에 겪는 것은 마치 어떤 사람도 약점과 강점이 있다는 걸 믿는 것과 같은 이치일 것입니다.

감정과 느낌을 알고 떠오르는 것에 머문다

사례의 새댁이 급격한 불안과 혼란에 빠진 배경도 여기에 있습니다. 언니의 자살이라는 정서적 동요가 큰 사건을 겪고도 그것이 무엇인지를 그대로 경험하지 못했습니다. 서둘러 닫아버리고 심리적 에너지가 엄청나게 동원되는 결혼이라는 일을 치룬 것입니다. 납득이 되지 않는 사건의 이면에는 곤란한 가족사가 있었습니다. 어머니가 두 번의 이혼과 세 번의 결혼을 하면서 그 언니는 아버지가 달랐고, 다른 곳에서 자라다 이 가족에 합류했습니다. 언니는 정서 문제를 앓으면서 공부도 직업도 잘 해내는 것이 없었습니다. 그런데 오래 전부터 이 집안에서는 가족의 문제를 이야기를 하는 건 금기였답니다. 마치 원래 화목하고 아무 문제가 없는 가족처럼 연기 아닌 연기를 하며 살았다는 것입니다.

결혼 후 숨이 막힐 것 같은 불안을 느낀 이유도 같은 지점입니다. 친정의 일들이 위장되어 있으니 신부는 남편에게도 연기를 해야 했습니다. 마음이 슬픈지 외로운지 무서운지 답답한지 어떤 것도 느낄 수가 없습니다. 형제가 병으로 죽은 것과 자살로 죽은 것이 남겨진 가족에게 얼마나 정서적으로 다를지 알 것입니다. 결국 새댁은 감정을 회피하기 위해 술을 마시고 정서적 압박에 함몰되어간 것입니다.

무엇보다도 자신에게 무슨 일이 일어나고 있는지 알아야 삶을 조절할 수 있습니다. 어느 방향으로 갈지 정하려면 내가 어떠한지를 관찰하는 것부터 시작해야 합니다. 자신을 관찰한다는 말은 눈감지 말고 내 안에서 벌어지는 것들을 보는 것입니다. 잠깐 멈추어서 현재 자신의 특정 기분, 감정에 주목해봅시다. 그저 잠잠히 느껴보는 것입니다. "감정이 전혀 없는 상태도 있지 않나요?"하고 묻는다면, 그건 감정이 없다기보다 고요함이나 안락한 상태일 것입니다. 즉 우리가 오감을 열고 있는 한 우리 안에는 무엇인가가 흐르고 있습니다. 그것이 분노이든, 불안이든, 질투이든, 또는 자랑스러움이나 뿌듯함이든 무엇이 있습니다.

느낌을 찾은 다음에는 연달아 떠오르는 장면이 있는지 생각하거나 상상해봅니다. 불쾌해질 수도 있습니다. 저항하여 근육이 긴장하며 순식간에 엉뚱한 장면으로 주의가 옮겨갈 수도 있습니다. 그럴수록 다시 아까의 감정과 장면에 집중하면서 '그런 감정이 있다, 내가 지금 그러하다'고 스스로 상기시키는 겁니다. '이건 내가 원하는 것이 아니야'라고 할지도 모르겠습니다. '그렇다면 진정 원하는 것이 무엇인가?' 하며 찾아봅니다.

이 과정이 너무 생소하고 장면이 이것저것 섞여 잘 잡히지 않을지도 모릅니다. 그럴 때여도 먼저 분석하기보다 그저 무엇이 떠오르는지 주목해봅니다. 어쩌면 나의 진정한 욕구조차도 부적절하다고 애초에 눌러버려 아무것도 떠오르지 않았을지 모릅니다. 금기시해야 하는 욕구가 따로 있지 않습니다. 내 안에 뭔가 온당치 않은 것이 있을지라도 겁먹지 말고 그대로 알아줍니다.

또는 '내가 정말 싫은 것이 무엇인가?'와 연관된 감정을 탐구할 수도 있습니다. 이 질문에 나의 오장육부가 어떻게 반응하는지 보는 것입니다. 신체적 고통이 싫을 수도 있고 자신이 처한 현실이 무척 싫을 수 있습니다. 또는 과거 행동, 현재 내가 가진 불안, 두려움, 걱정들이 싫을지 모릅니다. '싫다'는 감정을 밀어내고 맞서기보다 '이 또한 나의 감정이구나. 어찌되어가나 보자!' 하고 그 자리에 있도록 내버려둡니다. 그러다 보면 그것을 왜 싫어하는지, 무엇에 위협받고 있는지 알게 될 것입니다.

사례의 새댁은 상담을 거치며 자기감정과 생각을 온전하게 경험하고, 덮여 있던 것들을 보게 되었습니다. 실은 어머니에 대한 분노가 얼마나 컸는지, 뒤늦게 가족이 된 언니가 보기 싫어서 얼마나 냉정하게 굴었는지를 보았습니다. 언니의 죽음 즈음 분명히 언니에게서 몇 개의 신호를 받았는데, 자신이 손을 내밀지 않았던 것에 대한 엄청난 죄책감도 고백했습니다. 가족 모두 언니의 죽음까지 왜곡하면서 얻으려는 것이 무엇인지 모르겠다며, 그러는 자신이 싫고, 크나큰 죄 값을 치를 것 같아 두렵다고 했습니다. 부정하지 않고 온전하게 경험해야, 자신이 어디에서 무엇을 하고 있는지 알아야 그 다음 단계로 갈 수 있습니다. 이제 언니의 죽음을 어떻게 다룰지, 남편과의 관계에서 실제로 개선할 문제가 무엇인지, 자신이 다르게 해볼 것은 무엇인지를 다룰 것입니다.

습관적인
행동에

숨은 불안
찾기

모든 사람들이 똑같은 의식 수준으로 살지는 않습니다. 음악을 하는 사람이나 미술을 하는 사람들은 확실히 보통 사람들과는 다른 수준으로 주의를 기울이는 영역이 있습니다. 발레리나는 어떻습니까? 아마도 그들은 신체 말단의 근육에도 남다른 신경이 뻗어 있어 소소한 동작도 놓치지 않을 것입니다. 아마도 심리치료자라면, 상담 중 내담자의 작은 몸짓, 태도, 정서의 기미 등을 포착하는 의식이 더 발달해 있을 것입니다. 이처럼 개인에 따라 비범한 주의 영역이 있는 반면, 둔감한 영역도 있습니다.

이 모든 것들을 습관으로 설명할 수 있습니다. 어느 한 영역을 날마다 같은 방식으로 오랫동안 사용한다면 모든 것이 거의 자동적으로 일어납니다. 우리에겐 자신도 모르는 사이에 습관적으로 가동하는 정신 프로그램이 있다고 볼 수 있습니다. 가장 말단의 행위로는 샤워나 옷 입기, 화장하기와 같은 예를 꼽을 수 있습니다. 아마도 백이면 백 전부, 우리는 자기만의 방식과 순서로 샤워를 할 것입니다. 너무도 익숙해 반쯤 머리를 비우고도, 혹은 온전히 딴생각을 하면서도 충분히 할 수 있습니다.

습관적 자동반응으로 샤워를 하고 화장하는 것이 큰 문제는 아닙니다. 차라리 우리의 주의를 덜어주고, 정신에너지를 아껴주는 이점도 있습니다. 허나, 우리는 아주 중요하고 심원한 영역에까지 이런 태도를 보이기도 합니다. 마음을 사용하는 방식, 상대와 관계 맺는 방식, 갈등 처리, 부정적 감정을 대하는 모습에서 자신도 모르게 과거와 똑같이 합니다. 그중에는 우리가 잘 처리하는 것도 있습니다. 그렇더라도 내가 무엇을 하는지, 어떤 마음과 기대를 가지고 하는지는 알면서 해야 합니다.

익숙한 것이 꼭 유익하지는 않다

어떤 사람은 남들이 보기에는 분명 일 중독인데 본인은 그저 열심히 하는 것이라고 합니다. 평생 이렇게 살아와서 이것이 익숙하다고 말하면서요. 하지만 '익숙하다'고 해서 '내게 유익하다'는 것은 아닙니다. 그저 익숙함이 관성의 법칙처럼 우리 삶을 관장하는 것뿐입니다. 우리가 우울, 불안, 짜증, 스트레스를 겪는 과정도 유사합니다. 비슷한 지점에서 비슷한 정서를 택합니다. "세상에 우울이나 불안처럼 고통스러운 감정을 일부러 선택하는 사람이 어디 있을까?" 물을지도 모르겠습니다. 하지만 처음 한두 번은 우연으로 그 감정을 겪었다 해도, 그 일과 정서를 온전히 경험하지 않은 채 끌려갔다면, 그 다음부터는 그저 익숙하기 때문에 그 상태로 쉽게 들어가게 됩니다.

그 결과, 불안과 함께였던 자극은 어느새 불안을 부르는 자극이 되고, 이제는 불안할 것 같은 예감만으로도 불안해지는 것입니다. 어느 청년이 그룹에서 자기 이야기를 하다가 버벅대며 좌중의 웃음을 산 적이 있습니다. 순간 심장이 쫄깃해지면서 등줄기에 땀이 맺혔답니다. 이것은 유쾌하지는 않아도 많이들 겪는 장면입니다. 자, 이제 그 청년이 이 장면을 온전히 경험하고 분석한 뒤 넘어가는가, 혹은 수치심을 기억하기 싫어 그저 무서운 사건으로 취급하고 넘어가는지에 따라 많은 게 달라집니다.

이후 유사한 상황을 '나는 또 잘하지 못하고 비웃음을 살 장면'으로 보고 회피한다면, 이 청년에게 불안이 습관화된 자동반응으로 나타날 가능성이 높습니다. 이제부터 발표 상황이면 앞뒤 볼 것도 없이 일단 불안해집니다. 뇌의 편도체는 점점 비대해지면서 자동 반응에 더 예민해질 것이고요. 사람들의 아주 미세한 표정까지도 읽으려고 애쓰며 모두 부정적인 증거로 해석할 것입니다. 과거에 그러했으니 지금 여기 있는 사람들도 마찬가지일 거라고 생각합니다.

과잉사고나 반추로 쉽게 빠지는 것도 마찬가지의 과정입니다. 현재 원활하지 않은 상황이 있다면, 이것을 온전히 경험하지 않고 자동으로 익숙한 생각을 곱씹는 방식을 택합니다. 매사에 자각 없이 반의식 상태로 지냈다면 더더욱 반추사고에 의식을 내어줄 공산이 큽니다. 뚜렷이 '무슨' 생각을 '어떻게' 하고 있는지 의식하지 못합니다. 그저 엄청난 양의 생각을 끊임없이 되돌리는 습관 반응으로 그나마 익숙한 안락함을 경험합니다.

어린 시절에 잘 대처하지 못했던 스트레스 경험이 있다고 합시다. 그렇기 때문에 자신이 지금도 그 지점에서 스트레스를 받는다는 건 참 어처구니없는 논리입니다. 미숙했던 어린 나를 이제라도 제대로 바라보는 성숙한 내가 있어야 합니다. 어린 나는 그럴 수밖에 없는 여러 사정이 있었을 겁니다. 인지적으로 미숙했고, 보호자의 힘에 더 휘둘릴 때였으니까요. 하지만 이제는 그게 무엇인지를 다른 관점에서 바라볼 수 있는 어른입니다. 어린 자신과 어른 자신을 구별해낸다면 과거 익숙했던 행동, 태도로 가지 않을 수 있습니다.

어제와 똑같은 오늘을 살고 싶지 않다면

가장 좋지 않은 것이 아무 생각 없이 사는 삶입니다. 왜 우리는 현재에 있지 못하고, 더 의식적으로 살아가지 않는 걸까요? 어느 한 순간이라도 지금 여기에 무엇이 오가는지를 보지 않는다면, 그건 살고 있는 것이 아닙니다. 그렇게 되면 우리는 갈등과 고통의 겉만 보고, 또 그놈이라고 여기며 혼비백산하게 됩니다. 누구나 겪을 만한 일상적인 갈등에도 혼란을 느끼고, 정상적인 욕구조차 이상하다고 느낍니다. 직면하지 않고 곁눈질하며 추정만 하게 됩니다. 그러면서 자동적으로 우울이나 불안이라는 정서적 대응을 하는 것입니다. 그러면서 이번에도 역시나 어쩔 수 없었다고 말하지요.

어떤 장면, 기억, 생각의 순간마다 습관적으로 대응하기 전에 부디 지금 겪는 것들을 의식하기 바랍니다. 마치 묵상이나 화살기도를 하는 사람들처럼 잠시 멈춰 보는 겁니다. '이것에 대한 나의 느낌은 무엇인가? 이 상황에서 내가 힘겨워하는 것은 무엇인가? 진정으로 원하는 것은 무엇인가?' 이렇게 의식을 깨우는 훈련을 하다 보면 이제껏 느낀 감정도, 두려움이나 공포도, 한바탕 분풀이를 하고 싶은 마음도 다 그럴 만한 배경이 있었음을 알게 됩니다.

이제부터 의식하며 살겠다는 결심에는 끊임없는 의지와 실행이 함께해야 합니다. 가장 중요한 것은 '의지'입니다. 동기를 유지하고 실제로 만드는 힘이 거기에 있습니다. 특히 무언가 좋지 않은 상태라면 더더욱 자신의 감정에 집중하려 마음먹어봅시다. '지금 기분이 어때?' 라고 묻고, 형편없는 기분인지, 비참한지 짜증이 나는지를 일단 알아봅시다. 잘 모르겠다면 '괜찮아, 곧 알게 될 거야'라고 자신을 격려하며 부드럽게 심호흡하고 근육을 풀어줍니다. 그런 다음에는 부정적이든, 부끄러운 것이든 '지금 내가 그렇구나!' 하면서 잠시 동안이라도 그 상태에 머무는 것입니다.

자신의 현재 상태에 온전하게 머무는 일은 기분을 다스리고 심리적 건강을 회복하는 데 매우 중요한 작업입니다. 이와 상반되는 태도가 습관적인 반응으로 사는 것입니다. 그것이 어떤 종류고 얼마나 큰지 가리지 말고 주기적으로 자신의 감정을 살피는 것이 좋습니다. '내 감정이 지금(그때) 생각이나 사건과 관련이 있는가? 있다면 어떻게 작용하는가? 실제로 일어난 일에 대한 적절한 수준인가? 아니면 너무 과도한가? 혹은 어느새 습관적인 자동반응을 하고 있는가? 지금의 현실을 과거와 혼동하고 있지는 않는가?'를 확인합니다.

불안이나 두려움 앞에서 '지금 내 마음이 그렇구나!' 하며 그 상태에 있는 것과 계속 불안해 안절부절못하는 것은 무슨 차이가 있을까요? 불안에 머무는 것과 불안에 함락당하는 것의 차이일 것입니다. '큰일 났다. 어쩌면 좋아? 나는 곧 사람들의 놀림감이 될 거야.' 같은 상태는 어떻게든 불안을 막고자 그 속에서 안달복달한 모습입니다. 점점더 그 불안에 빠져들게 되지요. 반면, 불안을 온전히 경험하는 것은 전두엽을 써서 뇌를 조절하는 인간만의 능력이 발휘되는 순간입니다. 다시 말해, 편도체에서 '난리가 났다'며 불안을 키우는 순간, 전전두엽피질이 '그게 무엇인데? 아, 이런 것이구나. 어느 정도로 위험한지 좀더 지켜보자'며 다독이는 것이지요.

전두엽은 불안을 조절하려면 무엇에 주의를 두어야 할지, 어디에 집중할 것인지를 선택하려고 합니다. 그래서 우리가 발표 불안 등에 휩싸일 때 몸이 무엇을 느끼는지 파악하고 숨차게 뛰는 심장에 주위를 기울이기보다는 안심시켜주는 일을 합니다. 그런 다음, 내 심장이 빠르게 뛰기는 하지만 그렇다고 멈추어 버리지는 않으니 주의를 모아 발표하는 일에 집중하도록 합니다. 자신의 긴장된 표정이나 작은 목소리에 몰두하는 주의를 발표 자료로 옮겨서, 오로지 활자에 머물게끔 해서 불안을 낮춥니다.

우리의 뇌(편도체)는 위험 증후에 빨간불을 켜주어 불안을 일으키지만, 이 뇌에 새겨진 불안을 지우는 일이 불가능한 건 아닙니다. 과거에는 어떤 상황에서 불안을 느꼈지만 이제 와 보니 별일이 아니라는 새로운 정보를 지속적으로 주면 됩니다. '이번에는 과거와 달리 안전하다'며 진정시키는 일이 자꾸 일어난다면, 미래에는 그와 유사한 상황이 닥쳤을 때 더 이상 습관적 자동반응으로 불안해지지 않을 겁니다.

의식하며 살아가기

정신의학자 프로이트는 "인간은 드러내기 불편하거나 불쾌한 금기사항들을 잠재의식 속에 효과적으로 숨길 수 있는 특별한 능력이 있다"고 했다. 그래서 알고 있는 것도 모르는 것이 되고, 실제로 느끼는 것도 느끼지 못하는 것처럼 되는데, 이것이 바로 '부인'이다. 자신은 진짜로 모를 수도 있다. 하지만 그것이 사실은 아니다. 어떤 경우에는 당사자는 전혀 모를지라도 곁에 있는 사람 눈에는 보인다. 분명히 화를 내거나 심각하게 불안정한데도 본인만 그렇지 않다고 주장하는 것이다.

스스로에게 진실을 말한다는 건 아주 쉬울 것 같다. 아무런 제약도 없고, 이미 하고 있다고 생각할 것이다. 그러나 대부분의 사람들은 극히 제한된 부분만 진실을 말한다. 자신과의 관계일망정 진실을 마주하면 안정감을 잃는 일이 많기 때문이다. 지금까지 살아온 가치, 신념, 삶의 방식과 마찰이 일어나면서 사고와 감정에 균열이 일어나기도 한다. 그래도 매일 새로운 오늘을 살고 싶다면, 다음 과정을 따라가 보자.

1) 인간의 주의(attention)는 마치 스포트라이트 같은 것이다. 빛이 머물고 있는 곳만 뚜렷이 보이는데, **매번 같은 방향, 같은 지점만 비추면서 다른 것은 없다고 주장하지는 않는지 스스로 물어보자.**

2) 습관적으로 의식의 자동조정 장치를 킨다면 어제와 똑같은 결정과 경험을 하며 또 다른 어제를 살 것이다.

3) **내 정신으로 매 순간 의식하며 살 때 습관에 의한 자동조정 장치를 끌 수 있다.** 내 주의가 과거와는 다른 데를 비출 것이다.

4) **의식과 감각을 온전하게 열어 놓는다는 것은, 일상을 의식적으로 살고 행동하는 것이다.** 이를테면, 의식적으로 샤워하고 칫솔질을 한다. 주의를 모아 설거지하면서 물살의 느낌과 그릇의 뽀득거림을 감각할 수 있다. 의식적으로 밥을 씹거나, 맛을 느끼거나, 걸음을 걷거나 계단을 오를 수 있다. 내가 의식하는 만큼이 내가 살아 있는 것이다.

아이 때문에 불안장애가 온
16년차 주부 이야기

"어젯밤에도 혼자 있는데 갑자기 불안해졌어요."라고 말을 시
작하는 부인은 초등학교 5학년 아들을 둔 결혼 16년차 주부였
다. 늦게 얻은 아들이라 그런지 어릴 때부터 아이 생각만 하면
늘 마음이 간당간당했다 한다. 그래서 불교대학도 다니고, 스님
들이 주관하는 프로그램이나 강의도 들으면서 많이 내려놨다고
생각했는데, 요즈음 다시 힘들어지고 있다. "왜 하필 지금인가
요?"라는 치료자의 질문에 잠시 머뭇거리더니 "아이가 옛날과
달라졌어요. 이제 한마디 하면 듣지를 않아요. 꼭 그래서 불안
한 건 아니지만…" 하며 말끝을 흐린다.
부인에게 불안할 때 드는 주된 생각을 묻자 '아이가 잘못되는
것'이라 답했다. 다시 잘못되는 것이 무엇인지 묻자 '아이가 말
을 안 듣는 것'이라는 것이다. 마치 끝말잇기 게임을 하는 것
같아, 다시 부인에게 "아이가 잘못되는 것과 관련된 모든 불
안한 생각을 말해보세요."라고 청했다. 치료자와 함께 "그래서
요? 그리고요? 그 다음은요?"를 반복하며 '아이가 말을 안 듣
고 제멋대로 하다가 사고라도 치면 선생님이나 다른 엄마들에
게 싫은 소리를 들을까 불안하다'는 부인의 생각을 확인했다.
다시 사고를 치는 게 무엇이냐고 묻자 부인은 '아이들과 어울

226

리다 공부도 덜하고, 남자아이들끼리 티격태격하거나 학원에 빠지고 딴짓하는 것'이라고 답했다.

이런 아이의 모습과 부인의 불안을 연결시켜보기를 청했다. 부인은 "그러면 사람들이 나보고 아이를 잘못 키웠다고 할 것 같아서요."라고 말했다. 긴 탐색 끝에 우리가 도달한 지점에는 아이를 잘 키우지 못했을 때 받게 될 비난, 비교, 평가에 대한 불안이 있었다. 그래서 부인은 아이의 교육에 매달리며, 행여 무언가 지적받을까 전전긍긍했던 것이다. 그 이면에는 자신의 열등감이 들통날지 모른다는 공포가 있었다.

끝까지
다가가는

용기를
발휘하자

우리는 영화를 보면서 끔찍하거나 무서운 장면이 나올 것 같을 때 고개를 돌리거나 눈을 가립니다. 감당하기 힘든 무언가가 나올 때도 얼른 고개를 돌립니다. 스스로 보호하려는 행동이겠죠. 인간의 정신도 비슷하게 움직입니다. 두렵거나 곤혹스러운 장면이 올 것 같으면 거리를 두려 합니다. 그 간격에서 활개 치는 것이 바로 불안입니다.

불안은 맞닥뜨려야 할 것을 피하는 일종의 회피라고 했습니다. 불안 상태도 극히 고통스럽지만, 극악한 이미지를 보는 것보다는 덜 고통스럽다고 여깁니다. 불안은 격렬한 두려움을 희석시켜 소화하려는 의지일 수 있습니다. 하지만 그렇기 때문에 매번 같은 지점에서 멈춥니다. 다음번에도 나아지거나 달라지는 것이 없습니다. 매번 심하게 불안하고 걱정은 하는데 상황은 답답한 반복입니다. 어쩌면 5년 전에도, 10년 전에도 지금 걱정하는 일로 불안해하지 않았을까요? 게다가 막상 펼쳐지는 사건들은 예상과 달리 치명적이지 않습니다. 하지만 마치 자신이 열심히 불안해하며 피했기에 이 정도인 양 그 자리에 머뭅니다.

그래서 '최악의 시나리오에 직접 대면하라'는 것은 고대 철학자들의 접근법이기도 합니다. 불안이든, 걱정이든, 두려움이든, 분노든 그 어떤 부정적 정서로부터 도망가는 일을 멈춰야 합니다. 불안을 이겨내는 방법은 하나입니다. 염려하는 문제의 진실을 면밀하게 조사해서 확실하게 파악하는 일. 이 불안이 어디로 와서 흘러가는 것인지 제대로 아는 것뿐입니다. 진지하게 끝까지 불안해봅시다. 겉으로 드러난 불안 대상이 먼저 보이겠지만, 드러나지 않는 불안을 살피는 것이 더 중요합니다. 정말로 내게 의미 있는 문제는 거기에 있을 것입니다.

러시아의 심리학자 자이가르닉의 잘 알려진 실험이 있습니다. 아이들에게 퍼즐 맞추기나 점토놀이, 구슬연결하기 등 몇 개의 과제를 내줍니다. 그 다음, 어떤 것은 다 마치게 하고, 어떤 것은 중간에 그만두게 했습니다. 얼마 후 아이들에게 앞서 내준 과제를 떠올려 보라고 했더니, 다 마친 과제에 비해 중도 포기한 과제를 두 배 더 많이 말했습니다. 이 실험 결과는 우리가 일상장면에서 중단한 행위에 대해 더 잘 기억하고 곱씹는 것과도 비슷한 장면입니다. 심리학에서는 이 자이가르닉 효과(혹은 미완성 효과)에 대해 심리적 긴장 상태와 관련지어 말합니다. 즉 집중하던 과제를 마치지 못하면 뇌의 긴장 상태가 그대로 유지되어 기억에 오래 남는다는 것입니다. 즉 '생각을 딱 끊을 수 없어' 미진하게 남은 마음인 것입니다.

또 다른 흥미로운 실험은 세 집단 중 A그룹에게는 최근에 끝마친 과제를 적도록 하고, B그룹에게는 아직 끝내지 못했지만 끝내야 하는 일을, C그룹에게는 끝내지 못한 일과 함께 앞으로 그 일을 어떻게 마칠지의 계획도 함께 적게 했습니다. 그 다음 소설책 10쪽을 읽게 하고, 거기에 얼마나 집중했는지, 내용을 얼마나 이해했는지, 만약 집중하지 못했다면 무슨 생각을 했는지 테스트했습니다. 끝내지 못한 과제를 적은 B그룹은 구체적인 계획을 세운 C그룹에 비해 소설에 대한 집중력이 많이 떨어졌습니다. C그룹은 산만하지 않았고, 소설 이해도도 높았습니다. 비록 일을 다 끝내지 못했어도, 구체적인 계획을 세우면 그 일을 마친 사람들과 유사한 심리상태가 된다는 실험결과입니다.

최악을 가정하고 대응책을 찾아보다

불안할 때 우리의 마음도 이렇게 쓰는 편이 낫습니다. 제대로 불안하자는 말입니다. '내가 지금 불안한 문제'를 그대로 받아들입니다. 슬쩍 훔쳐보고 안심하는 지점으로 휙 넘어갈 것이 아니라 모든 가능성을 펼쳐보는 것입니다. '그런 일이 일어날 수도 있지!' 하며 그로 인한 결과를 상상해봅니다. '완전 실패! 완전 거부!'라는 최악의 시나리오가 펼쳐져도 '좋아, 그러면 난 어떻게 될까? 뭘 하면 되지?'하면서 생각의 끝까지 따라가봅니다. 이를 통해 처음으로 자신의 불안 내용과 결과가 생각보다 견딜 만하다는 것을 경험으로 알아챌 수 있습니다.

어차피 일어나지도 않은 일에 불안해하고 있으므로, 섣부른 안심은 도움이 되지 않습니다. 오히려 최악까지 가정해보면 그토록 불안한 것들의 실체가 별것이 아니었다는 진실을 마주하게 됩니다.

또, 생각의 끝을 가보면 해결해야 할 진짜 실체를 만나게 됩니다. 사례의 부인은 여러 질문 끝에 아이와 관련된 최악의 상황이 결국 부인이 받게 될 나쁜 평가임을 알게 되었습니다. 이와 관련된 부인의 역사는 꽤 깊었습니다. 부인은 어릴 적 "왜 그렇게밖에 못하냐?"는 말이 가장 싫었답니다. 초등학교 저학년 때부터 어머니를 많이 도와야 했는데, 놀지도 못하고 일해도 돌아오는 것은 질타였습니다. 어머니는 자신을 잘 돕지 않는다고 질책했고, 할머니는 사촌들과 비교하면서 똑똑하지 못하다고 지적했습니다. 부인은 집안일을 덜 돕고 공부에 매진하면 훨씬 성적도 오를 텐데, 누구도 그 사정을 알아주지 않았답니다. 결과적으로 부인은 학업이나 직업에서 좋은 성과를 거두지 못했고, 결혼 당시 시어른들이 부인의 조건을 두고 반대했답니다. 아이를 낳으면서 부인은 큰 결심을 했습니다. "아이만큼은 두 시누이의 아이들과 비교해도 뒤지지 않을 만큼 똑 부러지게 키울 것이다."란 결심을요. 그래서 모든 힘을 동원해 아이를 키웠는데 아이가 사춘기가 되며 자기주장을 하고, 친구들을 더 좋아하자 부인은 덜컥 겁이 난 것입니다.

이처럼 불안과 동시에 떠오르는 모든 자료와 증거를 살펴야지만 내가 우려하는 진짜 문제를 볼 수 있고, 최악의 시나리오를 고려해야 대응책을 마련할 수 있습니다. 그러면, 불안을 가져온 그 주제에 대한 일을 완수한 기분이 듭니다. 비로소 불안에 대한 통제력을 가졌다는 자신감이 생기면서, 불안에서 벗어나는 첫걸음이 될 것입니다.

하나씩
차근차근

따라해 보자

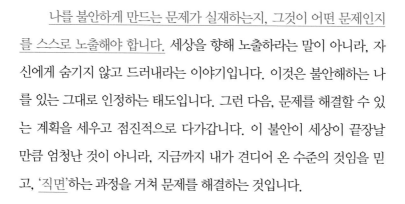

　　나를 불안하게 만드는 문제가 실재하는지, 그것이 어떤 문제인지를 스스로 노출해야 합니다. 세상을 향해 노출하라는 말이 아니라, 자신에게 숨기지 않고 드러내라는 이야기입니다. 이것은 불안해하는 나를 있는 그대로 인정하는 태도입니다. 그런 다음, 문제를 해결할 수 있는 계획을 세우고 점진적으로 다가갑니다. 이 불안이 세상이 끝장날 만큼 엄청난 것이 아니라, 지금까지 내가 견디어 온 수준의 것임을 믿고, '직면'하는 과정을 거쳐 문제를 해결하는 것입니다.

　1. 스스로 불안해진다는 느낌이 올 때, 멈추어서 자신의 불안 내용을 살펴봅니다. 어떻게 이 마음이 되었는지 호기심 있게 보는 것입니다. 어떤 생각, 감정, 감각을 겪고 있나요? 이와 유사한 상태

가 맨 처음 시작됐을 때를 돌이켜 추적해봅시다. 차분함을 느낄 때의 나와 어떻게 다릅니까? 불안하지 않을 때의 나는 어떠합니까? 그때가 언제였습니까? 그러다가 어떻게 되었나요? 무엇을 보거나 들었습니까? 어떤 일에 대한 반응인가요? 불안이 시작된 후 어떤 감정과 감각이 뒤따라왔나요? 그러면서 자신에게 한 말은 무엇인가요?

2. 자신에게 유익한 말을 하면 내가 원하는 기분과 행동에 이르는 데 도움이 됩니다. 부정적인 말들을 하면 당연히 부정적인 기분이 됩니다. 불안한 느낌에는 그럴 만한 이유가 있습니까? 뚜렷한 이유 없이 나타나는 것은 아닙니까? 불안한 느낌이 불안을 유발하는 원인보다 먼저 나타난 것은 아닌지 살펴봅시다. 불안을 일으키는 이 생각이 사실입니까? 나쁜 일이 일어날 것이라는 생각은 사실에 부합합니까? 미리 걱정하는 것이 가치 있습니까? 있다면 무엇입니까? 실제로 문제가 생겼을 때, 내가 알아차리지 못한 적이 있습니까? 예상하는 사태가 일어날 가능성은 0~100의 확률 사이에 얼마쯤입니까? 100%에 가깝다고 한다면, 그 사태의 결과는 정말로 그렇게 최악입니까?

3. 자신의 생각을 습관적으로 점검합니다. 기분이 나쁘면(불쾌하면, 슬프면, 긴장되면), 지금 자신이 무슨 생각을 하는지 살펴봅니다. 지금 나의 생각이 이 사건에 따른 것입니까? 이 생각이 내게 유

익하게 행동하도록 도와줍니까? 그렇지 않다면 대체할 수 있는 생각을 찾습니다. 무엇이 더 현실적인 생각입니까? 조금이라도 이전 것보다 내게 도움이 됩니까? 자신의 생각을 비판적으로 캐묻는 습관이 필요합니다. '이 생각이 사실과 맞는가?'라는 질문에서 감정적으로 그렇게 느껴지는 것은 제쳐두고, 확실히 사실에 부합하는지를 점검하는 것이 가장 중요합니다. 그럼에도 불구하고 부정적인 생각이 계속 든다면, 몇 십 번이라도 계속 뿌리칩니다. 사로잡히지 않겠다는 결정을 의식하면서 스스로에게 도움이 되는 생각으로 바꾸고, 또 바꿉니다. 나의 뇌가 유익하지 않은 생각에 오래 머물지 않도록, 곧장 대체 사고로 바꾸는 것이 관건입니다.

4. 건강한 생각은 사실에 근거합니다. 불안하게 만드는 건 일이 아닌, 일에 대한 나의 관점인 경우가 대부분입니다. 화창한 주말 오후에 극도의 불안증상을 보이는 분이 있었습니다. 그토록 좋은 날씨에 자신만 사람들과 연결되지 못하고 혼자 주말을 보낸다는 생각 때문이었습니다. 이것은 자신의 성격문제 때문이고, 패배자라는 증거로 보았습니다. 화창한 주말에 불안해진다는 그분의 생각은 사실이 아닌 자기감정에 근거한 것입니다. 내 부정적인 감정과 경험이 곧 사실은 아닙니다. 사실은 점검할 수 있지만 감정과 경험은 그럴 수 없습니다.

감정을 빼고 사건만 바라봅니다. 사건을 감정 없이 바라본다면,

그것이 불안해야 할 이유가 아님을 깨닫게 됩니다. 또한 그것이 나의 숨을 옥죌 사건이 아니라는 사실도 알게 됩니다. 이분도 사건을 사건으로만 보고 문제에서 나오려 한다면 해결 행동을 찾을 것입니다. 이를테면, '주말에 혼자 있지 않기 위해서, 누군가를 만나려면 어떻게 해야 하나? 비교적 쉽게 참여할 수 있는 모임에는 어떤 것이 있을까?' 식의 답을 찾으려는 시도를 할 것입니다.

5. 잠시 동안 복식호흡을 하고 근육을 이완시킵니다(다음 장에서 호흡, 이완, 명상을 더 설명하겠습니다). 우선 몸과 정신의 상태를 이제까지와는 다른 차원으로 만든 다음, '생각 멈추기'를 실시합니다. 일단 "멈춤"이라고 크게 소리를 낸 후 빈 노트를 꺼냅니다. 자신의 불안을 한 페이지에 한 가지씩만 적습니다. 일단 제목만 적는 것입니다. 더 세세하게 생각이 나도 제목만 적고 다음 장으로 넘깁니다. 열 가지 혹은 백 가지일 수도 있습니다. 앞 페이지에 적은 것을 말만 바꾸어 적을 때는 '패스'하고 종류가 다른 불안을 적어야겠지요. 이제 나의 모든 불안은 이 노트에 있습니다. 결국 노트 한 권도 되지 않는 것들이었습니다. 내 불안은 이 안에 다 있고, 원할 때 언제든지 열어볼 권한도 내게 있습니다.

6. 이제는 먼저 떠오르는 불안이 적혀 있는 페이지로 가서 그것과 관련된 모든 것을 아주 세세하게 적습니다. 한꺼번에 다른 페이지에 있는 불안까지 검토하지 않습니다. 한 페이지에 끝까지 머

물면서 그것의 바닥까지 낱낱이 생각하고 또 적습니다. 당연히 최악의 상황까지를 꺼내봅니다. 생각의 마지막은 '그래, 그렇구나!'로 정합니다. 지금 내 안에 있는 것이니 있다고 하는 것입니다. '불안하지만, 그래서 미칠 것 같지만, 일단은 그래 그렇구나!'라고 생각합니다.

7. 내게는 불안의 저장고가 생겼습니다. 내게 들러붙은 불안의 요소들을 떼어내서 눈으로 보는 듯합니다. 아마도 이 노트를 뛰어넘는 불안은 내게 없을 것입니다. 기껏 새로운 주제가 터졌다고 펄펄 뛰다가도 노트를 펴보면 분명 똑같거나 유사한 주제가 이미 적혀 있을 것입니다. 이제 어떻게 구체적으로 대응할지를 궁리합니다. 어떤 시도도 문제를 한 번에 해결해주지는 않습니다. 일단은 아주 조금 낮게 만드는 방법을 궁리합니다.

8. '무엇을 해봐야지!'하다가 혹시 이것이 잘못된 결정이거나, 오히려 역효과를 내면 어쩌나? 하는 의구심이 생길 때, 이와 싸워야 합니다. 어떤 방법도 완전하지 않지만 안 하는 것보다는 낫습니다. 또한 '무엇을 해볼 것인가?'로 관심이 생긴다면 근심으로 가득 찼던 나의 뇌가 이제 건설적인 방향으로 움직였다는 의미입니다. 자문을 구하거나 정보를 찾으려고 뇌는 움직일 것입니다. 문제를 행동으로 연결시킨다는 것은 'A라는 문제가 생긴다면 나는 B를 할 것'이라는 통제력을 지닌 상태가 된 것입니다. 또한, 실제

로 B를 했다면 불안을 유발하는 환경은 이미 과거와 다른 상태가 되었다는 뜻입니다.

세상의 모든 감정들은 실재하는 것이고 이해하지 못할 것은 없습니다. 불안 또한 수용하는 것이 도전의 첫 걸음입니다. 세상의 시선이 아닌, 내 안에서는 모든 것이 다 있을 수 있습니다. '내가 그러하다'는 것을 받아들이는 것이 무엇보다 선행되어야 합니다. 감정은 누르는 것이 아니라 관심을 갖고 이해하는 것입니다. 부정적 정서가 전혀 없는 상태의 사람은 없습니다. 다만 무엇이 혼란스러운지, 무엇과 무엇이 연결되는지 알아가면서 살 뿐이지요. 과도하게 한쪽으로 치우치거나, 불안정해 삶이 유익하지 않은 방향으로 흐르지 않도록 중심을 잡아가며 사는 것입니다.

자신의 문제와 한계를 받아들이면, 그때 비로소 변화에 대한 노력을 시작할 수 있습니다. 내 감정을 인정하고, 생각을 생각하면서, 바람직하면서 구체적인 행동들을 하게 됩니다. 내가 범한 실수를 실수로 인정하고 똑바로 볼 때, 거기서 배울 것이 눈에 들어오는 것과 같은 이치입니다. 내가 받아들이지 않는 실수는 늘 그 자리에서 우리 삶을 방해합니다.

실수와 실패를 대하는
나만의 방식 찾기

나의 삶이 제대로 굴러가기 위해서는 내게 있는 문제가 다 해결되어야 한다고 생각하는가? 좋은 삶을 생각하면 내가 못하고 있는 영역부터 떠오르면서 불만족감에 휩싸이는가? 해결해야 할 문제가 늘 있는 나는 실패자인가?

만족스럽지 않은 현재, 혹은 또 한 번의 실패는 내게 무엇일까? 이것이 내 삶에 미치는 영향은 오로지 나의 선택과 결정에 달렸다. 과거가 영향을 미치는 것은 언제나 '여기까지'다. 여기서부터는 오로지 나에 달렸다. **실수와 실패 앞에서 나와 내가 갖는 관계의 핵심**은 현명한 어머니가 자녀를 대하는 태도와 같다. **절대로 무심하게 모른 척하지는 않아도, 혹독하게 비난하며 몰아세우지 않는다.** 열두 번에 열두 번을 실패한다고 해도 마찬가지다.

1) 자신이 잘하지 못한 것들이 꼬리를 물면서 떠오르고 침체되어갈 때, **그에 휩쓸리지 말고 그 장면을 제대로 복기한다.** 마치 현명한 엄마에게 상황 설명을 하듯, 당시 생각과 감정, 행동을 구분해서 설명한다. 설명하면서 과거의 나와 조금이라도 다르게 한 것들을 찾는다.

2) 후회와 자책의 진술. 예를 들어 '그렇게 하지 말았어야 해!'하는 말이 먼저 떠오른다면, 순간 **"이제는 이렇게 하겠어."**라는 말로 바꾸고, '다음에는 저렇게 할 거야.' 같이 **구체적인 행동을 계획한다.**

3) '그들이 저렇게 하면 어떡하지?' 하면서 다른 사람들의 반응이 신경 쓰일 때, 잠시 숨을 고르고 **'그들이'** 아닌 **'나'를 주어로 문장을 재구성한다.** '이번에는 내가 이렇게 할 거야. 다음부터 나는 여기까지는 할 거야.'와 같은 말들이다.

4) **가능한 매 순간을 자각하며 스스로 이전과 다른 시도를 하고 있는지 검토한다.** 세상에 내가 통제할 수 있는 대상은 언제나 나뿐이어서 그렇다.

Chapter 06

불안을 떨치고 오늘을 사는 것, 일상이 열쇠다

불안에서 앞으로 나아가는 과정은 마치 마구 쑤셔 박아 놓아
벽장을 정리하는 일과 같습니다. 정리되지 않은 벽장은
이미 벽장의 기능을 상실했습니다. 어디에 무엇이 있는지,
혼란스럽고 필요할 때 원하는 것을 찾을 수 없을 뿐더러
자칫 더 헤매기 일쑤였지요. 앞에서 살펴본 과정으로
내 마음의 벽장을 잘 정리해가면 미처 몰랐던 여유 공간이
나올 것입니다. 그러면 이제부터 더 잘 활용할 수 있습니다.

하지만 가장 중요한 것은 다시 엉망으로 만들지 않도록
날마다 관심을 가지고 사는 것입니다.
우리는 계속 변화하는 상황 속에서 여러 이유로 불안을
만납니다. 그 불안의 핵을 이해했다면 나머지는 날마다의
실행입니다. 한 번의 이해, 자각, 통찰로 내가 달라지지
않습니다. 날마다 다르게 행동할 때 비로소 다른 삶으로
조금씩 옮겨가는 것입니다.

가족 갈등으로 힘들어하는
남자의 이야기

추석을 보낸 뒤 더 의기소침해진 A씨는 며칠째 잠을 못 잤다고
했다. "마음의 준비를 한다고 했는데, 아직 내공이 덜 쌓였나
봅니다."하며 씁쓸하게 웃는다. 아버지가 일찍 돌아가시고 외
갓집에서 얹혀 살았던 A씨는 외삼촌을 아버지로 대하며 자랐
다. 어머니는 돈을 벌어야 해서 집을 비울 때도 많았는데, 이모
들과 삼촌은 어린 A씨에게 그다지 친절하지 않았다. 굳이 A씨
한테만 그런 건 아니고, 할아버지, 할머니서부터 식구들이 작은
실수에도 소리를 치고 비아냥거리는 성향이었다.

식구들은 모여서 이 친척 험담을 하거나, 저 식구 약점을 이야
기했고, 당연히 돌아가신 아버지나, 얹혀 사는 어머니의 험담도
했다. 지적을 당하지 않으려 늘 신경 쓰고 눈치 보는 것이 어
린 A씨에게는 당연한 적응이었다. 어느 순간부터는 그것이 대
인관계의 기본인 듯 살아왔던 것 같다. 문제는 A씨가 결혼하고
나서의 생활이었다.

아내는 한 번씩 A씨에게 사람이 어쩌면 그렇게 배려심이 없고
자기밖에 모르냐고 진저리치면서 도무지 사랑받는다는 느낌이
안 든다고 소리를 쳤다. A씨 입에서 나오는 말들은 전부 지적
과 불평이고, 매사에 냉소적이라 곁에서 숨을 쉬는 것도 검열

받는 기분이라는 말이다. 초기에는 아내에게 '괜한 타박'이라고 더 세게 나갔지만, 시간이 가면서 자신이 잘못되었다는 느낌이 들었다.

A씨는 아내뿐 아니라 다른 사람들에게도 진심으로 믿거나 좋아하는 감정이 거의 없고, 또 직장일이 아니라면 이렇다 할 대인관계가 없다는 걸 깨달았다. 누구를 만나도 곧 그 사람의 단점, 비난거리들이 보여서 관계에 공을 들이지 않았다.

한 번씩 외가를 다녀올 때마다 기분이 석연치 않은 것은 어머니와 자신의 떳떳하지 못한 입장 때문으로만 여겼는데, 이번에 보니, 그들의 언어와 대응이 놀라울 정도로 부정적이었다. '네 주제에… / 그러니까 네가 글러먹은 것이고… / 인생 그렇게 살면 안 되고…' 그들의 말 어디에도 불우한 환경에서도 제 몫을 하고 사는 조카에 대한 자랑스러움이나 애잔함은 없었다. 자신은 그런 환경에서 그런 말들을 듣고 흉내 내며 30여 년을 살아왔던 것이다. 분명히 자신에게 그들의 언어와 행동들이 담겨 있을 것이고, 이제는 자신도 그런 태도로 살고 있다며 허탈하게 웃었다.

내가 어떻게
활동하느냐에 따라

뇌가 변한다

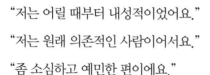

"저는 어릴 때부터 내성적이었어요."

"저는 원래 의존적인 사람이어서요."

"좀 소심하고 예민한 편이에요."

상담치료에 오는 내담자들이 자신에 대해 하는 말들입니다. 이 모든 말들에 담긴 숨은 뜻 하나는 바로 성격과 태도가 이미 결정되어 있고, 바꿀 수 없다는 것입니다. 인간의 태도와 성격을 바꿀 수 없다면 현재보다 더 편안하고 행복한 삶에 대한 말들이 무슨 의미가 있겠습니까? 그에 따른다면 결국 우리는 타고난 것들과, 과거의 피해자로 살아가야 한다는 결론에 이릅니다. 사람의 성격과 태도가 유전자 영향을 받을 수밖에 없지만, 그렇다고 '모든 것은 정해졌다'가 의미 있는 견해는 아닐 것입니다.

🔵 뇌는 죽을 때까지 길들이기 나름이다

지난 수십 년간 뇌 과학이 발견한 수많은 사실 중 가장 흥미로운 것은 인간의 뇌가 고정된 조직이 아니라 살아 있는 동안 계속 변화하는 유연한 기관이라는 내용입니다. 20세기 중반까지만 해도 과학자 대다수는 인간의 뇌가 사춘기 이후에는 발달을 멈추는 조직이라고 보았습니다. 하지만 자기공명영상(MRI), 기능성자기공명영상(fMRI) 같이 뇌 속을 자세히 들여다볼 수 있는 첨단 장비가 개발되면서 그 생각들이 바뀌었습니다.

연구에 의하면 택시 기사들의 뇌는 일반인들의 것에 비해 해마가 훨씬 크고 발달해 있다고 합니다. 해마는 공간기억력과 관련 있는 부위라서, 운전하며 그들이 계속 이 영역을 사용하기 때문입니다. 또는 사고로 시력을 잃은 후 점자책을 읽는 성인의 경우 오른쪽 검지를 건드렸을 때 뇌의 시각을 맡은 부위가 점화되었다는 관찰도 매우 흥미롭습니다.

또한 명상을 하고 난 뒤에 뇌를 관찰했을 때 유의한 변화를 보였습니다. 즉, 주의력이 개선되고, 스트레스 조절이나 충동억제 등 자기절제 영역이 변화되었고, 목표에 집중하며 불필요한 것을 무시하는 일을 맡은 뇌 영역 간 신경연결이 강화되었다고 합니다. 다시 말해, 성인의 뇌도 살아가는 태도와 자극 방식에 따라 달라진다는 것입니다.

뇌의 이런 성질을 설명할 때 쓰는 용어가 '뇌 가소성'입니다. 인간이 기억하고 학습할 수 있는 것은 바로 뇌의 유연성 덕분입니다. 뇌의 신경세포에는 시냅스라는 것이 있습니다. 이것은 신경돌기 말단에 있는데 다른 신경 세포와 접하며 서로 신호를 전달하는 역할을 합니다. 촬영으로 성인의 뇌 시냅스를 확대해보면 다양한 크기와 모양을 관찰할 수 있습니다. 뇌의 가소성은 이 시냅스가 관여하는데, 신경세포 사이의 연결이 부드러워질 필요가 있을 때면 시냅스 모양이 바뀐다고 합니다. 아울러 이런 변화는 살아 있는 내내 노년기까지 일어난다고 합니다.

이것이 의미하는 바는 실로 엄청납니다. 우리가 날마다 의식적으로 선택하는 활동에 따라 우리 뇌가 달라진다는 뜻이니까요. 일상에서 우리는 '다행이다'를 선택할 수도 있고, '맨날 이 모양이야'를 선택할 수도 있습니다. 만약 "다행이다"를 말하며, 내가 누리고 있는 것들에 감사를 느끼는 등 긍정적 행동들을 반복한다면 뇌는 다행과 감사의 활동에 대해 더 잘 반응하는 기반을 만듭니다. 이후 다른 상황에서도 이 사람은 이전에 만들어진 뇌 기반을 써서 다행과 감사라는 활동을 선택할 가능성이 높을 것입니다.

마찬가지로 만성적인 비판과 자책, 불안과 걱정의 감정을 자주 선택한다면, 이러한 정서를 담당하는 신경회로가 자주 일하고, 뇌는 이런 정서에 익숙해집니다. 당연히 이후에 불안과 걱정이 우리 뇌를 장악할 가능성은 커지는 것입니다.

과도한 불안에 시달리는 사람들은 실수할까 봐, 견디기 힘든 일이 생길까 봐 항상 경계하고 있습니다. 지나치게 경직되어서 잠재된 문제를 찾는 데 온 신경을 동원합니다. 그렇게 되면 어떤 기쁜 일이나 행복한 일에 활용할 두뇌의 여백이 없어지면서, 불안에만 잘 반응하는 뇌로 만들어가고 있는 셈입니다.

　우리는 흔히 이미 만들어진 신경세포의 연결을 바꾸기는 어렵다고 생각하지만 불가능한 일이 아닙니다. 뇌는 어떤 정보가 들어오든 그것을 처리하고 저장합니다. '옳은가? 옳지 않은가?'는 사실 뇌와 상관이 없습니다. 맛있는 음식을 상상만 해도 입 안에 침이 고이고 그 음식에 대한 갈망이 생깁니다. 그때 음식을 먹는 상상을 상세히 오래하면 오히려 음식에 대한 갈망이 줄어듭니다. 이처럼 우리의 뇌는 때때로 어리석어서, 행동을 상상하는 것과 행동을 하는 것의 차이를 잘 구분하지 못합니다. 그래서 '뇌를 속일 수 있다'고 이야기합니다.

　뇌는 하루 종일 주변 환경의 자극을 지각하고, 해석하고 이에 반응합니다. 어떤 상황이나 사람의 사소한 단서, 표정이나 몸짓, 목소리에도 의미를 찾아내고 기존의 데이터에 비추어 분석하며 가치를 부여합니다. '그렇게 해석된 감정'은 다시 자신의 감정과 통합됩니다. 만약 다른 사람의 미소를 보고 따라서 미소 지으면 우리의 뇌는 행복하다고 느끼면서 쾌감을 자극하는 호르몬이 나옵니다. 그래서 믿을 만한 친구에게 도움을 청하고 친구의 온화한 표정을 보고 위로받았을 때 마음이 한결 가벼워지는 것입니다. 이때 미소에서 더 나아가 행동과 태도까지 바꾼다면 우리의 감정에 더 직접적인 영향을 미칩니다. 다시 말해, 행복한 표정과 행동과 태도가 뇌의 그 영역을 자극해서 실제로 우리 마음을 행복하게 만듭니다. 요는 우리가 무엇을 보고, 무엇을 하기로 선택하는지에 달려 있습니다.

　현재를 사는 우리의 행동과 결정들은 뇌 속의 두 자아가 벌이는 경쟁의 결과물로 볼 수 있습니다. 우리에게는 본능적인 뇌의 자아가 있고, 이성적 뇌의 자아가 있습니다. 이제 인류는 맹수의 위협 앞에 도망치는 환경에서 살지 않으니, 이성적 자아에게 모든 것을 맡겨도 되건만, 여전히 변연계가 막강한 힘을 행사합니다. 심지어 이성적 자아가 나오면 좋을 때에도 먼저 손을 써버리지요.

● 새로운 경험을 입혀서 불안한 뇌를 완화시키다

현대를 살아가는 우리가 스트레스에 휘청거릴 때 이성적 자아로 당면한 문제들을 현명하게 해결하면 참 좋을 것입니다. 하지만 이런 상황이 되면 우리 몸은 독성이 강한 스트레스 호르몬인 코티솔을 분비하고, 변연계의 편도체가 활성화됩니다. 사소한 자극에도 경보 시스템이 울릴 기반이 되어버리는 것입니다. 더 이상 생각하고 행동하는 것을 기대할 수 없으며, 보다 본능적인 반응이 튀어나올 것입니다.

뇌가 감정적 반응을 넘어서 더 현명한 판단을 하려면 전전두엽의 의사결정 기능이 발휘되어야 합니다. 그래서 평상시에 전전두엽의 정신과정을 강화하는 일이 중요합니다. 그것은 바로 자기불안의 정체, 그 이면을 이해하는 것입니다. 내 안에 어떤 주제가 해결되지 못한 채 있고, 어떤 외부 단서에 잘 걸려드는지 알아야 합니다. 불안의 초기 단서를 이해하고 대응방법을 알아보는 것입니다.

그렇게 되면 편도체는 외부 자극에 대해 과거와는 다른 대응을 하게 됩니다. 그러면서 차차 안정감을 얻는 방법에 익숙해집니다. 결국 '다르게 실행하기'가 뇌 변화의 궁극적인 목표입니다. 무심히 내뱉는 혼잣말조차 다르게 해보는 것이 민감해진 편도체를 변화시키는 데 유용합니다. 만일 지금 조금만 위태로워져도 불안을 폭발시키는 뇌라면 '조금 더 견디었다', '다르게 대응했다'는 새로운 경험을 통해서 점차 완화시켜 봅시다. 그러면 뇌는 위험에 대한 대처는 하되, 부정적인 감정에 과도하게 반응하는 일은 줄어들 것입니다.

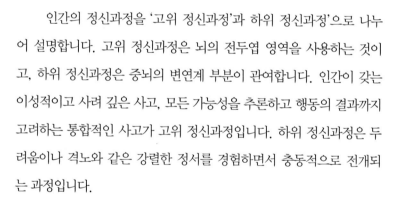

의식하는
기억과

의식하지 못하는 기억을
통합하다

인간의 정신과정을 '고위 정신과정'과 하위 정신과정'으로 나누
어 설명합니다. 고위 정신과정은 뇌의 전두엽 영역을 사용하는 것이
고, 하위 정신과정은 중뇌의 변연계 부분이 관여합니다. 인간이 갖는
이성적이고 사려 깊은 사고, 모든 가능성을 추론하고 행동의 결과까지
고려하는 통합적인 사고가 고위 정신과정입니다. 하위 정신과정은 두
려움이나 격노와 같은 강렬한 정서를 경험하면서 충동적으로 전개되
는 과정입니다.

하위 정신과정은 사소한 단서에도 쉽게 발화되어 급속하게 그 과
정에 빠져드는 특성이 있습니다. 마치 일단 수도관에 들어간 물이 그
라인을 다 통과할 수밖에 없는 것처럼, 일종의 폐쇄체계가 되어버립
니다. 예를 들어, 내일 미팅을 잘할 수 없을 것이라는 생각에 사로잡히

면, 이전의 실패 경험까지 불러오면서 그때의 신체적 압박감까지 고스란히 밀려옵니다. 그건 벌써 몇 년 전의 일이고, 당시에 팀장이 워낙 말이 거칠고 사나운 성정이었다는 객관적인 자료를 참고할 여유조차 없어집니다. 또 그렇게 창피를 당할지도 모른다는 불안감이 이 사람을 하위 정신과정으로 들어가게 만든 것입니다. 점점 긴장, 두통에 메스꺼움까지 나타납니다. 막상 다음 날의 미팅이 끝나고, 아무 일이 없었다는 사실에 잠깐 동안은 자신이 왜 그렇게까지 불안해했는지 어리석게 느껴질 것입니다.

이처럼 하위 정신과정은 과거의 해결되지 않은 감정들, 덮어두었던 상처와 고통을 현재 상황과 연결시킵니다. 따라서 불안의 징후가 보이는 때 자신의 내적 경험에 깊은 관심을 기울여야만, 자신이 하위 정신과정에 있는지, 고위 정신과정에 있는지 깨달을 수 있습니다. 그 다음에는 하위 정신과정을 일으키는 그 이슈, 이른바 찌꺼기 이슈가 무엇인지 알아봐야 합니다.

문제를 해결하고 자신의 기억과 경험을 잘 통합하며 살아왔다면 당연히 찌꺼기 이슈가 적을 것입니다. 만약 그렇지 않다면, 우리가 지금 현재에 존재하기가 어려워집니다. 고위 정신과정은 인간에게만 있는 진화된 과정입니다. 반면 하위 정신과정은 더 원초적이지요. 따라서 노력하지 않고 내버려둔다면 하위과정이 일어나기가 더 쉽습니다. 그래서 우리는 스스로 뇌를 성장시킬, 즉 인격의 성숙시킬 책임이 있습니다. 그러할 때, 우리가 고위 정신과정으로 들어가는 입구는 한결 넓어질 것입니다.

외현기억과 내현기억 사이에서

우리의 기억에는 내현기억과 외현기억의 두 종류가 있습니다. 내현 기억은 태어나서부터 평생에 걸쳐 지각, 감정, 신체감각 등의 경험들이 비언어적 기억 형태로 존재하는 것입니다. 이를테면, 부모의 냄새, 빛, 음식의 맛, 배고픔의 감각, 크고 쩌렁거리는 소리가 주는 두려움, 어두움과 연결된 공포심 등을 우리 뇌는 비언어적으로 기억합니다. 그래서 내현기억은 스스로 내현기억을 사용하고 있다는 것을 모르는 채 작동합니다.

외현기억은 우리가 흔히 기억이라고 부르는 것입니다. 이는 회상의 과정을 거쳐 나타나고, 실제 있었던 일을 기억하는 자서전적 특성이 있습니다. 외현기억을 꺼낼 때 우리는 과거의 어떤 것을 의식 속으로 불러오고 있다는 것을 압니다. 여기에는 실제 사실과 함께 그와 연관된 감정, 판단, 평가, 가치 등도 포함됩니다. 우리가 어린 시절을 떠올릴 때 우선적으로 닿게 되는 것이 외현기억입니다.

그런데, 전문가들이 내현기억을 중요하게 다루는 이유는 그것이 기억 이상의 '정신적 모델'로 움직이기 때문입니다. 정신적 모델이란 우리의 반복된 경험을 일반화시키는 정신의 그물망 같은 것입니다. 앞서 언급한 '마음의 지도'와 유사한 개념입니다. 세상의 모든 정보가 본래의 것 그대로 개인에게 받아들여지는 게 아니라 그 사람의 정신 그물망을 통과해 들어오게 됩니다. 그래서 같은 경험을 해도 개인에 따라 다르게 기억된다고 했습니다. 우리 뇌는 정신 그물망을 통해서 자신과 타인을 경험하고, 온갖 사고와 태도와 믿음을 만듭니다. 스스로 왜 그런 감정이 드는지도 모른 채 어느새 그렇게 느끼는 것이 정신적 모델 때문이니, 엄청난 영향을 받고 있는 셈입니다.

예를 들어 어린 아이가 혼자 있는 공간에서 수차례 울면서 도움을 청하였는데, 끝내 아무도 돌봐주지 않았다고 합시다. 당시에 어두움이 무서웠을 수도 있고, 배가 고팠을 수도 있고, 다른 곳에서 들리는 비명이나 날카로운 금속이 부딪치는 소리를 들었을 수도 있습니다. 어느 것이든 아이에게는 곧 홀로 남겨짐, 버려짐, 죽음과 연결되는 정신적 모델로 자리 잡습니다. 이후에 다른 고통스러운 장면에서 아이는 '아무도 도와주지 않을 것'이라는 내현기억이 먼저 나타납니다. 이는 아이가 자신과 타인과 세상을 바라보는 하나의 틀이 될 것입니다.

그런데 흥미로운 것은 내현기억에는 긍정적인 것보다는 상처와 고통, 심각한 스트레스 경험 같은 부정적인 것의 비중이 더 높다는 것입니다. 이것은 코티솔이라는 물질 때문인데, 심한 스트레스 상황에서 우리 몸이 분비하는 코티솔은 기억을 담당하는 뇌 부위의 기능을 차단합니다. 그렇게 되면 실제 일어난 일의 기억, 즉 외현기억은 중단되는 동시에 내현기억이 더 생생해집니다. 즉, 아이가 감당하기 힘든 사건을 겪은 후에 그 일을 회상하고 자기감정을 충분히 표현할 기회를 갖지 못하면, 내현기억은 정리되지 못한 채로 있기 때문에 아이는 자기 체험을 이해할 수 없습니다. 내현적으로는 진행이 되지만 외현적으로는 무엇인지 알지 못한 채 시간이 흐릅니다. 자신에게 일어난 일이지만 이해하지 못한 채 묻히고, 이후의 다른 상황, 자극을 겪는 데에 정신적 모델로서 작동하는 것이지요.

● 조각난 기억을 붙이면 불안의 답이 있다

상담 중에 자신의 살아온 경험을 이야기하면서, 어린 시절에 겪은 안 좋은 사건에 대해 함구하거나 애를 써도 제한적인 기억밖에 꺼내지 못하는 분들이 많습니다. 성폭행이나 가족의 급작스러운 죽음, 치명적인 왕따 사건 등에 대해서 "그때 그런 일이 있었던 것 같아요."를 잠깐 언급할 뿐 그 이상의 기억은 가져오지 못합니다. 특히 애착에 대한 배신, 소외와 버려짐, 억울한 오해나 누명 같은 주제들이 잘 떠오르지 않습니다.

조각난 상태가 된 내현기억이 외현기억과 통합되지 못했기 때문입니다. 하지만 내면에 의식을 집중해서 계속 관찰하다 보면 점차 내현기억과 외현기억을 통합하게 됩니다. 찌꺼기 이슈로 흩어져 있던 것들이 의식화되는 것입니다. 기억이 통합되면서 흩어진 내현기억의 조각들이 외현기억의 형태로 연결되고, 비로소 그때 자신이 어떠했는지, 무엇을 했는지, 얼마나 무섭고, 또 얼마나 불안했는지를 말로 표현할 수 있습니다.

이와 같이 경험을 '이야기'로 기억하려면 의식을 모아 기억을 통합하는 과정을 거쳐야 합니다. 이는 현재의 내가 과거에 집중하고 동시에, 과거를 다시 체험하는 현재 자아에 집중하며 기억의 조각들을 끼워 맞추는 과정입니다. 내현기억 속 상처 장면을 외현기억에 연결시키는 건 스스로 안전하다고 느낄 때 가능합니다. 자신은 이제 두려움에 떠는 아이가 아니고, 무엇에도 위협받지 않는다는 정서적인 안전 속에서 기억이 통합되어야 더 이상 우리가 곤란에 빠지지 않습니다.

두려움이나 불안과 연관된 것도, 현재는 그저 좀 불편하거나 불쾌한 수준의 일로 보는 것이 합당합니다. 그런데 내현기억은 사소한 단서만 유사해도 과거의 방식처럼 반응하게 됩니다. 순식간에 작동하는 내현기억을 마치 타당한 직관이라 우기지 않고, 정리되지 않은 과거 기억일 뿐임을 인정할 수 있어야 합니다. 특히 불안이나 두려움, 공포와 관련된 어린 시절의 상처를 회고해보기를 바랍니다. 강렬한 거부나 피곤함이 몰려온다면 바로 그 지점에 머물러야 합니다. 감정은 사고와 함께 옵니다. 일단 부정적 감정을 잘 살피고 받아들이면서 조금씩 내현기억의 흔적에 가까이 갈 수 있을 것입니다.

※이 절의 내용은 필자의 《숨은 분노의 반란》에서 빌려왔습니다.

긍정적인 일에
뇌의 주의를 돌리자

불안이 극도에 달할 때 편도체와 긴밀하게 연결된 기억의 뇌인 해마도 영향을 받아 제 기능을 하지 못한다. 해마에 저장된 모든 긍정적 기억은 억눌려지고 부정적인 기억만 떠오르는 것이다. 인간의 뇌는 말이나 행동하는 것과 다른 생각을 하지 못한다. 즉, 일부러 말과 다른 행동을 하는 경우가 아니라면, 입으로 '불행'을 말하면서 머리로는 '행복'을 담지 못한다는 뜻이다. **적어도 "불행해."라고 말하는 순간, 내 뇌는 정말로 '불행하다.'** 불행한 기운과 연상들이 날마다 쌓인다면 그것이 곧 그 사람의 불행한 삶이다.

1) '불안한 생각을 멈추고 싶다. 불안한 생각을 하지 말자'고 다짐한다. 한데, **바로 그 순간, 나의 뇌는 '불안'에 주의를 주고 있다는 모순에 다다른다.** 불안과 관련된 걱정과 생각을 곱씹으면서 제발 불안해지지 않기를 염원하는 모습이다.

2) 불안한 '생각을 멈추려고 노력하지 말고' 대신에 무언가를 '하자(doing).' '한다(doing)'는 것은 생각이 아닌 활동이다. 그 자체가 긍정이고, 집중이고, 건설이고, 유익하다.

3) **자기파괴적 행위가 아니라면 그 어떤 행동도 다 플러스 효과를 준다.** 긍정적 생각과 태도를 유지하려면 긍정 쪽이 부정 쪽보다 더 많은 에너지, 강력한 힘을 가져야 한다.

4) 불안에 몰두하는 편도체를 안정시키려면 **뇌에서 긍정적 감정과 사고를 맡은 영역이 주위를 끌어와야 한다.** 긍정적인 생각을 더 많이 하고, 긍정적인 활동을 더 많이 한다면 긍정적인 감정이 뇌의 주의를 지배할 수 있다.

5) 아주 시시하고 유치해 보여도 **너그러운 마음으로 숙제 한 가지를 챙겨보자.** 하루를 마치고 잠자리에 들 때 오늘 있었던 일 중에 다행스럽고 좋았던, 감사할 만한 일을 몇 가지 찾자. 이것은 많은 연구에서 검증된 방법인데, 이 단순한 시도가 뇌의 활동에 실질적인 영향을 준다.

6) **숙제를 하는 동안 뇌는 어쩔 수 없이 좋은 것, 긍정적인 것을 찾는 모드가 된다.** 일상의 좋은 일이란 대부분 아주 사소한 기쁨, 흐뭇함, 작은 보람, 대견함, 유쾌함 정도일 것이다. 대단히 감격스러운 사건을 기대하는 것이 아니다.

7) 사소한 것들에서 좋은 것을 가려내는 노력을 하면서, 나의 뇌는 그런 작업을 하기에 적합한 상태로 일정 시간 머물게 된다. **긍정적인 사건, 사고, 느낌을 찾는 행위가 습관이 되면서 나의 뇌는 점차 그러한 일을 잘하는 뇌가 된다.**

8) 뇌의 입장에서는 긍정적인 기억을 찾거나 혹은 찾아낸 상태로 잠으로 들어간다. **뇌는 수면 내내 그러한 환경에 머물다 아침을 맞을 것이다.** 뇌에게 이보다 귀한 양분이 또 무엇이 있겠는가?

불만족감으로 일상 업무가
버거워진 여자 이야기

하루를 무슨 정신으로 사는지 모르겠다. 메모판에는 언제나 해야 할 일이 빽빽이 붙어 있는데 도무지 목록이 줄지 않는다. 가끔 남들이라면… 하는 시선으로 목록을 볼 때가 있다. 하나같이 그저 30분이면 충분할 것이다. 아니, 그중에는 10분이면 될 일들도 많다. '절대로 다시 신지 않을 롱부츠 버리기'나 '인터넷 쇼핑 물건 반품하기', '연체도서 반납하기' 같은 일들이다. 근무 중에도 퇴근 후에도 무엇을 하느라 바쁜 건지 모르겠다. 늘 불안하다가 급속하게 우울해지는데 이 둘 사이를 오락가락하는 것이 이제는 익숙하다. 부서의 누구보다도 퇴근이 늦고 주말에도 가끔 나와 혼자 일한다. 누구는 점심시간에 슬쩍 쇼핑도 하며 늦게 들어오는데 나는 상상도 못할 일이다.

일을 받으면 오래 바라본다. 그렇다고 거절하거나 누구에게 부탁하는 건 딱 질색이다. 남이 했다가 그 뒤탈을 생각하면 더 끔찍하다. 차라리 내가 하는 게 나은데, 결국 해내기는 해도 시작하기까지 오래 걸린다. 쓱쓱 처리해버리고, 쉽게 물어보는 옆 사람을 보면 화가 치민다. 저들은 뭐가 그리 떳떳하다는 말인가? 뭐가 그렇게 쉽다는 말인가?

간절히 기다리던 주말이 되면 제대로 휴식을 취하지도, 유익한 시간을 보내지도 못한다. 거의 기절하듯이 누워 있다가 일요일 서너 시가 되면 가슴이 쿵쾅거린다. 결국 또 아무것도 못했고, 시간만 보냈다는 생각에 미칠 것 같다. 주말에 한 일이라곤 드라마 몰아보기, 세탁기 돌리기, 음식 배달시킨 것이 전부다. 창피해서 말하지도 못할 주말이다. 이렇게 또 월요일을 맞아야 한다는 생각에 처참해진다.

일처리는 더뎌지고 상황은 꼬이며, 이런 자신에 대한 불만족감에 더는 견딜 수 없는 심정이다. 이제는 누구와 함께 있어도 좋은지 모르겠고, 즐거운 것도 없고, 심지어 다른 사람의 말이 잘 들어오지도 않는다. 머리가 비어가는 것 같고, 소프트웨어가 고장 난 껍데기 같다. 나는 무엇이 잘못된 것인가?

있는 그대로의
나를

관찰하다

세상의 모든 어머니들은 아기를 유심히 '봅니다'. 다른 일을 하면서도 아이에게서 한시도 눈을 떼지 않습니다. 꼭 눈으로만 보는 것이 아닙니다. 그야말로 오감을 통해 관찰합니다. 아기가 더운지 추운지, 배가 고픈지 부른지, 답답한지 즐거운지 심심한지. 아기의 표정이나 감정을 관찰하면서 순간순간 아이가 어떤 상태인지, 무엇이 필요한지 알게 됩니다. 그 다음에 아이의 필요를 채워주지요. <u>열심히 바라본다는 것은 곧 관심이고 애정입니다. 유심히 바라보는 것이 모든 돌봄의 시작입니다.</u>

밖으로 보이는 내가 있습니다. 외부에 보이는 나를 외적 자기라고 부르며 이 또한 나임에는 맞습니다. 하지만 나의 전부가 아닌 것도 분명합니다. 경우에 따라서 외적 자기가 진짜 나를 세상에 적절하게 드러내주기도 하지만, 어떤 때는 매우 방어적이고 왜곡된 모습이 되기도 합니다. 즉 가면이라고 할 수 있습니다. 한데, 스스로 가면을 가면으로 알고 쓴다면 큰 문제가 안 될 겁니다. 어차피 우리 모두는 가면을 쓰고 살아갑니다. 영어로 성격을 personality라 하는데 이것은 라틴어 persona(가면)에서 왔습니다. 본인이 원할 때마다 원하는 가면을 선택하는 것이라면, 우리는 지금 내가 어떤 가면을 어떤 마음에서 선택했는지 충분히 인식하고 있을까요?

어떤 경우에도 자신에게는 진실해야 합니다. 있는 그대로의 자신을 잘 보고 그것을 그것이라 하고, 저것을 저것이라 해야 합니다. 앞서 이야기한 기억의 통합도 여기서부터 시작합니다. 그러나 많은 사람들이 오감을 열어놓고 자신을 바라보는 것을 제대로 하지 못합니다. 외부를 향해서는 물론 자신에게도 진짜가 아닌 거짓을 말합니다. 심지어 자신을 찬찬히 바라보는 것을 두려워하면서 숨습니다.

이것은 자신을 돌보는 아주 중요하고 현명한 행위입니다. 진짜 자기가 설령 그리 마음에 들지 않더라도 있는 것을 있다고 하는 것이 현명한 행동입니다. 외부에 보이기에 바람직한 것만을 있다고 하는 것이 아닙니다. 스스로를 그대로 바라보는 것이 언제나 유쾌한 일은 아닐 것입니다. 그건 아이를 바라보는 어머니도 마찬가지입니다. 내 아이가 하나에서 열까지 다 뛰어나고 대단해서 그리 살뜰하게 바라보는 것은 아닙니다. 그저 나의 아이여서 귀하게, 충실하게 바라보는 것입니다. 부족하고 못마땅한 구석이 있어도 그 생각을 오래하지 않습니다. 어떻게 더 좋게, 더 편안하게 해줄까를 궁리하기 때문입니다. 좋은 어머니는 오랫동안 아이를 부정하고 비난하지 않습니다. 어른이 된 우리가 자신을 돌보는 일도 자기 관찰에서 시작됩니다. 자기 관찰을 하며 나는 나를 다시 양육합니다. 자기 관찰을 통해 나의 뇌를 변화시키고 발달시킵니다.

◑ 감정의 변화 앞에서 멈춰서다

사례의 여성은 외부로 보이는 모습과 실제 모습의 간극이 아주 컸습니다. 외적으로는 큰 문제가 없는, 아니 성공한 사람에 속했습니다. 그러니 그녀가 내적으로 이토록 불안정하게 하루하루를 버티는 것을 아무도 알 수 없습니다. 스스로도 '뭔가 문제가 있다'고는 느끼는데 그것이 무엇인지를 알기 위해 멈추고 살펴보는 건 회피하는 중이었습니다.

마음을 고르고 차분하게 충분히 바라봐야 숨어 있는 것이 보일 텐데, 이분은 그로부터 도망칠 궁리만 하고 있을 뿐입니다. 조금의 여유가 생기면 드라마나 웹툰을 보거나, 누군가를 만나 의미 없는 수다를 떨고 쇼핑하는 것으로 메꾸는 것입니다. 그러면서 '이건 아니다'는 자각은 있기에 얼마 지나지 않아 뭔가 터질 것 같은 불안감으로 쩔쩔 맵니다.

일단 무의미한 사이클에서 내려와야 합니다. 반복하던 것들을 멈추는 것입니다. 스마트폰을 놓고, TV를 끄고 멈추어야 합니다. 내가 온갖 잡음으로 가려 놓았을 뿐이지 내 마음은 늘 거기 있었습니다. 그렇게 가느다랗게 들리는 배경음악을 찾듯이 멈추어 귀 기울여봅니다. 어색하거나 낯설어서 두려워질지도 모릅니다. 허나, 어색하다고 못할 것은 아닙니다. 처음에 잘 못한다고 앞으로도 결코 해내지 못한다는 것은 절대 아닙니다.

우선, 일단 감정의 변화가 있는 순간에 멈추어 보기 바랍니다. 인간은 자신이 처한 환경과 상호작용하며 삽니다. 환경은 끊임없이 개인에게 자극을 보내고, 또 개인은 그 자극에 반응을 합니다. 그 반응의 시초는 중립 상태의 감정이 어느 쪽으로든 움직이는 것입니다. 유쾌한 방향일 수도 있고 아닐 수도 있습니다. 좋고 나쁘고를 떠나서 내 감정이 변하는 순간이 멈춰야 할 때입니다. 비난하거나 빈정거리지 말고 '지금 나는 무슨 일을 겪었는가? 내가 들은 것은 무엇이고, 본 것은 무엇인가? 지금 내 기분이 어떤 상태인가? 나는 지금 무슨 생각을 하고 있는가? 지금 내가 원하는 것은 무엇인가?'란 질문을 던지고 멈춰서 대답해보는 것입니다. 그 대답으로 자신의 동기와 기대와 바람과 절망까지도 비로소 제 모습을 드러낼 것입니다.

마치 현명하고 정다운 부모 앞의 아이가 되는 것입니다. 우리가 아이였을 때 부모에게서 받았으면 좋았을 것들을 지금 자신에게 해주는 것입니다. 우리는 항상 부모가 시간을 갖고 내가 왜 그랬는지, 무슨 마음이었는지, 한 번의 답변에 그게 다인지, 다른 마음은 더 없는지 세심히 알아주고 물어봐주기를 기대했을 것입니다. 솔직하고 세세한 탐색을 거치며 자신이 무엇을 억압하고 있는지, 합리화하는지, 방어하는지를 보게 됩니다.

사례의 여성은 언젠가부터 자신이 '무엇을 원한다는 것'에 대해 불편한 마음이 된다는 걸 알게 되었습니다. 이 여성은 대학 이후 15년 정도 쉴 새 없이 달려왔다고 했습니다. 그건 자신의 가정환경에서 벗어나고 싶고 더 나은 위치에 다다르고, 더 나은 결혼을 해서 삶을 완벽히 바꾸겠다는 욕구 때문이었습니다. 헌데, 30대 중반인 지금, 이제 자신의 힘으로 할 수 있는 것은 다 한 것 같고, 이제는 기운도 없어 주저앉을 것 같은데, 여전히 자신이 원하는 세계로 들어갈 수 없다는 것을 알게 되었답니다.

그러면서, 그녀는 단 한 번도 제대로 자신의 욕구가 무엇인지, 왜 그것이어야 하는지, 언제부터 마음을 졸여왔는지를 생각해본 적이 없다고 말했습니다. 어쩌면 허상을 붙들고 자신의 소망이라 우기다 거기에 압도당한 것인지도 모르겠다고 허망해했습니다. 일상이 고통스럽고 날마다의 삶이 자꾸 자신의 통제를 벗어난 데는 그런 배경이 있었던 것입니다.

스스로를 관찰할 때 나와 친해질 수 있습니다. 자신의 목소리를 들으며 사색하거나 글을 쓰는 등 가능한 방법을 고안해 마음의 소리를 잘 듣고 관찰하는 법을 익혀야 합니다. 지금 고통스럽다면 자신에 대해 관찰하는 일, 즉 마음의 소리를 들으려고 감정 변화에 감각을 동원하는 일에 많은 에너지가 들 것입니다. 마치 괜히 못할 짓을 시작한 것 같습니다. 그러나 이것은 당연합니다. 이것은 도망가려고 기를 쓰는데 붙잡아 앉혀놓고 덮어 놓은 보자기를 들추는 일입니다. 단기적으로는 고통을 느끼는 게 당연하지만 장기적으로는 분명히 이점이 있습니다. 어느 순간, 과거와 현재와 미래가 긴밀히 연결되어 있다고 느끼며 진정으로 자신과 자신의 현재를 받아들일 힘이 생깁니다.

나에게 말 걸기,

내 생각을
의식하는 방법

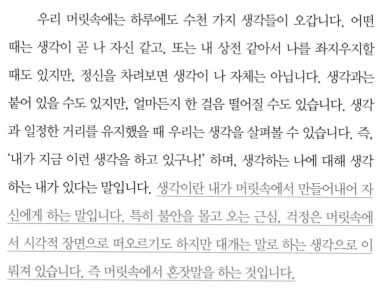

우리 머릿속에는 하루에도 수천 가지 생각들이 오갑니다. 어떤 때는 생각이 곧 나 자신 같고, 또는 내 상전 같아서 나를 좌지우지할 때도 있지만, 정신을 차려보면 생각이 나 자체는 아닙니다. 생각과는 붙어 있을 수도 있지만, 얼마든지 한 걸음 떨어질 수도 있습니다. 생각과 일정한 거리를 유지했을 때 우리는 생각을 살펴볼 수 있습니다. 즉, '내가 지금 이런 생각을 하고 있구나!' 하며, 생각하는 나에 대해 생각하는 내가 있다는 말입니다. 생각이란 내가 머릿속에서 만들어내어 자신에게 하는 말입니다. 특히 불안을 몰고 오는 근심, 걱정은 머릿속에서 시각적 장면으로 떠오르기도 하지만 대개는 말로 하는 생각으로 이뤄져 있습니다. 즉 머릿속에서 혼잣말을 하는 것입니다.

불안을 불러오는 대부분의 걱정은 '그 일이 일어나면 어떻게 될

까?' 또는 '그 일이 일어나면 난 어떻게 해야 할까?' 등 미래에 관한 질
문으로 되어 있습니다. 그 배경에는 자신과 미래에 관한 예측, 기대가
깔려 있습니다. 예를 들어 어떤 상황과 결과는 매우 황망할 것이며, 자
신이 감당하지 못할 거라고 예단합니다. 한편으로 걱정의 방향은 과거
를 향합니다. 과거의 일을 해석하는데도 마찬가지로 자신에 대한 부정
적인 예측과 기대가 깔려 있지요.

겉보기에는 평온하게 미소 짓는 사람도 머릿속에는 무수한 생각
이 오갑니다. 그것을 아는 사람은 자신밖에 없습니다. 하지만 대부분
의 사람이 그것을 전혀 의식하지 못하지요. 머릿속에서 끊임없이 대화
를 주고받으면서도, 정작 자신이 그러고 있음을 알지 못합니다. 그저
무의식적으로 일어나고 사라지는 와중에 우리가 그나마 알게 되는 것
은 '어떤 기분 상태'입니다. 그렇게 의식하지 못한 채 오가는 생각은 우
리의 감정에 더 큰 영향을 줍니다. 그것은 과거의 흔적들과 자동적으로
연결되면서 현재의 사건에 대한 지금 생각에서 오는 감정보다 더 커질
수 있기 때문입니다. 그렇게 하위 정신과정에 빠져드는 것이지요.

하지만 생각을 의식한다면 생각에 적당한 거리를 둘 수 있습니
다. 의식하지 못한 채 사건을 부풀리거나 왜곡하는 걸 막을 수 있습니
다. 생각을 의식하는 방법은 바로 스스로에게 말을 거는 것입니다. '하
고 싶은 말이 무엇이야? 그 생각이 네게는 어떤 의미야? 그 생각 다음
의 생각은 무엇이야? 그와 다르게 생각한다면 무엇일까?' 스스로 어떤
생각을 하는지, 어떤 상태가 나를 자동반응으로 몰고 가는지, 이 생각
이 지금 현재의 생각인지 등을 나와 대화하며 관찰할 수 있습니다.

상담을 했던 한 분은 동료나 후배가 뭔가 물어보면 모른다는 말을 절대 하지 못하는 문제가 있었습니다. "잘 모른다"고 말하면 그만인데도 이분은 "내가 찾아볼게."라고 바로 답하고는 돌아서서 간당간당한 마음이 되어버립니다. 빨리 답을 찾아서 알려주어야 하는데, 이미 자신이 몰라서 찾고 있다는 사실에 허둥지둥대는 것입니다. 이때 잠깐만 멈추고 자신에게 말을 걸 수 있습니다.

'무슨 마음이야? 뭐가 걱정이야?'
'빨리 찾아야 하는데, 못 찾을까 봐서.'
'빨리 찾아야 한다고? 못 찾으면 뭐가 걱정이야?'
'내가 실력이 없다고 생각할까 봐.'
'그러면 뭐가 걱정이야?'
'내가 도움이 안 된다고 여길까 봐'
'도움이 되고 싶은 마음이 그렇게 큰 거야?'
'도움이 못 되면 내게 실망하고 나를 싫어할까 봐.'

불안을 일으키는 소소한 생각들을 이렇게 파악합니다. 자신이 걱정한다는 건 이미 잘 알고 있지만 그게 어떤 생각인지를 주의 깊게 살피고 알아내는 것입니다. 발표할 때마다 목소리가 떨릴까 봐 불안해하는 한 분은 자신에게 말을 걸어서 결국 '나를 바보라고 생각할 거야. 내가 제대로 모르면서 말한다고 생각할 거야. 날 싫어할 거야.'란 생각이 이유였음을 알게 되었습니다.

내게 말을 걸 때는 비판하지 않고 그저 '그게 무엇이야?'를 중립적인 태도로 묻습니다. 그 생각이 틀렸다고 지레 말해버리면, 나는 내가 거는 말에 대답하고 싶지 않을 것입니다. 객관적이고 평범한 질문에 부정적인 감정들을 말로 표현하면서 내 생각과 감정 상태를 다시 바라봅니다. 스트레스 상황에서 자동적으로 흘러가던 사고가 인식의 영역으로 들어오는 것입니다. 내가 묻는 말에 내가 대답하는 과정을 통해 다급하고 왜곡되었던 사고와 감정이 누그러지면서 이성적인 사고가 회복됩니다.

● 내가 나 자신의 최고 상담자가 되어가다

상담치료도 결국 내담자의 혼란스러운 중얼거림, 애매한 추정, 습관적 태도 등으로 이루어진 사고방식에서 스스로 빠져나오게끔 돕는 작업입니다. 객관적인 대상(치료자) 앞에서 불분명하며 모호한 채로 되새김질하던 생각을 문장으로 만들어 입 밖으로 말하는 시간입니다. 그러면서 자신의 진짜 감정이 가면 속 맨 얼굴로 드러납니다. 진짜 감정과 진짜 생각이 곧 자신입니다. 내담자는 치료자 앞에서 자신에 대해서 말하다가, 어느새 혼자서 자신에게 말하는 법을 배워나갑니다.

내가 나 자신의 최고 상담자가 되어갑니다. 멈추어 물어보고 거리를 두고 살펴보면, 내 생각 속 무수한 혼잣말이 매우 부정적이고 파괴적임을 알게 됩니다. '사람들은 나를 이상하게 볼 것이다. 나는 언제나 일을 망친다. 나 같은 성격은 늘 문제다.' 자신에게 어떤 말을 하는지가 곧 자신과 자신을 둘러싼 다른 사람들에 대한 믿음입니다. 이 믿음은 우리가 알아차리기 훨씬 이전부터, 내적 대화로 내 안에 존재하며 지대한 영향을 미쳐왔습니다. 그래서 우리는 자신에 대해 탐정이 되어야 합니다. 자신에게 무슨 일이 일어나고 있는지 제대로 알기 위해서 귀를 쫑긋하고 내 목소리를 들어야 하지요.

혼잣말을 바꾸는 것은 생각과 행동을 바꾸는 결정적인 요소입니다. 행동 변화의 기초에는 생각이 있습니다. 사회공포증이 있는 사람들이 자신과 잘 대화한다면, 그들의 불안은 구체적인 위험에 대한 두려움이 아니라는 것을 알게 됩니다. 다른 사람들 앞에서 당황스럽게 보이는 것, 자신이 다른 사람에게 드러나는 것에 대한 두려움임을 깨닫게 되지요. 부정적인 혼잣말이 개입해 사회적 상황과 두려움을 연결지었던 것입니다.

그러니 자신에게 묻고 또 대답하는 데 충분한 시간을 가져야 합니다. 자동적으로 빨리 대답하려는 나를 '음. 알겠어….'라고 인정해주고 잠시 멈추게 합니다. '다른 것도 생각해보자. 천천히 생각해도 좋아' 하면서 격려합니다. 부정적이며 파괴적인 혼잣말을 찾았다면, 쉽게 포기하지 말고, 충분히 더 생각해서 명확한 그림으로 그려보도록 돕습니다. 의식하는 시간은 전두엽을 자극합니다. 우리의 뇌는 새로운 생각, 긍정적인 대응책을 떠올려줄 것입니다.

내 안의
여러 소리는

어디서
온 걸까?

자신에게 말을 걸고, 대답하는 것을 듣다 보면, 내 말들이 객관적으로 들리면서 '이런 말들은 대체 누구의 것인가?' 하는 의문이 생깁니다. 특히 불안할 때의 머릿속 말들은 하나같이 비판적이고 적대적이기까지 합니다. 그 소리는 내가 실패한 것들은 물론이고 사소하게 힘들었던 것까지도 다 알고 있습니다. 그러니 내 마음속의 소리가 꼭 나 자신처럼 느껴지고, 그 말을 믿게 됩니다. 떨쳐버릴 수 없는 생각이나 감정이 바로 이런 것입니다.

우리는 이제 그 부정적인 목소리가 나 자신이 아님을 압니다. 그것은 어린 시절부터 지금까지 누군가에게 들어왔거나, 그렇게 내 안에 받아들여져 믿어온 신념들로부터 나온 것입니다. <u>그 목소리의 주인공들이 누구인가를 생각해봅시다.</u>

273

내 안의 여러 소리는 처음에 이 세상에 살아남으려 적응하기 위한 시도였을 것입니다. 어른들에게 인정받고 싶다는 생각이 타인의 눈치를 보고 비위를 잘 맞춰야 한다는 소리로 자리 잡습니다. 실수와 실패가 얼마나 치명적인 결과로 이어지는지를 수차례 보면서 회피하는 것이 우선이라는 소리가 뚜렷해집니다. 그 소리들이 좋아서 간직한 것이 아닙니다. 최악을 막기 위해 그 다음으로 싫은 것을 취한 것입니다. 언제나 가장 힘든 것은 실패하는 것과 거부당하는 일입니다.

내 안에서 오가던 소리들은 성장하면서 점차 크고 분명한 목소리로 형체를 만들어가는 것 같습니다. 어떤 소리들은 내 필요에 따른 것이 아니라 마치 나의 주인이 된 듯합니다. 특정한 소리가 우리를 몰아붙일 때는 내 안의 다른 소리들은 들리지 않습니다. 예를 들어 좋은 사람이라는 평가를 받아야만 된다는 소리가 커지면 내가 아무리 지쳐도 쉬는 게 좋겠다는 소리, 할 만큼 했다는 소리는 들리지 않습니다. 또는 '그런 실수를 하다니 바보구나. 큰일이 날 거야'라는 소리가 기세등등하면 누구나 그 정도의 실수를 할 수 있고, 사람들은 남의 실수에 그렇게 민감하지 않다는 이성적 소리는 사라집니다.

내 안의 소리, 내게 거부적이거나 적대적인 소리, 혹은 호의적이거나 수용적인 소리를 모두 알아봅시다. 그 다음은 그 소리들이 어떤 상황에서 주도권을 잡는지 알아봅니다. 소리들의 주요 관심사와 지배적인 감정이 무엇인지, 특유의 논조나 억양이 있는지 탐색해봅니다. 또한 어떤 감정이 이 소리에 동반되는지, 그 감정은 나의 몸 어디에서 절실하게 느껴지는지, 이 소리의 전과 후에는 어떤 생각이 있는지, 이

소리에 표정이 있다면 어떤 이미지인지, 내가 이 소리에 따라 움직일 때 주변 사람들의 반응은 어떤지도 낱낱이 살펴봅니다.

자신에게 내리는 무의식적 명령 찾기

자신의 내면 소리를 찾던 분은 '그 정도로 되겠어? 남들 좀 봐. 넌 잘 못하면 끝장이라고!'라는 소리를 찾았습니다. 비아냥거리며 기를 죽이는 소리였습니다. 그런 다음 이 소리가 언제 주도권을 갖는지 찾으니 자신의 할 일을 앞에 두고 있을 때였습니다. 자신의 내면에 격려해주는 소리는 온데간데없고, 이토록 혹독한 소리만 남는다는 말인데, 이분 생각에 자신은 오랫동안 그런 식으로 자신을 몰아붙이며 일해 왔고, 그래서 실패하지 않았다고 믿는 듯했습니다. 그 소리의 기원을 찾아 올라가니 아쉽게도 이분의 어머니였습니다. 어머니는 자식을 향해 '잘했다'는 말보다 '그 정도로는 턱도 없다'는 말을 바람직한 훈육으로 믿었던 분이었습니다.

어린 시절, 부모가 내뱉는 비판하는 목소리, 협박하는 목소리는 거친 파괴력을 갖습니다. 아이는 어른이 되어도 끊임없이 비판의 두려움을 품고 그 소리를 간직합니다. <u>내 안의 여러 소리는 나의 과거가 내게 무의식적으로 내리는 명령과 같습니다.</u> 더 이상 내 안에 간직할 필요가 없지만 과거에 습득했다는 이유로 계속 남아 주도권을 잡고 있다면 이제 수정하려는 용기를 내야 합니다.

각각의 소리는 세상에 적응하는 나름대로의 방식이었습니다. 생의 어느 한 순간에는 그 소리가 나를 움직이기도 하고 보호하기도 하였습니다. 하지만 소리는 다시 살펴져야 합니다. 그저 순식간에 들려오는 소리를 지나치게 믿다 보니 균형감도 효율성도 사라집니다. 어떤 소리에 힘을 실어주느냐에 따라 현재를 다른 방식으로 경험하게 됩니다. 매사를 염려하고 걱정하는 소리를 철석같이 믿고 따른다면 진짜 위험이 무엇인지 제대로 판단하지 못합니다. 원래는 위험한 일을 미리 알아차리고 대비하고 준비하는 데 나타나던 목소리가 이제는 회피하고 움츠리라는 명령으로 들려옵니다. 결국 아무것도 할 수 없도록 만들어버리고 비겁하고 무능한 인간이라고 다시 비난하는 소리로 넘어갑니다.

 그것은 원래부터 내 목소리가 아니었다 : 이름을 붙이기

내면의 여러 소리에 관심을 기울여서 구분하고 각각에 이름을 붙여 봅니다. 소리의 모습이나 특징이 얼른 다가올 수 있게 '소심 / 눈치꾼 / 근심 / 처벌자 / 협박꾼 / 비난자 / 냉소주의자' 이런 별칭을 사용해도 좋습니다. 만약 긍정적인 성격이라면 '현명이 / 재치꾼 / 소신자 / 협상자 / 다독이' 등의 별칭도 좋습니다. 혹자는 아예 '엄마 / 할머니 / 큰언니'처럼 그 사람에게서 비롯된 것이 분명한 소리면 그 대상을 붙이기도 합니다. 이런 과정은 모두 소리의 정체를 분명히 하자는 것입니다. 여러 소리가 원래부터 내 안에 있던 것이 아니며 누군가에 의해 들어온 것임을 기억하자는 것입니다.

이제는 정서적 동요를 일으키거나 심각한 압박을 느끼는 순간에 움칠거리는 소리에 귀를 기울입니다. 무턱대고 그 소리를 듣고, 믿고, 그에 따라 움직이는 것이 아닙니다. 이제는 살짝 듣고 어떤 목소리인지 확인합니다. '아! 또 근심이잖아.' 그 다음에 소리의 내용을 듣는데, 오래 들을 것은 없습니다. '근심'이라는 확인이 끝났기 때문입니다. 사실 '근심'의 말은 이미 내가 다 알고 있습니다.

그 다음은 건강하고 합리적이고 이성적인 영역의 소리 중 하나를 불러옵니다. '현명아, 말 좀 해봐.' 그러면 아직은 미약하고 작은 소리지만, 현명이가 근심과 이야기를 나눕니다. '근심, 네 걱정은 알겠어. 그런데 그게 꼭 그럴까? 다르게 생각하면 이럴 수도 있잖아.' 식으로요. 이처럼 그때그때 활개를 치는 목소리를 확인한 후, 그에 대응할 건강한 영역의 소리를 불러 말할 기회를 줍니다. 때로는 설득하고, 때로는 직면시키거나 단호하게 잠시 들어가 있으라고 할 수도 있습니다.

거울 속에서 자신을 본다

더 적극적인 방법으로 거울 앞에 서보기를 권합니다. 거울이라는 도구는 아주 미묘하게 우리를 자극합니다. 구체적으로 머리를, 피부를, 몸과 옷의 조화를 관찰하게도 하지만, 자신의 눈을 깊게 바라본다면 마치 그 안에 가장 본질적이며, 핵심의 나와 만나는 느낌이 듭니다. 인간은 거울 앞에서 자의식의 정도가 상승한다는 심리학 연구가 있습니다. 이제 거울 앞에 서서 자신을 지긋이 바라본 채로 각 목소리를 흥

내 내면서 내용을 말해봅니다. 생각으로 존재할 때와 소리로 나와 내 귀로 들을 때의 느낌은 매우 다릅니다. 내가 나를 의식합니다. 내가 생각 속에 있다가 거울 안에 있다가 목소리 안에 있고, 또 내 귀로 듣습니다.

마치 연극을 하듯 내가 나를 바라보며 해볼 수 있습니다. 한 가지 주의를 두자면 부정적인 소리들, 이를테면 처벌자나 심판관, 모욕을 주는 자나 냉소주의자 등을 연기할 때는 좀 더 우스꽝스럽거나 바보 같은 모습으로 하면 좋겠습니다. 또다시 그 소리들에 권위와 힘을 실어주지 않기 위해서입니다. 바보 같은 고집스러움, 변화를 인정하지 못하는 멍청함, 실은 두려움에 떨면서 입으로만 정당함을 외치는 모습으로 흉내 내며 말해봅니다. 반면 긍정적인 영역의 소리들은 현명하고 다정하고 믿음이 가는 톤으로 소리 냅니다. 처음 연습을 하면서 부정적 영역의 소리들이 힘이 세서 놀랄지도 모릅니다. 당연한 것이, 우리가 너무 오랫동안 힘을 실어주었기 때문입니다. 우리는 그동안 그 소리에 놀라면서 함락당하고 따르고 의지해왔기에 그렇습니다.

초기에는 이 모든 과정이 도저히 우스꽝스럽고 부끄러워서 못할 것 같겠지만, 실제로 해보면 몸소 실감하는 효과가 크다는 걸 알 수 있을 것입니다. 다시 말하지만 모든 새로운 행동은 습관이 된 행동 앞에서 일단 주춤합니다. 그게 다입니다. 어색하다는 것, 낯설다는 것을 틀렸고, 아예 가망이 없는 것으로 여기지 맙시다.

긍정적이며 합리적인 소리를 받아들이고 존중하는 기회를 계속 가지도록 합시다. 그것이 온전한 자기 수용이면서 현재를 사는 방법입니다. 나는 이미 과거에서 벗어나 지금을 살고 있으면서 끊임없이 스스로 비판하는 소리를 따른다면, 그건 여전히 어린 아이로 살며 분노하던 부모에 휘둘리는 일입니다. 또 나와 친해지는 것을 막고 불안과 손잡는 일입니다. 자신에게 말을 걸고, 내재된 소리들의 정체를 밝히고 고쳐가는 건 자신을 이해하는 과정이 됩니다. 제대로 이해하게 되면 나는 더 이상 과거의 그 아이가 아닙니다. 습관적으로 하던 말과 행동을 멈추고 나에게 정말 필요한 것을 선택하게 될 것입니다.

자기 노출을 위한
글쓰기

글쓰기와 자기 노출과 관련된 유명한 심리 실험이 있다. 참가자들은 7일간 매일 15분씩 자신의 가장 고통스러웠던 경험을 상세하게 적는데, 당시 감정과 행동을 지금의 생각과 함께 솔직하게 적는다. 이때 참가자들을 두 그룹으로 나누어 한 그룹은 자신의 마음속 깊이 들어가서 경험한 것을 진지하게 쓰도록 했고, 다른 한 그룹은 감정을 배제한 채 사건만 나열하게 하였다. 실험을 마친 후 두 그룹을 비교하니, 마음속 깊이 들어가 글을 쓴 그룹은 감정을 배제하고 쓴 그룹에 비해 단기적으로는 심리적 안정을 경험했고, 장기적으로는 객관적 건강 지표에서 높은 점수를 받았다. 그런데 특이한 점은 실험 직후로 4일 전후에는 전혀 편안한 기분이 아니었고, 오히려 불안감이 커졌다는 것이다.

참가자들은 실험 직후에 흥미롭고 도움이 되는 것 같기는 한데, 실험으로 인해 오히려 정신이 혼란스럽다고 했으나, 6일째부터는 다시 안정감을 회복하고 몸과 정신의 건강과 면역력이 높아지는 효과가 나타났다. 이 실험에서 알 수 있는 것은 **고통스러운 경험이라고 덮어버리거나 외면하는 것이 아니라, 솔직하게 드러내는 과정이 심리적 안녕과 건강에 도움이 된다는 것이다.** 물론 일시적으로 고통스럽거나 혼란스러울 수 있지만 그 과정을 견디면 긍정적 효과가 나타난다는 것이 실험으로 나타났다.

자신의 마음을 글로 쓰는 과정은 내 감정과 경험을 스스로에게 드러내고 정리하는 시간이 된다. 아울러 피상적으로 진술하거나, 모범답안을 정해놓고 바람직하고 타당한 것만 적는 것은 도움이 되지 않았다. 중요한 것은 무슨 일이 일어났는지 상세히 검토하는 것이다. 무슨 일이 일어난 것인지 이해하고, 무엇을 느꼈는지에 솔직해지는 것. 매 순간 경험한 그대로를 적는 작업을 통해 혼란스럽고 불안한 마음을 정리하고 위로하는 것이다.

1) 마음을 산란하게 하는 아무 일이어도 좋다. **무작정 '쓰기'를 시작한다.** 말이 되어도 좋고 안 되어도 상관없다. 다시 읽어봐도 좋고 절대로 다시 보지 않아도 상관없다. 손이 움직이는 대로, 글이 되어가는 대로 맡겨본다.

2) **횟수가 늘어날수록 사건이 아니라 사건의 전후 감정에 초점을 맞추려고 노력해본다.** 잘 떠오르지 않는다면, 잠시 멈추고 당시를 회고하면서 기억을 더듬거나, 그조차 어렵다면 추정이나 짐작으로 진짜 감정에 접근해간다.

3) 최근의 일이 아니라 문득 학창시절, 가족, 유년기, 내가 좋아하고 싫어하는 것 등, **나에 대한 주제가 떠오른다면 그에 머물며 쓴다.** 이 모든 과정은 내 소리를 잘 들어주며 나와 친해지는 작업이다.

삶의 의미를 잃어버린
남자 이야기

아버지가 암으로 돌아가셨는데 오래 전 작고하신 할아버지와 같은 병이었다. 도무지 다른 방도가 없어서 회사에 휴직계를 내고 아버지의 마지막을 지켰다. 주변의 만류도 컸고, 나도 각오는 했지만, 그 시간들은 상상보다 훨씬 나빴다. 조금씩 마지막이 다가오면서 아버지 성정은 더 사나워지셨는데, 그런 모습을 애틋하게 바라보기에는 나와 아버지 사이에 쌓아놓은 좋은 것들이 너무 없었다. 날마다 밤에는 못된 내 모습에 죄책감을 느꼈고, 하루가 시작되면 일말의 동정을 하기도 힘든 아버지 모습에 절망했다.

진짜 문제는 아버지가 돌아가신 후 회사 복귀부터였다. 하루에도 몇 번씩 일을 미룬 채 인터넷 검색을 한다. 죄다 아버지와 할아버지의 병, 유병률, 관련 질환, 사전 증후, 예방 이런 것들이다. 어느새 한숨을 쉬고 있거나 실제로 진땀이 나거나 메슥거리기도 한다. 결론은 스트레스를 줄이고 운동하는 것밖에 없는데, 몸은 더 쳐지고 주말은 거의 침대에서 보낸다.

결국 병에 걸려 그 고생을 하게 된다면 지금 내가 어떤 계획을 하며 사는 게 무슨 의미가 있는가? 바쁘게 사는 사람들을 보면 나와는 다른 세상에 사는 것 같고, 어이가 없고, 바보스러워 보인다. 얼마 전에는 여자 친구로부터 최후통첩을 받았다. 생각과 태도를 바꾸지 않는다면 더는 만날 수 없다는 것이었다. 매사에 부정적이고 냉소적인 태도가 자신의 삶까지도 물들여버리는 것 같다며 말이다. 그녀는 나보고 세상을 너무 그런 쪽으로만 바라본다는데, 과연 그럴까? 세상에 희망이나 보람이 있을까? 결국 병들어 죽는 것 말고 또 무엇이 이 삶에 있기는 할까?

몸의 변화로

마음을
안정시키다

불안이 생기는 상황이나 대상을 만나면 우리 뇌는 일단 분석을 합니다. 과거 경험에 대한 기억과 연관 있는지를 살펴 이 상황을 이해하려고 합니다. 이것은 전두엽에서 일어나는 활동으로, 현 상황과 사건을 어떻게 생각하는가에 달려 있습니다. 앞 절에서 다룬 '나를 관찰하기', '나에게 말 걸기'와 같은 접근이 바로 우리가 이러한 뇌(전두엽)의 기능을 이용해 생각을 사용하는 방법입니다.

반면에 뇌에서 시작하는 것이 아니라 말초에서 시작하여 뇌를 진정시키는 방법도 있습니다. 인간은 정신과 신체로 되어 있는 생명체이고 이 둘은 곧 하나입니다. 그래서 불안에 휩싸였을 때, 몸을 이완시켜서 불안 감정을 조절할 수도 있습니다. 우리 몸에게 "진정해"라는 신호를 줄 방법이면 무엇이든 좋습니다. 이것은 우리의 부교감신경계를 작

동시키는 것입니다. 부교감신경계는 근육을 이완하고, 심박 수와 혈압을 정상 수준으로 유지하고, 스트레스 상황이 지나간 뒤에 일상적인 안락함과 신체의 밸런스를 회복시키는 일을 합니다.

그러기 위한 가장 최선의 방법은 몸으로 주의를 끌어 모아 신체 감각이 주의의 초점이 되게 하는 것입니다. 우리 몸에 주의를 기울일 것들이 무엇이겠습니까? 그것은 호흡과 근육의 움직임입니다.

깊은 호흡이 주는 치료의 효과

불안을 겪는 분들의 공통적인 호소는 숨이 가빠온다는 것입니다. 그 다음은 가슴이 답답하다, 진땀이 난다, 머리가 어찔하다고 합니다. 긴장하고 불안해서 어찌 할 바를 모르는 상황에 놓이면 우리 신경계도 대비를 합니다. 게다가 긴장한다는 사실을 숨기려고 할 때 숨은 더 얕아지고 몸은 뻣뻣해집니다. 심장은 빨리 뛰어서 많은 혈액을 위기 대처에 필요한 장기로 보내려고 합니다. 많은 산소를 들이고자 호흡은 빨라집니다.

불안이 폭발하기 일보 직전까지 가면 근육은 엄청나게 긴장하게 됩니다. 남들이 자신을 보고 있다는 생각이 들면 홍조, 식은땀, 떨림 등 자율신경계 항진 반응이 나타납니다. 더 나쁜 것은 그렇게 긴장한 몸의 근육들이 그 상황이 지나갔다고 해서 빠르게 정상으로 돌아오지 않는다는 것입니다. 우리 정신에는 기억하고 예상하는 능력이 있기 때문에 위기에서 멀어져도 내면의 불안을 한동안 유지하려 듭니다. 이제는 그 상황을 생각하는 것만으로도 몸은 실제 그런 상황에 있는 것처럼 긴장하고 위축됩니다. 그렇게 자율신경계의 균형이 깨지면서 신체 증상과 불안한 마음은 오래가고, 다음번 불안 상황에서 몸은 더 빨리 그 상태가 되어갈 것입니다.

그래서, 불안을 겪는 분들이, 혹은 겪었던 분들이 필히 공들여 익혀야 하는 것이 호흡입니다. 과호흡 상태가 되는 자신을 안정시키고 이완시키는 가장 손쉬운 방법입니다. 부교감신경계에 힘을 실어주어야 하는데, 긴박한 상황에서도 호흡으로 그 일을 해낼 수 있습니다. 팔딱거리는 가슴이 아니라 그 아래 배 부위로 숨을 쉬려고 합니다. 깊게 숨을 쉬다 보면, 어느새 가슴은 가라앉고 배가 움직일 것입니다.

깊은 호흡의 가장 큰 이익은 우리가 '그렇게 하기로 결정했다'는 것입니다. 자율신경계가 말 그대로 '자율적으로' 움직이는 과정을 내가 나의 의지로 다르게 하기로 결정하고, 실행하고 있다는 점입니다. 깊은 호흡을 하기로 결정하면서, 우리는 이미 불안에 휘둘리는 위치가 아닌, 그것을 '바라보는' 위치로 옮겨갑니다. 깊은 호흡이 몸의 상태를 일상적으로 돌려놓으면서, 긴박하게 보던 뇌도 평소 상태로 우리의 상황을 검토합니다. 그리고 가장 상식적이면서 객관적인 질문을 자신에게 합니다. 이제 '무슨 일이 일어난 거야?'란 질문을 한다면, 두려움과 공포로 지각한 것들이 제 위치를 찾을 수 있게 됩니다.

그런 다음, 지금 여기에서 벌어지는 실제 상황과 자신의 습관적 상상을 구별할 수 있습니다. 깊은 호흡을 하면서 자신의 생각과 감정뿐 아니라 몸의 상태에 주의를 기울입니다. 깊은 호흡 자체가 이미 자동 반응이 아니라 자신에 관심을 쏟는 의식적인 상태여서 그렇습니다. 어느 부위가 긴장하고 있는지, 여전히 뻐근한지, 어느 부위를 이완하고 싶은지 궁리하면서 몸을 도우려는 마음이 됩니다.

명상가로 알려진 틱낫한 스님은 "의식적인 숨쉬기는 고요함, 신선함, 안정감, 명료함, 자유로움이라는 최적의 상태에 도달하는 데 도움이 되고 현재의 순간을 삶의 최고의 순간으로 바라보는 능력을 갖는 데 큰 힘이 된다"고 하였습니다.

불안한 상태가 자주 된다면 호흡과 친해지라고 말하고 싶습니다. 자신의 호흡을 주의 깊게 관찰하는 것입니다. 수시로, 스스로 어떻게 숨 쉬고 있는지 관찰합니다. 마치 어린 아이의 숨소리에 귀를 대는 어머니처럼 그렇게 합니다. 숨을 규칙적으로 들이쉬고 내쉬는지, 숨을 멈추는 느낌이 있는지, 있다면 언제인지, 숨이 짧아지거나 갑자기 빨라지는 때가 있는지, 숨을 쉴 때 폐가 꽉 찬 느낌이 드는지, 아니면 숨이 가슴으로만 드나드는지, 그런 세세한 느낌을 챙겨봅니다.

곤란한 상상을 할 때, 심리적인 압박을 받을 때, 내 호흡이 어떻게 변하는지 살펴봅니다. 내가 특히 긴장하게 되는 상황을 설정하고 이런 관찰을 합니다. 예를 들어 발표 상황이라면, 토의 도중에 의견 차이가 생겼다면, 모두가 나를 주목하고 있는 상황이라면, 이 상황들을 상상하며 스스로 어떻게 호흡하는지 관찰하는 것입니다. 상상을 통해서이지만, 어느새 가쁜 숨을 쉬며 충분히 호흡하지 못하거나, 숨을 들이마시다가 종종 멈추는 자신을 볼 수 있습니다.

그 다음은 의식적으로 다시 깊은 호흡을 합니다. 얕은 호흡과 깊은 호흡은 함께 일어날 수 없고, 내가 의지를 가지고 깊은 호흡을 한다면, 깊은 호흡이 이깁니다. 깊은 호흡으로 부교감신경계를 활성화시키면 신체의 흥분과, 긴장을 덜어 불안증상도 줄어듭니다. 호흡에 더 집중한다면 공포를 일으키는 대상, 상황으로부터 멀리 떨어지게 될 것입니다. 다시 말하지만, 뇌는 상상과 실제를 잘 구별하지 못합니다. 이런 연습을 반복한다면, 실제로 그런 상황이 펼쳐졌을 때, 섣불리 긴장하고 숨차지 않을 수 있습니다. 그렇게 되려는 찰나에도 내가 잡아챌 수 있습니다. 호흡으로 말입니다.

깊은 호흡, 즉 복식호흡은 공황발작을 진정시키는 첫 번째 방법입니다. 공황상태로 인해 응급실로 달려가는 급박한 상황에서도 우선 실행해야 하는 것이 호흡입니다. 그러니 평소에 연습하지 않으면 그 급박한 상황에서 어떻게 호흡을 해내겠습니까? 평소에 자주 자신의 호흡을 관찰하고, 주기적으로 깊은 호흡을 연습해봅시다. 이것은 일상에서 어느 곳에서도 구애 받지 않고 할 수 있는 가치 있는 일입니다.

정신과 심리를 다루는 모든 전문가가 깊은 호흡의 가치에 동의하고 있습니다. 호흡과 함께 자신에게 집중하는 일은 불안을 다루고, 뇌를 훈련하고 의지력을 길러주는 데 기본이 됩니다. 스트레스에 대한 면역력이 생길 뿐 아니라 걱정, 두려움, 갈급한 욕구처럼 우리를 힘들게 하는 내부 요인을 다루는 일의 기본도 됩니다. 그러니, 마트 계산대에 줄을 서서도, 버스나 엘리베이터를 잠시 기다리면서도, 커피를 내리는 시간 동안에도 깊은 호흡을 해보려 다짐해봅시다. 그리고 시작합시다. 누구든지 얼마든지 할 수 있는 일입니다.

몸이 이완되면

우리는
심리적 에너지를
얻는다

　　깊은 호흡을 하면 우리가 원치 않아도 몸과 마음이 이완된다는 이득을 얻습니다. 천천히 깊게 숨을 쉬면서 호흡하면 신체는 진정 상태에 도달합니다. 또한 잠시 몇 분 동안만이라도 휴식을 취한 것이 됩니다. 깊은 호흡을 하면서 모니터를 보거나 보고서를 읽을 수는 없으니까요. 호흡과 휴식으로 우리 몸은 자연스럽게 이완되고 평화로워집니다.

　　이러한 몸의 변화는 면역 기능을 강하게 만들고, 스트레스 호르몬을 줄여줍니다. 자주 감기에 걸리고 속병이 나고 피부 트러블이 있다면, 아마도 몸과 마음을 잘 다스리지 못한 결과일 것입니다. 몸과 마음의 이완에 대해서는 흥미로운 연구들이 많이 있습니다. 규칙적으로 휴식한 사람은 정신집중 테스트와 통증 견디기 테스트에서 건강한 생리반응을 보였습니다. 심호흡을 하고 몸을 편안히 하여 휴식을 취한 선수는 격렬한 운동 후에도 몸이 빨리 회복된다는 연구 결과도 있습니다. 몸과 마음을 이완한다는 것은 무작정 아무것도 안 하고 텔레비전을 보거나 실컷 먹고 마시는 것을 뜻하지 않습니다. 심박수와 호흡이 느려지고 혈압이 낮아지며 긴장한 근육이 풀어지는 생리적 반응이 있어야 제대로 된 휴식이고 이완입니다. 그런 상황에서 우리의 뇌는 미래를 걱정하거나 과거를 곱씹는 일을 멈춥니다.

깊은 호흡과 함께, 몸을 제대로 이완시켜 진정상태로 만드는 방법으로 무엇이 또 있을까요? 깊은 호흡을 하면서 우리는 의도적으로 근육의 수축과 이완을 번갈아 해볼 수 있습니다. 무심하게 되는 대로 하는 것이 아니라, 호흡할 때 근육이 어떻게 이완되는지 의식적으로 경험하는 것입니다. 호흡의 드나듦과 근육의 움직임을 선명하게 느끼면서 몸을 움직입니다. 의도적으로 몸을 움직이는 것은 경직된 근육과 정신을 유연하게 만들어줍니다. 몸에 집중하면서 불안과 걱정에 거리가 생깁니다. 오로지 근육에 집중하기 때문입니다.

긴장과 불안은 생각만 옭아매는 것이 아니라 우리의 몸도 마음대로 움직이지 못하게 합니다. 어떤 문제가 있어 고민하고 있다면, 그 사람의 불안은 그 문제가 해결되지 않는 한 늘 동일한 수준으로 나타날까요? 그렇지 않습니다. 하루 중에도 우리가 같은 문제에 대해 고민하는 정도에는 차이가 있습니다. 이를테면 비교적 에너지가 있고 안정이 유지되는 오전과, 에너지가 바닥나고 여러 일에 치이고 시달린 저녁 무렵을 비교해본다면 어떨까요? 분명 같은 사람, 동일한 문제이지만,

오전에 비해 저녁에 훨씬 더 깊은 불안감을 토로할 것입니다. 몸 상태의 여러 단서들이 뇌에 영향을 미친다는 뜻입니다.

또는 10분간 빠르게 걷고 난 뒤 고통스러웠던 문제에 대해 생각할 때, 가만히 있을 때보다 문제를 해결할 수 있다고 인식했다는 연구도 있습니다. 즉 신체의 상태에 따라서, 에너지 수준이 어떠한가에 따라서, 문제와 자신의 능력을 인식하는 정도가 바뀐다는 것입니다. 이와 같이 우리의 몸과 정신은 밀접하게 연결되어 있어서 이성이든, 정서든 올바르게 활용하려면 몸과 정신의 이완이 중요합니다.

그런데, 현실에서 우리는 거꾸로 합니다. 내일 상사에게 중요한 보고서를 제출해야 한다며, 밤을 새워서라도 완벽한 보고서를 쓰겠다고 결의하지요. 마음은 벌써 상사의 혹독한 비난이 두려워 불안으로 가득 차 있습니다. 오후가 되면서 집중은 떨어지는데 컴퓨터 앞을 떠나지 못합니다. 저녁도 대강 건너뛰고 커피를 물처럼 마시며 야근을 합니다. 또 읽고 고치면서 시간을 보내지만 그럴수록 마음은 쫓기기만 합니다.

과연 내일 상사 앞에서 근사한 보고서를 낼 수 있을까요? 내일이 되면 아마도, 어제 무수히 상상했던 장면, 상사는 질문하는데 제대로 대답도 못하고 허둥지둥하는 모습이 고스란히 실제로 펼쳐질 것입니다. 높아진 피로는 긴장지수를 높입니다. 곧 뇌가 제대로 움직이기 어려운 상태가 되어버렸으니 마음먹은 대로 하기 어렵겠지요. 또다시 자신이 원하는 것과 거꾸로 행동하면서 자책하고 불안은 더 강해집니다.

하루에 '이완 시간'을 따로 만들자

지금 불안한 사람들은 삶은 지속된다는 것을, 그리고 불안도 쉽게 없어지지 않는다는 것을 인정하기 어려워합니다. 너무나 고통스럽기 때문이죠. 그래서 자꾸 '이번 한 번만'을 기대합니다. 이번 한 번만 무사히 지나가면 될 것 같은 마음이라 그 다음까지는 생각할 수 없는 상태인 것이지요. 그러면서 다음번에도 똑같은 반복을 합니다. 그래서 이들에게는 이완하고 기력을 회복하는 시간이 꼭 필요합니다. 하루 중 일정 시간 동안은 확실하게 나를 불안에서 벗어나게 해주어야 합니다. 그 시간대는 자신이 정하면 됩니다. 어떤 분은 새벽, 출근 전을 좋아합니다. 마치 전열을 가다듬는 장수처럼 경건하되 따뜻하게 자신을 이완시킵니다. 또 어떤 분은 하루 일과가 끝난 밤으로 이완시간을 정해놓고 모든 압력에서 벗어나는 시간을 갖습니다.

긴 시간이 필요한 것은 아닙니다. 길어야 10분 내지 15분이면 됩니다. 일단 깊이 호흡하면서 신체의 각 근육을 이완합니다. 깊은 이완을 위해서 의도적으로 수축과 이완을 번갈아 해봅니다. 발끝에서부터 머리까지, 서서히 내 몸의 각 부위 근육들을 극도로 긴장시켰다가 툭하고 떨어뜨립니다. 마치 실에 매달린 인형처럼 축 늘어지게 두는 것입니다. 그러면서 각 근육들에게 말을 걸어봅니다. '흠, 어깨. 오늘도 수고가 많았지요!' 그 감각에 주목하면서 각 부위들을 챙겨줍니다.

불안에 휩싸여 간당간당한 마음으로 있는 것은 실은 존재하지 않는 시간입니다. 하루 일과를 시작하기 전이나 끝날 무렵 가장 자연스럽게 안정된 상태로 나를 돌려놓아야 합니다. 본래의 자연스러운 마음에 욕망이 더해지며 숨쉬기가 어려워지고, 근육은 굳는 것입니다. 이 모든 불안을 아예 없애려 하기보다는 조금 늦추고 완화시키겠다, 그저 좀 더 자연스럽게 있게 하겠다는 마음으로 나를 대하는 것입니다. 다시 말하지만, 몸이 이완되고 기력을 찾으면 문제의 수준이 약하게 느껴집니다. 그리고 그건 그렇게 느껴지는 것이 아니라 사실입니다.

당신에게

안정을
선사할 안내자,
명상

우리 사회에서 명상은 이제 낯선 단어가 아닌 듯합니다. 인간의 정신이나 건강, 심리과정, 자기계발에 관심 있는 분들은 이미 명상을 하고 있거나 많은 관심을 갖고 있습니다. 종교적인 선입견에서도 자유로워져서 명상이 수도승이 세속을 떠나 영위하는 금욕적인 삶과는 무관하다는 인식도 갖게 되었습니다. 명상에는 다양한 종류와 수준이 있습니다. 그중 가장 중요하고도 공통적인 요건을 하나 꼽는다면 그건 '의도적으로 주의를 집중하는 것'입니다.

우리 정신은 한꺼번에 여러 가지 일을 하려고 합니다. 이 말은 곧, 정신은 통상 한 가지에 잘 집중하지 못한다는 뜻입니다. 그렇기 때문에 한 장소에서 조용히, 일정 시간 동안 의도적으로 집중한다는 것이 낯설고 어색합니다. 어디에 무엇을 집중하라는 말인지, 또 주의를 모은다는 것은 무엇인지 난해하게 다가옵니다. 그래서 깊은 호흡과 이완 뒤에 명상이라는 주제를 놓았습니다. 명상을 그저 호흡과 이완 뒤에 저절로 따라오는 수순 정도로 생각해도 좋습니다. 몸과 마음을 이완하고 무엇이 지금 여기에서 일어나는지 주의를 기울이는 것이 명상입니다.

깊은 호흡이 마음을 편안하게 하고, 거기에서 몸과 마음이 이완하는 것을 경험하였습니다. 그 다음 단 5분에서 10분, 호흡이 들어오고 나가는 흐름을 지켜보는 것만으로 명상의 효과를 어느 정도 누릴 수 있습니다. 호흡은 눈에 보이지 않는데 어떻게 관찰할까 싶나요? 하지만 그리 어렵지 않습니다. 우리는 눈에 보이지 않는 지난 여행의 아름답던 골목길도 보고, 십수 년 전 학창시절의 등나무 벤치도 볼 수 있습니다. 눈을 감으면 헤어진 연인도, 돌아가신 부모님도 볼 수 있습니다. 호흡을 보려는 동안 다른 생각이 떠오른다면 일부러 누르려 하지 말고 자연스럽게 '그렇구나. 흠, 너로구나.' 한 후 다시 호흡으로 돌아갑니다.

명상을 어색해하는 분들은 자꾸 딴 생각이 나고 너무 지루하다고 하소연합니다. 그러면서 스스로를 명상에 소질이 없는 사람이라고 치부해버립니다. 우리 정신의 한쪽에서는 '이건 너무 따분하고, 너무 똑같다'고 속삭입니다. 그러니 더 가치 있고 시급한 걸 생각하라고 부추깁니다. 명상이 자극적이거나 재미있는 작업이 아닌 것은 맞습니다. 그런데 그게 바로 핵심입니다. 호흡이라는 평범한 행위에 집중함으로써, 다시 말해 자극적인 것에 대한 관심을 일부러 거둠으로써 나의 정신에게 내가 원하는 것을 하라고 요청하는 활동입니다.

도저히 좀이 쑤시고 딴생각이 나서 가만히 앉아 있을 수 없다면, 어떤 기대나 주제를 갖는 마음조차 없애고, 그저 멈춰서 무슨 일이 생기는지 바라보고, 흐트러지는 마음조차 바라보라고 말합니다. 그저 그게 무엇인지, 어떠한지 호기심을 가지고 좀 더 멈춰 있는 것입니다. 당연히 인내심과 지속적인 시행이 필요합니다. 한두 번, 하루 이틀 해보고서, '나랑은 맞지 않아'라고 포기하기에는, 명상은 지고한 현자들이 예로부터 입을 모아 추천하는 작업임을 기억해봅시다.

◑ 명상은 곧 삶을 훈련하는 것

설사 아무리 호흡에 집중해도 계속 다른 생각이 떠오른다면 시간만 낭비한 것이 될까요? 말 그대로 명상에 소질이 없다면 아무 효과가 없을까요? 우리가 명상하는 동안 얼마나 집중력이 뛰어난지에 관심을 두기보다는, 그런 시간을 갖고 난 후에 일상 속 내 마음이 어떻게 움직이는지에 관심을 가져봅시다. 일상의 집중과 산만함에 어떤 영향을 미치는지를 살핀다면, 다소 흐트러진 상태로 명상을 하더라도 안 하는 것보다는 낫다는 걸 알게 될 것입니다. 실은 우리가 명상 중에만 딴생각이 드는 것이 아닙니다. 날마다 삶에서도 딴생각과 잡생각을 무수히 끊어내며 지금 해야 할 일에 마음을 모으며 살고 있습니다.

명상하면서 산란한 마음을 가다듬으며 호흡에 집중하듯이, 우리는 목표를 놓치고 잠시 한눈을 파는 순간에, 다시 자신을 다독여서 목표에 매진하겠다고 다짐합니다. 그것이 공부일 때도 있고, 다이어트일 때도 있습니다. 어느 순간 딴 데로 가려는 생각과 행동을 멈추고, 원래 가려는 방향으로 가려고 정신을 차립니다. 그러니 명상 중에 딴생각들을 버려두고, 자꾸 호흡으로 주의를 모으는 행위를 반복하는 것은 결국 삶을 훈련하는 행동입니다.

명상 중에 내 안에서 올라오는 불안하고 걱정으로 치닫는 생각을 포함하여 모든 경험을 친근하게 받아들입니다. 두려움이든, 공포든, 분노나 욕망으로 가득 한 것이든 그것들과 싸우거나 대적하지 않습니다(실제로 그래봐야 소용이 없다는 것을 이제 압니다.) 통제하거나 벗어나려 몸부림치는 것도 아닌, 그냥 그대로 두는 것입니다. '그렇구나! / 두렵구나! / 부끄럽구나!' 합니다. 심지어 이 시간이 지루하다거나, 뭐가 뭔지 잘 모르겠다면, 그것까지도 포함하여 그냥 둡니다. 그저 그 감정과 그 감정을 채우는 생각들을 명상의 대상으로 삼으며 '그렇구나!' 하고 호기심을 가지고 바라봅니다.

여기까지 읽고는, 명상에 관심이 생겨서 관련 문헌, 영상, 전문서적들을 찾아본다면 다행스럽고 좋은 일입니다. 그러나 늘 제일 중요한 것은, 일단 실행해보는 일입니다. 그러면서 찾아보는 지식들은 진실로 우리를 도울 것입니다. 명상 실행에 관해 정리하면 이러합니다.

1. 곧은 자세를 취한 채 가만히 앉아 있으려고 노력합니다. 자세를 바꾸고 싶으면 그렇게 해도 좋지만, 자세를 바꾸는 동안에도 주의를 기울이고 변화하는 몸의 감각을 느낍니다. 자세를 고쳐 잡았다면 이전의 주의를 모았던 것으로 다시 돌아갑니다. 가려운

곳을 긁거나 다리를 풀고 싶은 욕구가 생긴다면 이를 주의 깊게 지켜보고 이런 충동을 느끼면서도 거부할 수 있는지 살펴봅니다. 처음 자세를 유지하는 행동도 뇌와 몸이 만들어내는 충동 하나하나를 무의식적으로 따라하지 않는 훈련입니다.

눈은 떠도 좋고 감아도 좋습니다만, 눈을 뜬 채로 명상을 한다면, 벽면이나 바닥의 어느 한 지점을 선택하고 시선을 그곳에 고정합니다. 주변을 돌아본다면 방해가 생기고, 주의가 모아지지 않습니다.

2. 무엇보다 먼저 할 일은 명상의 좋은 의도를 일깨우는 것입니다. 스스로에게 "명상을 하면서 나는 멈추고, 긴장을 풀고, 의식 있게 나를 경험할 것이다."란 말을 소리 내어 해도 좋습니다. 얼마나, 또 언제 할지는 스스로 정합니다. 다만, 규칙을 정했다면 그 것을 지키는 것이 중요합니다. 이제 막 시작하는 사람들이라면 제대로 길게 하려고 마음먹기보다는 날마다 10분이어도 건너뛰지 않는 것이 더 중요합니다. 어떤 날은 당신이 원하는 만큼 길게 할 수도 있고, 여러 번 할 수도 있습니다.

3. 긴장을 풀고 이 시간에는 그 무엇도 할 필요가 없다는 것을 기억합니다. 그저 현재에 존재하며 무엇이 일어나는지만 알아차릴 것입니다. 평소보다 깊고 느리게 숨을 들이쉰 후 매끄럽게 다음 숨을 내쉽니다. 숨을 들이마시면서 '들이쉬기', 내뿜으면서 '내쉬

기'라는 말을 마음속으로 되뇝니다. 들숨과 날숨 사이의 숨을 멈추지 않고 내쉽니다. 날숨이 다 나가고 나면 다섯에서 열을 세는 동안 숨을 멈춥니다. 어느 정도 숨을 참는 것이 나에게 맞는지 알아갈 것입니다. 숨을 참았으면 다시 숨을 들이쉬고 고르게 내쉽니다. 이렇게 2-3회 정도 하면 몸과 마음이 이완됩니다.

4. 의식을 불러 모아서 더욱 정밀하게 숨 쉬는 몸의 감각에 초점을 두려고 합니다. 몸이 숨을 쉴 수 있다는 믿음을 갖고, 더 날카롭게 주의를 기울여 호흡의 감각을 느껴봅니다. 숨을 쉴 때마다 감각이 어떻게 변하는지 주목합니다. 공기가 코와 입으로 들어왔다가 나가는 순간마다 내 몸의 감각을 알아차립니다. 숨을 들이쉴 때 배와 가슴이 부풀어 오르고 숨을 내쉴 때 다시 가라앉는 것이 느껴집니다.

5. 혹 다른 생각에 빠졌거나, 산만해졌다는 것을 알아차렸다면, 다시 호흡에 주의를 모읍니다. 호흡에 집중하는 연습을 몇 번이고 반복하다 보면 전두엽 피질이 활성화되어 불안이나 갈망을 담당하는 뇌의 중추가 안정됩니다. 만약 호흡에 다시 집중하기 어렵다면 들이쉬기와 내쉬기라는 말을 몇 차례 반복하면서 스스로 호흡을 가다듬습니다.

6. 정신이 방황할 수도 있습니다. 그것이 뭔가 잘못되었고, 지금까

지가 헛수고라는 의미는 아닙니다. 나의 정신이 어떤 생각에 얽매였다는 것을 알아차리게 된 것이고, 그렇다면 그저 미소를 짓고 그 생각을 그대로 둡니다. 저절로 사라질 것입니다. 그 다음은 다시 의식을 현재의 호흡에 돌려놓는 것입니다. 어떤 것이 주의를 자꾸 흔들리게 한다면 (예를 들어, 어떤 감정이나 방해되는 생각, 판단), 역시 그도 괜찮습니다. 잘못되었다고 여기지 말고, 그것 그대로 바라봅니다. 잠시 헷갈리더라도 다시 주의를 호흡으로 가져옵니다.

7. 주의를 지금 여기에 모을 수 있다는 것을 믿어봅시다. 긴장을 풀고, 멈추고, 지그시 바라봅니다. 몸의 감각이 주는 느낌을 관찰하고, 알고, 올라오는 감정과 생각을 보고, 또 뭐라고 하는지 들어봅니다. 호흡에 주의를 모아서 여기서 지금 내 몸과 정신에 일어나는 것을 관찰하고, 알고, 떠나가게 합니다. 관찰하면서 인내심을 갖고 집중합니다. 생각과 감각이 고정되어 있지 않고 변하는 것을 알아차리고, 명상을 마쳤을 때, 처음 명상을 시작했던 때의 기분과 어떻게 연결되는지, 변화했는지도 살펴봅니다.

※이 절의 내용은 필자의 역서 《분노 내려놓기: 마음챙김과 연민을 통한 분노치유》를 참고했습니다.

사례의 회사원을 돕기 위해 치료자와 내담자는 여러 가지 접근을 하였고, 그중 아버지와의 관계를 포함한 가족 내 역동을 제대로 이해하고 정리하는 일이 주효했습니다. 치료 과정을 통해서 오랫동안 억압하고 부인해왔던 아버지를 향한 분노, 어머니와 연결된 죄책감, 무력감의 원천 등을 알아가면서 이제까지와는 다른 시선으로 자신과 자기 경험을 바라볼 수 있었습니다. 그런데 이분의 경우, 치료자와의 작업도 도움됐겠지만, 스스로를 더 적극적으로 도왔던 것은 명상이라고 생각합니다.

먼저 호흡을 통해 몸과 마음이 편안해지는 것을 경험한 다음에는, 스스로 명상과 관련된 자료들을 찾아 실행하며 점차 자신의 일상으로 가져왔습니다. 이분 역시 대단히 바빴지만, 쫓기는 마음에 안절부절못하며 보냈던 비효율적인 시간을 고려한다면, 얼마든지 시간과 에너지를 투자할 만하다고 했습니다. 이분처럼 어떤 이유에서든지 삶의 근원적인 허망함과 외로움, 죽음과 관련된 불안감을 느끼는 사람들이라면 결국 자신의 정신 깊은 곳에서 해답을 찾아야 합니다. 그 맞닥뜨림에 명상이 훌륭한 안내자이자, 대단한 지지자 역할을 할 것입니다.

유익한 행동이라면

더욱
강화하자

우리의 일상 행동 중에는 자동적으로 하는 것들이 많습니다. 그럴 때 우리는 '습관적으로'라는 표현을 합니다. 자리에서 일어나서 화장실을 가고 커피 물을 올리고 신문을 가져오는 일들, 쌀을 씻어 밥을 안치는 일을 하나하나 생각하며 행하지는 않습니다. 이런 일들을 모두 의식하면서 해야 한다면 아마 얼마 못 가서 녹초가 되고 말 것입니다. 이것이 습관의 놀라운 힘입니다. 습관은 인간의 의지력을 거의 요구하지 않습니다.

재습관 들이기

그러니 습관은 어쩌면 제 2의 본성이라고도 할 수 있습니다. 본성이란, 가르치거나 훈련하지 않아도 저절로 되는 것들을 이릅니다. 어미의 자궁 밖으로 나와 무작정 어미 품으로 파고드는 짐승의 행위 같은 것입니다. 우리가 만약 나에게 유익한 행동들을 습관으로 만들 수 있다면 얼마나 좋을까요? 습관이란 많은 부분이 배타적이어서 유익한 습관이 내 몸에 붙는다면, 의도하지 않아도 해로운 습관들은 나를 떠날 것입니다. 결국 인생을 의미 있게 살기 위해서 할 수 있는 최선은 유익한 습관을 나의 본성으로 만드는 일입니다.

그러기 위해서 우리는 뇌의 신경시스템을 활용할 수 있습니다. 뇌에 자극을 주는 가장 두드러진 방법 중 하나가 바로 '반복'입니다. 새로운 정보를 받아들이는 데도 마찬가지입니다. 시각을 통한 것이든, 청각을 통한 것이든 반복되어 들어오는 정보는 뇌의 입장에서는 진실이 되고 맙니다. 정보가 사실이 아니더라도 마찬가지입니다. 뇌의 입장에서는 익숙할수록 받아들이기 쉽고, 그것을 해독하고 처리하는 데 드는 자원도 줄어듭니다. 우리 뇌는 힘이 덜 드는 길을 기꺼이 택하려고 합니다.

그러니 내게 유익한 습관을 구체적으로 계획하고 준비한다면, 뇌는 얼마든지 새로운 것을 습득할 수 있습니다. 이렇게 적어놓고 보니, 인간의 변화가 얼마나 쉬운 것인가 싶기도 합니다. 그런데 우리는 '사람은 절대 변하지 않는다', '본성이 어디 가는가?'라는 말들을 자주 듣습니다. 이때 핵심은 '변화'를 무엇으로 정의하는가? 입니다. 혹시 변화를 아주 거창한 행동으로 여기는 것은 아닙니까? 혹은 '자고 일어났더니 딴사람이 되어 있는 수준'이어야 한다고 생각하는 건 아닐까요?

사람이 달라지기 위해서는, 뇌를 변화시키기 위해서는 이전과 다른 선택을 지속적으로 하면 됩니다. 그뿐입니다.

예를 들어 타인과 끊임없이 비교하고 자신의 부족함이 드러날까 염려하는 습관 때문에 자주 불안해지는 사람의 경우를 살펴볼까요? 지금까지 한 탐색과 연구를 통해 자신이 그런 마음으로 불안해한다는 걸 알아차리게 되었습니다. 그런 자신의 성향이 어디서 비롯되었고, 어떻게 불안 반응과 연결되는지를 이해하게 되었다면 여기까지가 이론적 통찰 단계입니다. 어떻게 해야 하는지 대응방법을 알아보고, 다음은 연습하는 단계입니다. 그런 생각이 시작되면 과거와 다르게 대응하기를 시작하는 것입니다.

위의 사람이 회사 워크샵이 있다는 소식을 들었는데, 거기서 낯선 사람들과 함께 참여하는 프로그램도 있다는 정보 또한 알게 되었습니다. 과거의 이분이라면 단박에 '어떡하지?' 하며 불안으로 이끄는 상상의 나래를 펼쳤겠지요. 벌써 워크샵 자리에서 괴로워하는 자신을 봅니다. 하지만 이제는 '그들은 나에 대해 큰 관심이 없다. 아무도 나만큼 나를 주시하고 있지 않다'는 생각을 꺼냅니다. 그 생각의 타당함을 믿고 납득합니다. 나는 내 일을 하면 될 뿐이라 생각하며 워크샵에 유용한 아이디어를 찾아보고 미리 준비합니다. 일단 뇌가 '합리'와 '이성' 쪽으로 방향을 잡게 되면 불안이 치고 올 통로는 줄어듭니다. 물론 오랫동안 함께한 태도와 생각에는 습관 에너지가 강력하게 붙어 불안의 자극을 받으면 그 생각과 태도부터 먼저 일어날 수 있습니다. 다만, 이제부터는 그런 조짐이 나타나는 때를 훈련의 기회로 삼을 수 있습니다. 대체할 방법을 찾아 논리적이고 합리적인 설명을 하여 스스로를 납득시키는 훈련입니다.

🔵 나에게 이로운 생각과 태도가 습관이 된다

사실, 나를 불안에 떨게 하는 상황 중에, 태어나서 처음 접하는 것들은 거의 없습니다. 늘 유사한 상황에서 유사한 감정으로 시작하여 나락으로 떨어집니다. 그래서 내가 겪었던 곤란한 상황을 세세하게 상상하고, 그 속의 내 모습도 비디오를 돌리듯 구체적으로 다시 볼 수 있습니다. 다만, 그 안에서 모든 것이 똑같은데, 나만 다르게 하는 것입니다. 어떤 때는 잘되는 것 같다가도, 또다시 전과 비슷한 생각과 감정 상태로 돌아갈 수 있습니다. 혹은 머리로는 다르게 하는 게 옳다는 것을 알겠는데, 가슴은 자꾸 옛날 상태로 돌아가 있기도 할 것입니다. 나 스스로를 어설프게 속이는 것 같고, 내가 이래봤자 주변 사람들은 여전히 나를 비웃을 것 같아서 다시 불안해지기도 합니다.

이런 오르락내리락 과정이 여러 번 찾아옵니다. 그럴 때마다 다시 정신을 차리고 자신에게 말을 걸고, 감정과 사고에 이름을 붙이고, 합리적인 생각으로 다독이며 설명해줍니다. 한동안 혼란스러운 상태에서 심한 내적갈등을 겪더라도, 새로운 대안 생각에 거부감이 들고, 그래 봤자 소용없다는 소리로 시끄러워도, 끊임없이 대안을 반복적으로 되뇝니다. 머리와 가슴이, 사고와 감정이 자연스럽게 조화를 이룰 때까지 말입니다. 그에 맞는 행동을 억지로라도, 조금씩이라도 자꾸 실천합니다. 헛수고라고 여겨질 때에도, 이성적인 나의 생각을 믿고 포기하지 않는 것이 중요합니다.

그러다가 어느 날, 이제 나를 돕는 생각과 태도가 자동적으로 떠오르는 때가 옵니다. 일부러 애써서 나를 돕지 않아도, 당연하게 몸에 배인 생각과 감정처럼 새로운 행동 방식이 먼저 작동하는 것입니다. 이제는 진짜로 새로운 습관을 익힌 것입니다. '안다'고 생각하는 1단계와 '연습'을 하는 2단계는 별개입니다. 하지만 우리는 종종 그 둘을 혼동합니다. 제대로 아는 것은 행하는 것이고, 거기에 이르는 유일한 길은 연습입니다. 제대로 알지 못하기에 아는 것이 아는 것에서 멈춥니다.

통제 가능한
영역에서

힘을
발휘해보자

연습을 하면서 기억해야 할 아주 중요한 한 가지가 있습니다. 그건 '이것이 내가 할 수 있는 일인가? 그렇지 않은가?' 하는 것입니다. 아무리 중요한 일이고, 그래야 마땅한 일이고, 급한 일이라고 해도 내가 할 수 없는 일은 할 수 없습니다. '재습관 들이기'의 예로 들었던, 남과 비교하면서 자신의 부족함을 자꾸 찾는 분이 만약에, 어디를 가도 대단하고 뛰어난 사람이라는 소리를 듣겠다는 목표를 세웠다고 합시다. 그것이 자신에게는 가장 중요하고, 가장 바라는 일이며, 그렇게만 된다면 불안해지지 않을 것이라고 결정했다고 합시다.

그 마음은 알겠지만, 이 목표 중에 무엇을 재습관 들이기에 넣을 수 있을까요? 최선을 다해 과제를 악착같이 한다면 좋은 평가가 올까요? 하지만, 대단하고 뛰어나다고 말해주는 사람은 내가 아니라 그들이어서 나는 그들의 말과 행동을 통제할 수 없습니다. 결국 또다시 사람들의 눈치를 보고, 조바심내면서, 불안해지게 됩니다. 인간뿐 아니라 실험실의 동물조차도 통제가 되지 않는 사건이 반복적으로 발생하면 극도의 스트레스를 받을 겁니다.

살아 있는 어떤 생명체도 자신의 상황에, 환경에 통제력이 있다고 느끼는 건 심신의 안녕을 위해서 매우 중요합니다. 그러니 부디 연습을 하기 전에 그것이 내가 통제할 수 있는 것인지 아닌지를 구분하기 바랍니다. 통제 범위 밖에 있는 것들을 그냥 두고(이는 포기가 아니라 현명함입니다), 연습해서 영향을 줄 수 있는 부분에 집중하는 것입니다. 아울러 그중 쉬운 것, 만만한 것, 힘이 덜 드는 것을 선별해 먼저 한다면 자신의 능력과 통제력에 대해 믿음이 회복될 수 있습니다.

◑ 내 삶의 유능감을 맛보는 방법, 일상에서 통제력 찾기

인간의 자기 존중감과 통제력에 대한 믿음은 상당히 밀접한 관계가 있습니다. 아니, 거의 하나입니다. 우리에게는 한 인간으로서 유능하다는 기분, 나의 행동이 나와 나의 환경에 영향을 미친다는 걸 확인하고 싶은 욕구가 있고, 그것이 이루어졌을 때 만족하는 마음이 있습니다. 내가 통제력을 더 많이 가질수록, 어쩌다 우연이 아니라, 많은 상황에서 거의 매번 내 의지대로 흘러갑니다. 그런 환경 속의 내가 얼마나 자랑스럽겠습니까?

그러니 간단하고 쉬운 일부터 해가며 내 행동이 좋은 결과와 연결될 수 있도록 연구해야 합니다. 마치 현명한 부모가 아이가 할 만한 일을 맡기고 혼자 해보도록 격려하고 나서, 아이의 수행(과정과 결과)을 함께 기뻐하는 것처럼 말입니다. 만일 지금 불안해서 미칠 것 같고, 심장이 터질 것 같다면, 집안을 치우거나 자전거를 타거나, 목욕이라도 하는 것이 낫습니다. 억지로라도 몸을 움직인다면, 나의 심장과 뇌는 또 그 행동에 맞춰 다르게 작동할 것입니다.

인간은 불안이든, 우울이든, 어떤 정서적 어려움을 겪게 되면 그에 압도당합니다. 압도당하기에, 불안이나 우울이 여러 정서 중의 하나로 여겨지지 않고 나의 전부가 되어버린 것 같습니다. 아무것도 내 뜻대로 되지 않는 심정, 아무리 좋은 마음을 가지려고 해도 소용이 없는 무력감이 듭니다. 당연히 나날의 삶이 피폐해집니다.

그래서, 그렇기 때문에, 이런 상황에서 내가 통제력을 먼저 발휘해야 하는 영역도 역시 일상입니다. 불안, 공포, 걱정이라는 정서적 어려움보다는 일상에게 먼저 다가가는 것입니다. 다시 말하지만, 나는 지금 부정적 정서 영역에서 압도당하고 있기에 통제력이 없습니다. 그렇더라도 나의 하루를 예측가능하게 만들 수는 있습니다. 인간의 마음을 안정시키는 가장 기본적인 환경이란 수면과 식사가 규칙적으로 유지되는 환경입니다.

수면과 식사는 생리적으로 가장 기본이 되는 두 축입니다. 여기서 크나큰 모순과 마주하게 되는데, 정서적 문제가 커지면 이 축부터 무너집니다. 밥을 못 먹겠고, 잠이 오지 않습니다. 그것이 바로 편도체가 작동하면서 시작된 교감신경계 항진 상태입니다. 하지만, 우리는 전두엽의 힘을 빌려서 일단 규칙적인 삶을 찾도록 선택해야 합니다. 어떡하든 식사를 거르지 않으려는 목표를 세우고, 제대로 수면을 취하기 위해서 해야 할 일과 말아야 할 일을 선정합니다. 이것이 어긋나 버린 나와의 관계를 회복하는 첫 단계입니다. 물론 먹고 자는 기본 욕구를 무시한다고 해서 즉각적인 영향이 오지는 않습니다. 하지만, 오늘일지 내일일지, 한 달 후일지의 차이는 있겠지만, 반드시 우리를 무너뜨립니다. 점점 더 정서적 균형이 무너지고 심신의 안녕이 파괴되는 무서운 결과를 초래합니다.

'예측 가능한 일상'에 대해 어떻게 생각합니까? 비슷한 시간에 일어나서 비슷한 열량으로 식사하고, 비슷한 활동 에너지를 쏟으며 비슷한 성과를 내고, 비슷한 시간에 잠드는 일입니다. 생각만 해도 지루하고 답답할 수도 있겠지만, '아무 일도 일어나지 않은 것'이 얼마나 대단한 축복인가를 되새기며 사는 삶도 가능합니다. 정서적으로 고통스럽고, 자신의 통제력이 없다고 느낀다면, 일단 에너지를 끌어 모아 할 일이 바로 예측 가능한 하루를 만드는 것입니다. 일단 이 단추부터 제대로 채워야 다음 단계로 갈 수 있습니다.

운동으로
얻을 수 있는

놀라운
치료 효과

불안에 관한 책에서 운동에 관한 내용을 보는 것이 어색할 수도 있겠습니다. 운동을 주제로 하는 분야로는 다이어트나 성인병, 노화 예방 등이 떠오릅니다. 우리 사회는 너도 나도, 나이 고저를 막론하고 운동에 관한 많은 이야기들을 합니다. 그 모든 영역이 다 중요하지만, 우리에게 더욱 절실하고 치명적인 영역이 있습니다. 그건 뇌의 건강입니다. 그래서 부정적 정서로 고통스러워하는 사람들을 돌보는 전문가들, 즉 정신과 의사나 심리학자, 사회복지사, 정신과 간호사들이 보는 전문서적들도 운동의 중요성을 크게 강조합니다.

운동의 효과는 놀랍습니다. 운동은 일상의 스트레스를 완화하는 데 정신과 약물만큼이나 강렬한 효과를 발휘합니다. 운동을 하면 뇌에서 엔돌핀이 분비되어서 스트레스 상황에서 고통을 덜어준다는 것을 다들 알고 있습니다. 단순히 기분이 좋아지는 것에 그치지 않고 열정을 높이고 스트레스와 불안을 낮추고 집중력을 높인다는 보고도 있습니다.

운동과 관련하여 잘 알려진 심리 실험이 하나 있습니다. 우울증 환자를 세 집단으로 나누고, 각 집단에 서로 다른 처치를 합니다. 첫 번째 집단은 항우울제를 복용시키고, 두 번째 집단은 일주일에 45분간 세 번 운동을 시켰습니다. 세 번째 집단에게는 항우울제와 운동 두 가지를 동시에 처방했습니다. 그리고 4개월 후 세 집단의 증상을 비교하니, 모두 비슷한 수준으로 호전되었다는 것입니다. 이것은 규칙적인 운동이 항우울제와 거의 비슷한 역할을 한다는 증거라고 볼 수 있습니다. 6개월 후 재조사를 했을 때도, 운동을 한 환자가 항우울제만 복용한 환자보다 재발율이 낮았습니다. 불안증에도 마찬가지입니다. 하루 20분씩 일주일 6차례 운동을 했더니 걱정 정도가 완화되었다는 연구가 있습니다.

◑ 우리 뇌는 운동을 좋아한다

운동은 자율신경계의 혼조를 막고 정상기능을 찾도록 돕습니다. 불안하고 긴장하면 교감신경계는 계속 준비 태세를 취하게 되는데, 실제로 그리 큰 부정적인 일이 딱히 일어나지 않습니다. 그렇다고 이제는 다 끝났으니 안심하고 부교감신경계에게 역할을 넘기고 쉴 수도 없습니다. 이러지도 저러지도 못하는 혼조상태인 것입니다.

이런 상태에서 우리 몸과 정신을 온전한 상태로 돌려놓을 방법이 운동입니다. 운동을 해서 교감신경계의 흥분과 부교감신경계의 이완 상태가 깔끔하게 옮겨갈 수 있도록 만드는 것입니다. 운동은 또한 뇌의 변화도 가져옵니다. 연구에 의하면, 운동을 하면 우리 뇌 속에 신경 세포로 이루어진 회백질이나 신경섬유로 이루어진 백질의 양이 모두 증가합니다. 특히 정서를 통제하는 기능인 전전두엽 부분의 양도 증가하면서 활동 속도도 빨라진다고 합니다.

건강한 정신은 건전한 신체에 깃든다는 말은 중고등학교 시절 단 골로 붙어 있던 급훈입니다. 이를 보면 사람이 사는 데 중요한 모든 것은 어릴 때 다 배웠다는 말에 동의하게 됩니다. 10분을 빠르게 걷는다면 이 효과가 90분까지 간다고 합니다. 운동은 긍정적인 마음 상태를 높여주고 정신을 정상으로 만들어 줍니다. 부정적인 마음 상태가 줄어드는 즉각적인 효과도 몸소 겪을 수 있습니다.

기분을 좋게 해주고 스트레스를 날리는 데 효과적인 운동 시간은 1시간이 아니라 5분이라는 조사가 있습니다. 5분 만에도 기분이 좋아지면서 집중력이 좋아지고 자기절제력과 감정의 조절이 원활해진다는 것입니다. 학자들은 녹색운동을 추천하기도 합니다. 녹색운동이란 자연, 나무, 숲에서 하는 운동입니다. 숲에서 나의 몸을 움직이고 태양과 흙과 바람을 느낄 수 있다면 상상만으로도 마음이 평안해집니다. 하지만, 숲이 아니어도 동네 한 바퀴면 어떻습니까? 어떤 운동도 기꺼이 시작하기만 하면 무엇이든 우리 뇌는 좋아할 것입니다.

일상의 기본을 바로 세우기,
잘 자고 잘 먹고 활동하기

일하느라 어젯밤을 샜다, 몇 시간밖에 못 잤다는 말을 하며 자부심을 내비치는 사람들이 있다. 그만큼 잠을 줄여 일한다는 것을 자신의 집중력이나 저력의 표시로 삼는 듯하다. 하지만 정답은 그와 반대다. 수면시간을 아껴 업무와 취미를 즐긴다면, 자신과의 사이가 슬슬 나빠지면서 심리, 정서적 안정이 조만간 흔들릴 것이라는 예보를 듣는 셈이다.

1) 잠이 부족하면 뇌와 신체가 피곤해지면서 세포들이 혈류에서 포도당을 취하는 데 어려움을 겪기 때문에 결과적으로 세포에 원활하게 에너지가 공급되지 않아 몸이 기진맥진해진다.

2) 이때 달고 자극적인 음식이나 카페인이 많이 든 음료를 먹는데, 뇌와 신체는 이미 이런 음식을 감당할 수 없는 상태여서, 필요한 에너지를 얻지 못할 뿐 아니라 강제적인 각성효과로 인해 뇌와 몸의 상태는 더 악화된다.

3) 만성적으로 수면이 부족한 사람은 일과를 마쳤을 때 뇌가 만족감을 느끼기보다는 뭔가 제대로 해내지 못한 것 같은 미진하고 유쾌하지 못한 상태에서 부정적인 정서에 잘 빠지게 된다. 이 또한 스트레스로 작용하면서 알코올, 게

임, 스마트폰, 섹스 등 중독 행위에 빠져들 가능성이 높다. 이것은 다시 질 높은 수면을 심각하게 침해하여 악순환으로 들어가고 만다.

4) 불안에 발목을 잡히지 않는 삶은 의외로 단순하다. **제대로 자고, 먹고, 움직이는 것이다. 이 세 가지 중 어느 한 가지도 양보할 수 없는 이유는 그 자체가 순환구조이기 때문이다.** 잘 먹지 않으면 잘 움직일 수 없고, 잘 움직이지 않으면 잘 잘 수 없다.

5) 이 세 가지의 원활한 순환은 나의 심신을 강하게 만들고, 스트레스에 대한 내성을 키운다. 이것은 불안에 대한 가장 강력한 예방약이자 치료제가 된다. 나를 잘 먹이고, 제대로 움직이고, 잘 재울 때 불안과 멀어질 수 있다.

새벽이면 눈을 채 뜨지 못한 상태로 주섬주섬 옷을 챙겨 입고 뒷산을 향합니다. 산이라고 부르기에는 지나치게 아담하지만, 등산이 아닌 걷기를 하기에는 안성맞춤입니다. 체육관을 가지 않은 지도 십수 년은 된 듯합니다. 새벽의 공기가 좋아서 이곳에 오는 것도 있겠지만, 근사하게 말하면 오롯이 홀로 나를 경험하는 시간이어서 뒷산으로 갑니다. 이곳에는 관계 맺어야 하는 다른 사람이 없고, 사방에 틀어놓은 TV 모니터도 없습니다. 음악이나 라디오 소리로 의식을 분산시키지 않으며 단지 내 몸과 내 정신과 함께 있을 뿐입니다.

그리고 걷습니다. 오늘도 게으름에 설득당하지 않고 나를 일으켜 이곳에서 걷고 있는 나를 칭찬합니다. 보폭을 더 넓게도 해보고, 허벅지에 더 힘을 주기도 하며, 어깨를 이렇게도 돌려보고, 저렇게도 움직여봅니다. 그러면서 사지가 제 곳에서 제대로 움직이는 것에 감동합니다. 점차 심장의 움직임이 느껴지고, 발바닥에 힘을 주어 또박또박 발걸음을 내딛을수록 심장의 움직임은 강하고 힘차집니다. 내 사지와 심장이 서로 도우며 나를 깨어나게 하고, 깊은 호흡이 감각을 열어줍니다. 저는 이 새벽 운동을 나의 전두엽을 튼튼하게 하는 시간으로 여기고 있습니다.

전두엽은 행동을 감독하고, 이끌고, 집중시키는 대뇌피질의 영역이라고 했습니다. 또한 다른 여러 뇌 영역과 어우러져 서로 신호를 처리하는 일도 맡아서 하고 있습니다. 변연계가 작업한 사랑, 열정, 미움 같은 감정들을 인식 가능한 느낌, 정서 그리고 단어로 바꿔주는 것도 전두엽입니다. 결국 전두엽이 제대로 기능하지 않으면 일관성 있고 신중하게 행동하기 어렵고, 충동에 휘둘립니다. 그러니 불안과 같은 부정적인 정서를 다독이며 건강하게 살기 위해서는 전두엽을 튼튼하게 해야 하는데, 필자는 그러기 위한 두 가지 접근을 말하고 싶었습니다.

하나는 마음 깊숙이 저 안쪽까지 들어가서 그동안 차단해놓았던 오래된 상처와 고통을 이해하는 것이고, 다른 하나는 의식과 행동으로 뇌에 영향을 미치는 것입니다.

인간의 감정과 사고는 뇌의 지배를 받지만, 역으로 우리는 사소한 행동으로 뇌를 자극할 수 있습니다. 그중 으뜸이 운동이고 수면이고 식사라고 했습니다. 운동에는 몸의 운동과 마음의 운동인 호흡과 이완, 명상이 들어가면 더 좋을 것입니다. 자신을 제대로 먹여주고 재워주고, 몸을 잘 관리하는 일을 규칙적으로 행하면서 일상을 예측 가능한 것으로 만든다면 우리의 전두엽은 건강해집니다. 뇌는 균형을 잡고 발전적으로 변화하는 선순환의 트랙을 탈 것입니다.

정신 이상에 관한 고전적 정의 중 '똑같은 일을 계속 반복하면서 다른 결과는 바라는 것이 곧 신경증이다'는 말이 있습니다. 날마다 똑같은 선택을 해서 똑같은 경험을 한다면, 뇌는 그 상태에 정체되거나 더 나빠질 뿐입니다. 그러니 지금 고통스럽다면 그것이 무엇이든, 과거와 다르게 해야 한다는 명제를 받아들였으면 합니다. 거기가 시작점입니다. 그런 면에서, 고통을 겪어온 분들은 자신만의 훌륭한 매뉴얼을 가진 셈입니다. 내가 어떻게 했을 때 어떻게 고통스러웠는지가 모두 적혀 있습니다. 그것은 가장 나쁜 것들을 면할 수 있는 최소한의 지침이 됩니다. 과거와 똑같지 않으면서, 내게 좀 더 도움 되는 것을 찾아나가는 것입니다.

특히 생각을 걷잡을 수 없는 불안에 시달리는 분들은 '생각을 생각으로' 대적하지 말라고 강조하고 싶습니다. 생각을 행동으로, 사소한 활동이어도 움직임으로 달래고 다독이는 습관을 들이기 바랍니다. 정서적 안정과 심리적 건강을 위한 여러 방법 중에서 가장 검증된 방법은 '행동'입니다. 자신의 문제가 뭔지 다 알고 깨달을 때까지 기다리지 않아도 됩니다. 일단 뭐든 '하기' 바랍니다. 지금 불안한 분들에게 정녕 필요한 것은 훌륭한 책이 아니라 활동입니다.

영국의 철학자 존 스튜어트 밀은 "엄청난 만족의 상태는 순간적으로만 가능할 뿐이다"는 말을 했습니다. 우리는 행복한 사람과 불행한 사람을 분류하기를 즐겨합니다. 물론 스스로를 불행한 쪽에 포함시킬 때가 더 많습니다. 그러면서 행복한 그룹에 속한 사람들은 아무 걱정이나 불안 없이 인생이 황홀할 거라고 생각합니다. 그러나 그건 불가능합니다. 그것은 삶이 아닙니다. 삶은 그것이 누구의 것이든, 일시적인 고통과 수없이 다양한 감정으로 이루어진다는 것을 믿습니다. 그러는 중에 가끔 기쁨이 차오르는 순간도 찾아올 것입니다.

　삶이 본질이 그러하다는 것을 받아들이는 것, 그래서 삶이 내게 허용해준 것 이상을 기대하지 않는 것도 불행의 그룹에 들어가지 않는 지혜가 됩니다. 결국 작은 행복과 짧은 만족, 순간적인 기쁨들을 잘 찾아내어 내 것으로 하는 것, 그것을 가능한 길게 느끼는 것이 관건입니다. 내가 순간의 기쁨과 만족에 충분한 주의를 기울이며 하루를 살 때 불안은 점차 멀어져갈 것입니다.

이 도시에 불안하지 않은 사람은 없다

초판 1쇄 발행 2017년 4월 15일
초판 2쇄 발행 2018년 8월 25일

지은이 한기연
펴낸이 이지은 **펴낸곳** 팜파스
기획편집 박선희
디자인 조성미 **마케팅** 정우룡
인쇄 (주)미광원색사

출판등록 2002년 12월 30일 제 10-2536호
주소 서울특별시 마포구 어울마당로5길 18 팜파스빌딩 2층
대표전화 02-335-3681 **팩스** 02-335-3743
홈페이지 www.pampasbook.com | blog.naver.com/pampasbook
이메일 pampas@pampasbook.com

값 14,800원
ISBN 979-11-7026-154-4 (03180)

이 도서의 국립중앙도서관 출판시도서목록(CIP)은 서지정보유통지원시스템 홈페이지(http://seoji.nl.go.kr)와 국가자료공동목록시스템(http://www.nl.go.kr/kolisnet)에서 이용하실 수 있습니다.(CIP제어번호: CIP2017007160)